# ENTRETIENS SUR LES VIES ET SUR LES OUVRAGES DES PLUS EXCELLENS PEINTRES ANCIENS ET MODERNES;

*AVEC*

# LA VIE DES ARCHITECTES

*PAR MONSIEUR FELIBIEN.*

NOUVELLE EDITION, REVUE, CORRIGÉE & augmentée des Conferences de l'Académie Royale de Peinture & de Sculpture;

*De l'Idée du Peintre parfait, des Traitez de la Miniature, des Desseins, des Estampes, de la connoissance des Tableaux, & du Goût des Nations;*

DE LA DESCRIPTION DES MAISONS DE Campagne de Pline, & de celle des Invalides.

TOME SIXIÉME

A TREVOUX,
DE L'IMPRIMERIE DE S. A. S.

M. DCCXXV.

# TABLE DES CHAPITRES CONTENUS AU TOME SIXIÉME.

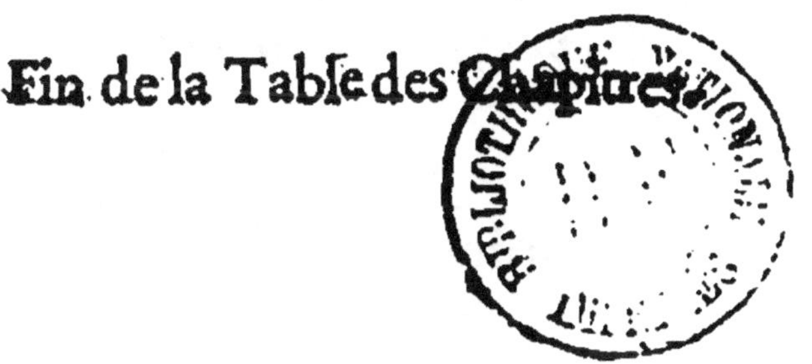

Fin de la Table des Chapitres.

# L'IDÉE DU PEINTRE PARFAIT,

## *POUR SERVIR DE REGLE AUX jugemens que l'on doit porter sur les Ouvrages des Peintres.*

LE Génie (1) est la premiére chose que l'on doit supposer dans un Peintre. C'est une partie qui ne peut s'acquerir ni par l'étude, ni par le travail; il faut qu'il soit grand pour répondre à l'étendue d'un Art qui renferme tant de connoissances, & qui éxige beaucoup de tems & d'application pour les acquerir.

(2) Supposé donc une heureuse naissance, le Peintre doit regarder la Nature visible, comme son objet; il doit en avoir une idée, non seulement comme elle se voit fortuitement dans les sujets particuliers: mais comme elle doit être en elle-même selon sa perfection, & comme elle seroit en effet, si elle n'étoit point détournée par les accidens.

(3) Comme il est très-difficile de trouver

(1) Le Genie. (2) La Nature parfaite. (3) L'Antique.

ver cet état parfait de la Nature, il faut que le Peintre se prévale de la recherche que les Anciens en ont faite avec beaucoup de soins & de capacité, & dont ils nous ont laissé des exemplaires dans les Ouvrages de Sculpture, qui malgré la fureur des Barbares, se sont conservez, & sont venus jusqu'à nous. Il faut, dis-je, qu'il ait une suffisante connoissance de l'Antique, & qu'il lui serve pour faire un bon choix du naturel, parce que l'Antique a toûjours été regardé par les Habiles de tous les teins, comme la régle de la Beauté.

(1) Qu'il ne se contente pas d'être exact & regulier, qu'il repande encore un grand goût dans tout ce qu'il fera, & qu'il évite sur tout ce qui est bas & insipide.

Ce grand Goût dans l'Ouvrage du Peintre, est un usage des effets de la nature bien choisis, grands, extraordinaires, & vraisemblables; *Grands*, parce que les choses sont d'autant moins sensibles qu'elles sont petites ou partagées; *Extraordinaires*, car ce qui est ordinaire ne touche point, & n'attire pas l'attention; *Vrai-semblables*, parce qu'il faut que ces choses grandes & extraordinaires paroissent possibles, & non chimeriques.

(2) Qu'il ait une idée juste de sa profession

(1) Le grand Goût. (2) Definition de la Peinture.

fession que l'on définit de cette sorte: Un Art, qui par le moyen du dessein & de la couleur, imite sur une superficie plate tous les objets visibles. Par cette définition on doit comprendre trois choses, le Dessein, le Coloris & la Composition: & bien que cette derniére partie n'y paroisse pas bien nettement exprimée, elle peut néanmoins s'entendre par ces derniers mots, *Objets visibles*, qui embrassent la matiére des sujets que le Peintre se propose de répésenter. Le Peintre doit connoître & pratiquer ces trois parties, dans la plus grande perfection qu'il est possible. On va les exposer ici avec les parties qui en dépendent.

(1) La Composition contient deux choses, l'Invention & la Disposition. Par l'Invention, le Peintre doit trouver & faire entrer dans son sujet les objets les plus propres à l'exprimer & à l'orner: & par la Disposition il doit les situer de la maniere la plus avantageuse, pour en tirer un grand effet, & pour contenter les yeux, en faisant voir de belles parties: qu'elle soit bien contrastée, bien diversifiée, & liée de groupes.

(2) Que le Peintre dessine correctement, d'un bon goût & d'un stile varié, tantôt heroïque, & tantôt champêtre, selon le ca-

 ractére

(1) *La Composition*, I. Partie. *Le Dessein*, II. Partie.

ractére des figures que l'on introduit: attendu que l'élégance des contours qui convient aux Divinitez, par exemple, ne convient nullement aux gens du commun. Les Heros & les soldats, les forts & les foibles, les jeunes & les vieillards doivent avoir chacun leurs diverses formes; sans compter que la nature, qui se trouve différente dans toutes ses productions, demande du Peintre une variété convenable. Mais que le Peintre se souvienne que de toutes les maniéres de dessiner, il n'y en a de bonne, que celle qui est mêlée du beau naturel & de l'Antique.

(1) Que les Attitudes soient naturelles, expressives, variées dans leurs actions, & contrastées dans leurs membres: qu'elles soient simples ou nobles, animées ou modérées selon le sujet du Tableau & la discrétion du Peintre.

(2) Que les expressions soient justes au sujet; que les principales figures en ayent de nobles, d'élevées & de sublimes, & que l'on tienne un milieu entre l'exaggeré & l'insipide.

(3) Que les extrémitez, j'entends la tête, les pieds & les mains, soient travaillées avec plus de précision & d'exactitude que tout le reste, & qu'elles concourent en-

(1) **Les Attitudes.** (2) **Les Expressions.**
(3) **Les Extremitez.**

ensemble à rendre plus expressive l'action des figures.

(1) Que les Draperies soient bien jettées, que les plis en soient grands, en petit nombre, autant qu'il est possible, & bien contrastez; que les étoffes en soient épaisses, ou légéres, selon la qualité & la convenance des figures; qu'elles soient quelquefois Ouvragées & d'espéce différente, & quelquefois simples, suivant la convenance des sujets & des endroits qui demandent plus ou moins d'éclat pour l'ornement du Tableau & pour l'œconomie du tout ensemble.

(2) Que les Animaux soient principalement caractérisez par une touche spirituelle & speciale.

(3) Que le Païsage ne soit point coupé de trop d'objets, qu'il y en ait peu, mais qu'ils soient bien choisis. Et en cas qu'une grande quantité d'objets y soient renfermez, il faut qu'ils soient ingénieusement groupez de lumiéres & d'ombres, que le site en soit bien lié & bien dégagé, que les arbres en soient differens de forme, de couleur & de touche, autant que la prudence & la variété de la Nature le réquierent, & que cette touche soit toûjours légére & fretillante, pour parler ainsi. Que

 les

(1) Les Draperies. (2) Les Animaux.
(3) Le Paisage.

les devans ſoient riches, ou par les objets, ou du moins par une plus grande exactitude de travail qui rend les choſes vrayes & palpables. Que le Ciel ſoit léger, & qu'aucun objet ſur la terre ne lui diſpute ſon caractére aérien, à la réſerve des eaux tranquilles & des corps polis qui ſont ſuſceptibles de toutes les couleurs qui leurs ſont oppoſées, des celeſtes comme des terreſtres. Que les nüages ſoient d'un bon choix, bien touchez & bien placez.

(1) Que la Perſpective ſoit réguliére, & non d'une ſimple pratique peu exacte.

(2) Que dans le Coloris, qui comprend deux choſes, la Couleur locale, & le Clair-obſcur, le Peintre ait grand ſoin de s'inſtruire de l'une & de l'autre. C'eſt ce qui le diſtingue des artiſans qui ont de commun avec lui les meſures & les proportions; & c'eſt encore ce qui le rend le plus véritable & le plus parfait imitateur de la Nature.

(3) La Couleur locale n'eſt autre choſe que celle qui eſt naturelle à chaque objet en quelque lieu qu'il ſe trouve, laquelle le diſtingue des autres, & qui en marque parfaitement le caractére.

(4) Et le Clair-obſcur eſt l'Art de diſtribuer avantageuſement les lumieres & les ombres, tant ſur les objets particuliers, que

(1) La Perſpective. (2) Le Coloris. III. Partie.
(3) La Couleur locale. (4) Le Clair-obſcur.

que dans le général du Tableau: ſur les objets particuliers, pour leur donner le relief & la rondeur convenable: & dans le général du Tableau, pour y faire voir les objets avec plaiſir, en donnant occaſion à la vûë de ſe repoſer d'eſpace en eſpace, par une diſtribution ingénieuſe de grands clairs, & de grandes ombres, leſquels ſe prêtent un mutuel ſecours par leur oppoſition: en ſorte que les grands clairs ſont des repos pour les grandes ombres, comme les grandes ombres ſeront des repos pour les grands clairs. Mais quoique le Clair-obſcur comprenne, comme nous avons dit, la ſcience de bien placer tous les Clairs & toutes les ombres, néanmoins il s'entend plus particuliérement des grandes ombres & des grandes lumiéres. Leur diſtribution en ce dernier ſens, ſe peut faire de quatre façons. Prémiérement par les ombres naturelles des corps. 2. Par les groupes; c'eſt-à dire, en diſpoſant les objets d'une maniére que les lumiéres ſe trouvent liées enſemble, & les ombres pareillement enſemble, comme on le voit groſſiérement dans une grape de raiſin, dont les grains du côté de la lumiére font une maſſe d'ombre; & que le tout ne forme qu'un groupe & comme un ſeul objet; en ſorte néanmoins qu'en cet artifice il ne paroiſſe aucune affectation: mais que les objets se trouvent ainsi situez naturellement & comme par hazard. 3. Par les accidens d'une lumiére supposée. Et 4. enfin par la nature & le corps des couleurs que le Peintre peut donner aux objets sans en alterer le caractére. Cette partie de la Peinture est le plus grand moyen dont le Peintre se puisse prévaloir pour donner de la force à ses Ouvrages, & pour rendre ses objets sensibles, tant en général qu'en particulier.

Je ne voi pas que l'artifice du Clair-obscur ait été connu dans l'Ecole Romaine avant Polydore de Caravage, qui le trouva & qui s'en fit un principe; & je suis étonné que les Peintres qui l'ont suivi, ne se soient pas aperçus que le grand effet de ses Ouvrages vient des repos qu'il a observez d'espace en espace, en groupant ses lumieres d'un côté & ses ombres d'un autre: ce qui ne se fait que par l'intelligence du Clair-obscur. Je suis étonné, dis-je, qu'ils ayent laissé échaper cette partie si nécessaire, sans s'en apercevoir. Cela n'empeche pas néanmoins qu'il n'y ait quelques Ouvrages parmi ceux des Peintres Romains, où il se trouve du Clair-obscur: mais on doit regarder cela comme un bon moment du Génie, ou comme l'effet du hazard plûtôt que d'un principe bien établi.

André

André Boſcoli, Peintre Florentin, a eu de forts preſſentimens du Clair-obſcur, comme on le voit par ſes Ouvrages: mais on doit au Giorgion le rétabliſſement de ce principe, dont le Titien ſon Competiteur s'étant aperçu, il s'en eſt prévalu dans tout ce qu'il a fait depuis.

Dans la Flandre, Otho Venius en jetta des fondemens ſolides, & les communiqua à Rubens ſon Eléve. Celui-ci les rendit plus ſenſibles, & en fit tellement connoître les avantages & la neceſſité, que les meilleurs Peintres Flamands qui l'ont ſuivi, ſe ſont rendus recommendables par cette partie: car ſans elle, tous les ſoins qu'ils ont pris d'imiter ſi fidélement les objets particuliers de la Nature, ne ſeroient d'aucune conſidération.

(1) Que dans la diſtribution de ſes couleurs, il y ait un accord qui faſſe le même effet pour les yeux, que la Muſique pour les oreilles.

(2) Que s'il y a pluſieurs groupes de Clair-obſcur dans un Tableau, il y en ait un qui ſoit plus ſenſible, & qui domine ſur les autres, en ſorte qu'il y ait unité d'objet, comme dans la Compoſition, unité de ſujet.

(3) Que le Pinceau ſoit hardi & léger, s'il



(1) L'accord des Couleurs. (2) Unité d'objet.
(3) Le Pinceau.

s'il eſt poſſible ; mais ſoit qu'il paroiſſe uni comme celui du Corége, ou qu'il ſoit inégal & raboteux, comme celui de Rembrant, il doit toûjours être moëleux.

(1) Et enfin, ſi l'on eſt contraint de prendre des licences, qu'elles ſoient imperceptibles, judicieuſes, avantageuſes & autoriſées : les trois premiéres eſpeces ſont pour l'Art du Peintre, & la derniére regarde l'Hiſtoire.

(2) Un Peintre qui poſſéde ſon Art dans tous les détails que l'on vient de répréſenter, peut à la vérité s'aſſûrer d'être habile, & de faire infailliblement de belles choſes : mais ſes Tableaux ne pourront être parfaits, ſi la Beauté qui s'y trouve, n'eſt accompagnée de la Grace.

La Grace doit aſſaiſonner toutes les parties dont on vient de parler ; elle doit ſuivre le Génie ; c'eſt elle qui le ſoûtient & qui le perfectionne : mais elle ne peut, ni s'acquerir à fond, ni ſe démontrer.

Un Peintre ne la tient que de la Nature, il ne ſçait pas même ſi elle eſt en lui, ni à quel degré il la poſſede, ni comment il la communique à ſes Ouvrages : elle ſurprend le Spectateur, qui en ſent l'effet ſans en pénétrer la véritable cauſe : mais cette Grace ne touche ſon cœur que ſelon la diſpoſition qu'elle y rencontre. On peut la définir,

(1) Les Licences. (2) La Grace.

définir, ce qui plaît, & ce qui gagne le cœur sans passer par l'esprit.

La Grace & la Beauté, sont deux choses différentes: la Beauté ne plaît que par les regles, & la Grace plait sans les régles. Ce qui est beau n'est pas toûjours gracieux, & ce qui est gracieux n'est pas toûjours beau; mais la Grace jointe à la Beauté, est le comble de la Perfection.

On a donné cette Idée du Peintre parfait, le plus en abrégé qu'on a pû, pour ne point ennuyer ceux qui n'ont aucun doute sur les choses qu'elle contient. Mais pour ceux qui en desirent des preuves, on a tâché de les satisfaire dans les Remarques suivantes, dans lesquelles les uns & les autres trouveront qu'on a traité plusieurs matiéres qui se sont présentées naturellement, & qui ne leur seront peut-être pas indifférentes.

*Les Remarques suivantes répondent par Chapitres aux parties qui composent l'Idée du Peintre parfait, desquelles on a parlé dans le précédent Abrégé; & le Lecteur doit supposer ces parties dans les Chapitres qui en traitent pour les éclaircir.*

# REMARQUES ET ECLAIRcissemens sur la précédente Idée.

## CHAPITRE PREMIER.

### *DU GENIE.*

LEs hommes ont beau travailler pour surmonter les obstacles qui les empêchent d'atteindre à la perfection : s'ils ne sont nez avec un talent particulier pour les Arts qu'ils ont embrassez, ils seront toûjours dans l'incertitude d'arriver à la fin qu'ils se proposent. Les régles de l'Art & les exemples des autres peuvent bien leur montrer les moyens d'y parvenir: mais ce n'est point assez que ces moyens soient sûrs, il faut encore qu'ils soient faciles & agréables.

Or cette facilité ne se rencontre que dans ceux, qui avant de s'instruire des régles, & de voir les Ouvrages d'autrui, ont consulté leur inclination, & ont examiné s'ils étoient attirez par une lumiére intérieure à la profession quils vouloient suivre. Car cette lumiére de l'esprit, qui n'est n'est autre chose que le Génie, nous montrant toûjours le chemin le plus court & le plus facile, nous rend infailliblement heureux, & dans les moyens & dans la fin.

Le Génie est donc une lumiére de l'esprit, laquelle conduit à la fin par des moyens faciles.

C'est un présent que la Nature fait aux hommes dans le moment de leur naissance, & quoiqu'elle ne le donne ordinairement que pour une chose en particulier, elle est quelquefois assez libérale pour le rendre général dans un seul homme. On en a vû plusieurs de cette sorte, & ceux qui sont assez heureux pour avoir reçû cette plénitude d'influences, font avec facilité tout ce qu'ils veulent faire, & c'est assez pour eux de s'appliquer pour réüssir. Il est vrai que le Génie particulier n'étend pas ainsi son pouvoir sur toutes sortes de connoissances: mais il pénétre ordinairement plus avant dans celle qui est de sa domination.

Il faut donc du Génie, mais un Génie exercé par les régles, par les réfléxions & par l'assiduité du travail. Il faut avoir beaucoup vû, beaucoup lû & beaucoup étudié pour diriger ce Génie, & pour le rendre capable de produire des choses dignes de la posterité.

Cependant comme le Peintre ne peut, ni

ni voir, ni étudier toutes les choses qui seroient à souhaiter pour la perfection de son Art, il est bon qu'il se serve sans scrupule, des études d'autrui.

## CHAPITRE II.

*Qu'il est bon de se servir des études d'autrui sans aucun scruple.*

IL n'est pas possible de bien répréſenter les objets non seulement qu'on n'a point vûs, mais qu'on n'a point dessinez. Si un Peintre n'a point vû de Lion, il ne sçauroit peindre un Lion ; & s'il en a vû, il ne peut répréſenter cet animal qu'imparfaitement, à moins qu'il ne l'ait dessiné ou peint d'aprés Nature, ou d'aprés l'Ouvrage d'un autre.

Sur ce pied, on ne doit pas blâmer un Peintre, qui n'ayant jamais vû ni étudié l'objet qu'il a à répresenter, se sert des études d'un autre, plûtôt que de faire de son caprice quelque chose de faux : il est necessaire enfin qu'il ait ses études, ou dans sa mémoire, ou dans son porte-feüille, les siennes, dis-je, ou celles d'autrui.

Aprés que le Peintre a rempli son esprit de la vûë des belles choses, il y ajoûte ou dimi-

diminuë ſelon ſon goût & ſelon la portée de ſon jugement : & ce changement ſe fait en comparant les Idées de ce qu'on a vû, & en choiſiſſant ce que l'on en trouve de bon. Raphaël, par exemple, qui dans ſa jeuneſſe n'avoit chez le Perugin ſon Maître, que les Idées des Ouvrages de ce Peintre, les ayant enſuite comparez avec ceux de Michel-Ange & avec l'Antique, a choiſi ce qui lui a ſemblé de meilleur, & s'eſt fait un Goût épuré, tel que nous le voyons dans ſes Ouvrages.

Le Génie ſe ſert donc de la mémoire, comme d'un vaſe où il met en réſerve les Idées qui ſe préſentent ; il les choiſit avec l'aide du jugement, & en fait un magaſin dont il ſe ſert dans l'occaſion ; il en tire ce qu'il y a mis, & n'en peut tirer autre choſe. C'eſt ainſi que Raphaël a tiré de ſon magaſin, (pour me ſervir de ce mot) les hautes Idées qu'il a priſes de l'Antique : de même qu'Albert & Lucas ont tiré du leur, les Idées Gottiques que la pratique de leur tems & la nature de leur païs leur avoient fournies.

Un homme qui a du Génie, peut inventer un ſujet en général : mais s'il n'a fait l'étude des objets particuliers, il ſera embarraſſé dans l'exécution de ſon Ouvrage, à moins qu'il n'ait recours aux études que les autres en ont faites.

Il est même fort vrai-semblable que si un Peintre n'a, ni le tems, ni la commodité de voir la Nature, & qu'il ait un beau Génie, il pourra étudier d'après les Tableaux, les Desseins & les Estampes des Maîtres qui ont sçû choisir les beaux endroits, & les mettre en œuvre avec intelligence: tel, par exemple, qui voudra faire du Païsage, & qui n'aura jamais vû, ou qui n'aura pas assez observé les païs propres à être peints par leur bizarrerie, ou par leur agrément, fera très-bien de profiter des Ouvrages de ceux qui ont étudié ces païs-là, ou qui ont représenté dans leurs païsages, des effets extraordinaires de la Nature. Il pourra regarder les productions de ces habiles Peintres, comme s'il regardoit la Nature, & les faire servir dans la suite à inventer quelque chose de lui-même.

Il trouvera même deux avantages en étudiant d'abord d'après les Ouvrages des habiles Maîtres. Le premier est, qu'il y verra la Nature débarrassée de beaucoup de choses qu'on est obligé de rejetter quand on la copie: le second est, qu'il apprendra par là à faire un bon choix de la Nature, à n'en prendre que le beau, & à rectifier ce qu'elle a de défectueux. Ainsi un Génie bien réglé & soûtenu de la Théorie, sert à mettre utilement en usage, non seulement

lement ſes Etudes propres, mais encore celles des autres.

Leonard de Vinci a écrit que les taches qui ſe trouvent ſur un vieux mur, formant des Idées confuſes de différens objets, peuvent exciter le Génie, & l'aider à produire. Quelques uns ont crû que cette propoſition faiſoit tort au Génie, ſans en donner de bonnes raiſons. Il eſt certain cependant que ſur un tel mur, ou ſur telle autre choſe maculée, non ſeulement il y a lieu de concevoir des Idées en général, mais chacun en conçoit de différentes, ſelon la diverſité des Génies, & que ce qui ne s'y voit que confuſément, ſe débroüille & ſe forme dans l'eſprit, ſelon le Goût de celui en particulier qui la regarde. En ſorte que l'un voit une Compoſition belle & riche & les objéts conformes à ſon Goût, parce que ſon Génie eſt fertile & ſon Goût bon; & l'autre n'y voit au contraire, rien que de pauvre & de mauvais Goût, parce que ſon Génie eſt froid, & ſon Goût mauvais.

Mais de quel caractére que ſoient les eſprits, chacun peut trouver ſur cet objet de quoi exciter ſon imagination, & produire quelque choſe qui lui appartienne. L'imagination s'échauffant ainſi peu à peu, ſe rendra capable par la vûë de quelques figures, d'en concevoir un grand nombre, & d'enrichir la ſcéne de ſon ſujet

par

par quelques objets indécis qui y donneront lieu. Il pourra même facilement arriver que l'on enfantera par ce moyen des idées extraordinaires, qui d'ailleurs ne seroient pas venuës dans l'esprit.

Ainsi ce que dit Leonard de Vinci, ne fait aucun tort au Génie: il peut au contraire servir à ceux qui en ont beaucoup, comme à ceux qui n'en ont guéres. J'ajoûterois seulement à ceque dit cet Auteur, que plus on a de Génie, & plus on voit de choses dans ces sortes de taches ou de lignes confuses.

---

## CHAPITRE III.

### *DE LA NATURE.*

*Des actions de la Nature, & des actions d'habitude & d'éducation.*

LA Nature n'est pas seulement détournée par les accidens qui se rencontrent dans ses productions actuelles: mais encore par les habitudes que contractent les choses produites. On peut donc considerer les actions de la Nature de deux maniéres, ou lorsqu'elle agit par elle-même de son bongré, ou lorsqu'elle agit par habitude au gré des autres.

Les actions purement de la Nature, sont celles que les hommes feroient, si dès leur

leur enfance on les laissoit agir selon leur propre mouvement ;& les actions d'habitude & d'éducation, sont celles que les hommes font en conséquence des instructions & des exemples qu'ils ont reçûs. De celles-ci il y en a autant que de Nations différentes, & elles sont tellement mêlées parmi les actions purement naturelles, qu'il est, à mon sens, très-difficile d'en connoître la différence. C'est néanmoins ce que les Peintres doivent tâcher de faire : car ils ont souvent des sujets à traiter, où ils doivent suivre la pure Nature, ou en tout, ou en partie. Il est bon qu'ils n'ignorent pas les actions différentes dont les principales Nations ont revêtu la Nature: mais comme leur différence vient de quelque affectation, qui est un voile qui déguise la vérité, la principale étude du Peintre doit être de débroüiller & de connoître en quoi consiste le vrai, le beau & le simple de cette même Nature, laquelle tire toutes ses beautez & toutes ses graces du fond de sa pureté & de sa simplicité.

Il est visible que les anciens Sculpteurs ont recherché cette simplicité naturelle, & que Raphaël a puisé dans leurs Ouvrages avec le bon Goût, celle qu'il a répanduë dans ses figures. Mais quoique la Nature soit la source de la Beauté, l'Art, dit-on communément, la surpasse; plusieurs Au-

Auteurs en ont parlé dans ces termes, & c'est un Problême qu'il est bon de résoudre.

## CHAPITRE IV.

### *En quel sens on peut dire que l'Art est au dessus de la Nature.*

LA Nature doit être considerée de deux maniéres, ou dans les objets particuliers, ou dans les objets en général, & en elle-même. La Nature est ordinairement déféctueuse dans les objets particuliers, dans la formation desquels elle est, comme nous venons de dire, détournée par quelques accidens contre son intention, qui est toûjours de faire une Ouvrage parfait. Mais si on la considére en elle-même dans son intention & dans le général de ses productions, on la trouvera parfaite.

C'est dans ce général que les anciens Sculpteurs ont puisé la perfection de leurs Ouvrages, & d'où Polyclète a tiré les belles proportions de la Statuë qu'il fit pour la posterité, & qu'on appella la Régle. Il en est de même des Peintres. Les effets avantageux de la nature leur ont donné envie de les imiter, & une experience heu-

heureuſe a réduit peu à peu ces mêmes effets en Préceptes. Ainſi ce n'eſt pas d'un ſeul objet, mais de pluſieurs, que les Regles de l'Art ſe ſont établies.

Si l'on compare l'Art du Peintre, qui a été formé ſur la Nature en général, avec une production particuliére de cette même Nature; il ſera vrai de dire que l'Art eſt au deſſus de la Nature : mais ſi on le compare avec la Nature en elle meme, qui eſt ſon modéle, cette propoſition ſe trouvera fauſſe.

En effet, à bien conſiderer les choſes, quelque ſoin que les Peintres ayent pris juſqu'ici d'imiter cette Maîtreſſe des Arts, on trouvera qu'elle leur a laiſſé encore beaucoup de chemin à faire pour arriver juſqu'à elle; & qu'elle contient une ſource de beautez qu'ils n'épuiſeront jamais. C'eſt ce qui fait dire que dans les Arts on apprend encore tous les jours, parce que l'expérience & les réflexions découvrent ſans ceſſe quelque choſe de nouveau dans les effets de la Nature, qui ſont ſans nombre & toûjours différens les uns des autres.

CHA-

## CHAPITRE V.

### *De l'Antique.*

ON appelle de ce mot tous les Ouvrages de Peinture, de Sculpture & d'Architecture qui ont été faits tant en Egypte qu'en Gréce & en Italie, depuis le tems d'Alexandre le Grand jusqu'à l'invasion des Gots, qui par leur fureur & leur ignorance firent périr tous les beaux Arts. Le mot d'Antique néanmoins est plus particuliérement en usage pour signifier les Sculptures de ces tems-là, tant Statuës & bas Reliefs, que Médailles & Pierres gravées. Tous ces Ouvrages ne sont pas également bons : mais dans les médiocres mêmes, il y a un certain caractére de beauté qui fait que les Connoisseurs les distinguent des Ouvrages modernes.

Ce n'est pas de ces Sculptures modernes que l'on entend parler ici, c'est des Sculptures Antiques les plus parfaites, & que l'on ne regarde qu'avec étonnement. Les anciens Auteurs les ont mises au dessus de la Nature, & ne loüoient la beauté des hommes, qu'autant qu'elle avoit de conformité avec les belles Statuës.

* Usque

* *Usque ab ungulo ad capillum summum*
*est festivissima.*
*Est-ne? Considera: vide signum, pictum pulchrè videris.*

Je pourrois citer une infinité d'autoritez des Anciens, pour prouver ce que j'avance; mais pour ne rien repeter, je renvoie le Lecteur à ce que j'ai dit touchant l'Antique, dans le Commentaire sur l'Art de Peinture de Charles-Alfonse du Fresnoy, & je me contenterai de rapporter ici ce que disoit un Peintre moderne, qui avoit beaucoup pénétré dans la connoissance de l'Antique, c'est le fameux Poussin: Raphaël, disoit-il, est un Ange comparé aux Auteurs des Antiques. L'expression est un peu forte: je me serois contenté de dire que Raphaël est autant au dessous des Anciens, que les Modernes sont au dessous de lui.

Il est certain que peu de personnes sont capables de découvrir toute la finesse qui est dans les Sculptures Antiques; parce qu'il faut pour cela un esprit proportionné à ceux des Sculpteurs qui les ont faites, & que ces hommes avoient le Goût sublime, la Conception vive, & l'Exécution exacte & spirituelle. Ils ont donné à leurs Figures des proportions conformes à leur caractére,

(*) Plaute Epidiq. Act. 5.

tére, & ont désigné les Divinitez par des contours plus coulans, plus élégans & d'un plus grand Goût que ceux des hommes ordinaires. Ils ont fait un choix épuré de la belle Nature, & ils ont excellemment remédié à l'impuissance, où la matiére qu'ils employoient, les mettoit de tout imiter.

Le Peintre ne sçauroit donc mieux faire que de tâcher à pénetrer l'excellence de ces Ouvrages, pour connoître mieux la pureté de la Nature, & pour dessiner plus doctement. Néanmoins comme il y a dans la Sculpture plusieurs choses qui ne conviennent point à la Peinture, & que le Peintre a d'ailleurs des moyens d'imiter la Nature plus parfaitement, il faut qu'il regarde l'Antique comme un Livre qu'on traduit dans une autre Langue, dans laquelle il suffit de bien rapporter le sens & l'esprit, sans s'attâcher servilement aux paroles.

---

## CHAPITRE VI.

### *Du grand Goût.*

L'On a vû dans la définition que j'ai donnée du grand Goût par rapport aux Ouvrages de Peinture, qu'il ne s'accomcommode point des choses ordinaires. Or le médiocre ne se peut souffrir tout au plus que dans les Arts qui sont nécessaires à l'usage ordinaire, & non dans ceux qui n'ont été inventez que pour l'ornement du monde & pour le plaisir. Il faut donc dans la Peinture quelque chose de grand, de piquant & d'extraordinaire, capable de surprendre, de plaire & d'instruire, & c'est ce qu'on appelle le grand Goût. C'est par lui que les choses communes deviennent belles, & les belles, sublimes & merveilleuses; car en Peinture le grand Goût, le Sublime & le Merveilleux ne sont que la même chose: le langage en est muet à la vérité, mais tout y parle.

---

## CHAPITRE VII.

### *De l'Essence de la Peinture.*

NOus avons dit que la Peinture étoit un Art, qui par le moyen du Dessein & de la Couleur, imite sur une superficie plate tous les objets visibles. C'est ainsi à peu près que la définissent tous ceux qui en ont parlé, & personne ne s'est avisé jusqu'aujourd'hui de trouver à redire à cette définition. Elle contient trois parties, la Composition, le Dessein, & le Colo-

Coloris, qui font l'Essence de la Peinture, comme le Corps, l'Ame, & la Raison font l'Essence, de l'Homme. Et de même que ce n'est que par ces trois derniéres parties que l'Homme fait paroître plusieurs propriétez & plusieurs convenances qui ne sont pas de son Essence, mais qui en sont l'ornement, comme par exemple, les Sciences & les Vertus: tout de même aussi ce n'est que par les parties essentielles de son Art, que le Peintre fait connoître une infinité de choses qui relévent le prix de ses Tableaux, quoiqu'elles ne soient point de l'Essence de la Peinture: telles sont les propriétez d'instruire & de divertir. Surquoi l'on peut faire cette question assez considérable.

---

## CHAPITRE VIII.

### *Si la fidelité de l'Histoire est de l'Essence de la Peinture.*

IL paroît que la Composition, qui est une partie essentielle de la Peinture, comprend les objets qui entrent dans l'Histoire, & qui en font la fidelité; que par conséquent cette fidelité doit être essentielle à la Peinture, & que le Peintre est dans la derniére obligation de s'y conformer.

A quoi on répond, que si la fidélité de l'Histoire, étoit essentielle à la Peinture, il n'y auroit point de Tableau où elle ne dût se rencontrer : or il y a une infinité de beaux Tableaux qui ne répréſentent aucune Histoire : comme sont les Tableaux Allégoriques, les Païsages, les Animaux, les Marines, les Fruits, les Fleurs, & plusieurs autres qui ne sont qu'un effet de l'imagination du Peintre.

Il est vrai cependant que le Peintre est obligé d'être fidéle dans l'Histoire qu'il représente, & que par la recherche curieuse des circonstances qui l'acompagnent, il augmente la beauté & le prix de son Tableau : mais cette obligation n'est pas de l'Essence de la Peinture, elle est seulement une bien-séance indispensable, comme la Vertu & la Science le sont dans l'Homme. Et de même que l'homme n'en est pas moins Homme pour être ignorant & vicieux ; le Peintre n'en est pas moins Peintre pour ignorer l'Histoire. Et s'il est veritable que les Vertus & les Sciences sont les ornemens des Hommes, il est aussi très-certain que les Ouvrages des Peintres sont d'autant plus estimables, qu'ils font paroître de fidelité dans les sujets historiques qu'ils répréſentent : supposé d'ailleurs qu'il n'y manque rien de l'imitation de la Nature, qui est leur Essence.

Ainsi un Peintre peut être fort habile dans son Art, & fort ignorant dans l'Histoire. Nous en voyons presque autant d'exemples qu'il y a de Tableaux du Titien, de Paul Véronése, du Tintoret, des Bassans, & de plusieurs autres Venitiens qui ont mis leur principal soin dans l'Essence de leur Art; c'est-à-dire dans l'imitation de la Nature, & qui se sont moins appliquez aux choses accessoires, qui peuvent être ou n'être point, sans que l'Essence en soit altérée. Il semble que ce soit dans ce sens que les Curieux regardent les Tableaux des Peintres que je viens de nommer, puisqu'ils les achétent au poids de l'or, & que ces Ouvrages sont du nombre de ceux qui tiennent le premier rang dans leurs Cabinets.

Il est sans doute que si cette Essence dans les Tableaux des Peintres Vénitiens avoit été accompagnée des ornemens qui en relévent le prix, je veux dire de la fidélité de l'Histoire & de la Chronologie, ils en seroient beaucoup plus estimables: mais il est certain aussi que ce n'est que par cette Essence que les Peintres doivent nous instruire, & que nous devons chercher dans leurs Tableaux l'imitation de la Nature préférablement à toutes choses. S'ils nous instruisent, à la bonne heure: s'ils ne le font pas, nous aurons toûjours le

plaisir

plaisir d'y voir une espece de création qui nous divertit, & qui met nos passions en mouvement.

Que si je veux apprendre l'Histoire, ce n'est point un Peintre que je consulterai; il n'est Historien que par accident: mais je lirai les Livres qui en traitent expressément, & dont l'obligation essentielle n'est pas seulement de raconter les faits, mais de les raconter fidélement.

Cependant on ne prétend pas ici excuser un Peintre en ce qu'il est mauvais Historien: car l'on est toûjours blâmable de faire mal ce que l'on entreprend. Si un Peintre ayant à traiter un sujet historique, ignore les objets qui doivent entrer dans sa Composition pour la rendre fidéle, il doit soigneusement s'en instruire, ou par les Livres, ou par le moyen des Sçavans; & l'on ne peut nier que la négligence qu'il apportera en cela, ne soit inexcusable. J'en excepte néanmoins ceux qui ont peint des sujets de dévotion, où ils ont introduit des Saints de différens tems & de différens païs, non pas de leur choix, mais par une complaisance forcée pour les personnes qui les faisoient travailler, & dont la trop grande simplicité ne leur permettoit pas de faire réflexion sur les choses accessoires qui peuvent contribuer à l'ornement de la Peinture.

L'Invention, qui est une partie essentielle de cet Art, consiste seulement à trouver les objets qui doivent entrer dans un Tableau, selon que le Peintre se l'imagine, faux ou vrais, fabuleux ou historiques. Et si un Peintre s'imaginant qu'Alexandre fût vêtu comme nous le sommes aujourd'hui, représentoit ce Conquerant avec un Chapeau & une Perruque comme font les Comédiens, il feroit sans doute une chose très-ridicule, & une faute très-grossiére: mais cette faute seroit contre l'Histoire, & non pas contre la Peinture: supposé d'ailleurs que les choses réprésentées, le fussent selon toutes les Régles de cet Art.

Mais quoique le Peintre réprésente la Nature par Essence, & l'Histoire par Accident, cet Accident ne lui doit pas être de moindre considération que l'Essence, s'il veut plaire à tout le monde, & sur tout aux gens de Lettres, & à ceux, qui considérant un Tableau plûtôt par l'esprit que par les yeux, font principalement consister sa perfection à réprésenter fidélement l'Histoire, & à exprimer les passions.

## CHAPITRE IX.

### *Des Idées imparfaites de la Peinture.*

IL y a peu de personnes qui ayent une Idée bien nette de la Peinture ; j'y comprends les Peintres mêmes, dont plusieurs mettent toute l'Essence de leur Art dans le Dessein, & d'autres ne la font consister que dans la Couleur. La plûpart des personnes qui ont à soûtenir dans le monde un caractere spirituel, & entr'autres les gens de Lettres, ne conçoivent d'ordinaire la Peinture que par l'Invention, & comme un pur effet de l'imagination du Peintre. Ils examinent cette Invention, ils en font l'anatomie ; & selon qu'elle leur paroît plus ou moins ingénieuse, ils louent plus ou moins le Tableau, sans en considerer l'effet, ni à quel dégré le Peintre a porté l'imitation de la Nature. C'est dans ce sens que Saint Augustin dit que la connoissance de la Peinture & de la Fable est superfluë, quoi que dans le même endroit ce Pere louë les Sciences profanes.

C'est en vain pour ces sortes de personnes, que Titien, Géorgion & Paul Veronése se sont épuisez, & qu'ils ont pris tant de peine pour porter si loin l'imitation de la Nature, & que les habiles Peintres regardent leurs Ouvrages, & les conseillent comme les Exemplaires les plus parfaits. C'est inutilement qu'on leur fait voir des Tableaux, puisque les Estampes correctes pourroient suffire pour exercer leur jugement, & pour remplir l'étenduë de leur connoissance.

Je reviens à Saint Augustin, & je dis que s'il avoit eu la véritable Idée de la Peinture, qui n'est autre que l'imitation du vrai, & qu'il eût fait réflexion que par cette imitation on peut élever en mille façons le cœur des Fidéles à l'Amour Divin, il auroit fait le Panégirique de ce bel Art avec d'autant plus de chaleur qu'il étoit lui-même très-sensible à tout ce qui peut porter à Dieu.

Un autre Pere avoit une Idée de la Peinture plus juste, c'est Saint Grégoire de Nice, qui aprés avoir fait une description du Sacrifice d'Abraham, dit ces paroles: *J'ai souvent jetté les jeux sur un Tableau qui represente ce spectacle digne de pitié, & je ne les ay jamais retirez sans larmes:* tant la Peinture à sçu répresenter la chose, comme si elle se passoit effectivement.

CHA-

## CHAPITRE X.

*Comment les restes de l'Idée imparfaite de la Peinture se sont conservez depuis son rétablissement, dans l'esprit de plusieurs.*

J'Ai fait voir ci-dessus que l'Essence de la Peinture consistoit dans une fidéle imitation, à la faveur de laquelle les Peintres pourroient instruire & divertir selon la mesure de leur Génie. J'ai parlé ensuite des fausses Idées de la Peinture; & je tâcherai dans ce Chapitre, de montrer comment ces Idées imparfaites se sont glissées jusqu'à nous.

La Peinture comme les autres Arts, n'a été connuë que par le progrès qu'elle a fait dans l'esprit des hommes. Ceux qui commencérent à la renouveller en Italie, & qui par conséquent n'en pouvoient avoir que de foibles Principes, ne laissérent pas de s'attirer de l'admiration par la nouveauté de leurs Ouvrages; & à mesure que le nombre des Peintres s'augmenta, & que l'émulation leur donna des lumiéres, les Tableaux augmentérent de prix & de beauté; il se forma des Amateurs & des Connoisseurs; & les choses étant venuës à un certain point, on commença à croire qu'il étoit comme impossible que le Pinceau pû faire rien de plus parfait que ce qu'on admiroit dès ces tems-là.

Les grands Seigneurs visitoient les Peintres, les Poëtes chantoient leurs loüanges, & dès l'an 1300. Charles I. Roi de Naples, passant par Florence, alla voir Cimabué, qui étoit en réputation : & Côme de Médicis étoit tellement charmé des Ouvrages de Philippe Lippi, qu'il mit tout en usage pour vaincre la bizarrerie & la paresse de ce Peintre, afin d'en avoir des Tableaux.

Cependant il est aisé de juger par les restes de ces premiers Ouvrages, que la Peinture de ce siécle-là étoit tres-peu de chose, si nous la comparons à celle que nous voyons aujourd'hui de la main des bons Maîtres. Car non seulement les parties qui dépendent de la Composition & du Dessein, n'étoient pas encore assaisonnées du bon Goût, qui leur est venu depuis : mais celle du Coloris étoit absolument ignorée, & dans la Couleur des objets en particulier, qu'on appelle Couleur Locale, & dans l'intelligence du Clair-obscur, & dans l'harmonie du tout ensemble. Il est vrai qu'ils employoient des Couleurs : mais la route qu'ils tenoient en cela, étoit triviale, & ne servoit pas tant à répresenter la vérité des objets, qu'à nous en faire ressouvenir.

Dans

Dans cette ignorance du Coloris, où les Peintres avoient été élevez, ils ne concevoient pas le pouvoir de cette partie enchantereſſe, ni à quel degré elle étoit capable de faire monter leurs Ouvrages. Ils ne juroient encore que ſur la parole de leurs Maîtres, & n'étant occupez qu'à s'aplanir le chemin qu'on leur avoit montré, l'Invention & le Deſſein faiſoit toute leur étude.

Enfin après pluſieurs années, le bon Génie de la Peinture ſuſcita de grands Hommes dans la Toſcane, & dans le Duché d'Urbain, qui par la ſolidité de leur Eſprit, par la bonté de leur Génie & par l'aſſiduité de leurs Etudes, élevérent les Idées des connoiſſances qu'ils avoient reçûës de leurs Maîtres, & les portérent à un dégré de perfection, qui fera l'admiration de la Poſtérité.

Ceux à qui on eſt principalement redevable de cette perfection, ſont Leonard de Vinci, Michel-Ange, & Raphaël : mais ce dernier, qui s'eſt élevé au deſſus des autres, a acquis tant de parties dans ſon Art, & les a portées à un dégré ſi haut, que les grandes loüanges qu'on lui en a données, ont fait croire que rien ne lui manquoit, & ont fixé en ſa Perſonne toute la perfection de la Peinture.

Comme il eſt néceſſaire dans la Profeſsion de cet Art, de commencer par le Dessein, & qu'il est constant que la source du bon Goût & de la Correction se trouve dans les Sculptures Antiques & dans les Ouvrages de Raphaël qui en ont tiré leur plus grand mérite, la plûpart des jeunes Peintres ne manquent pas d'aller à Rome pour y étudier, & d'en rapporter du moins l'estime générale des Ouvrages qu'on y admire, & de la transmettre à tous ceux qui les écoutent. C'est ainsi qu'un grand nombre de Curieux & d'Amateurs de la Peinture ont conservé sur la foi d'autrui, ou sur l'autorité des Auteurs, cette prémiére Idée qu'ils ont reçûë; sçavoir, que toute la perfection de la Peinture étoit dans les Ouvrages de Raphaël.

Les Peintres Romains sont aussi demeurez la plûpart dans cette opinion, & l'ont insinuée aux Etrangers, ou par l'amour de leur païs, ou par la négligence pour le Coloris qu'ils n'ont jamais bien connu, ou par la préference qu'ils donnérent aux autres parties de la Peinture, lesquelles étant en grand nombre, les occupent le reste de leur vie.

On ne s'étoit donc attaché jusques-là qu'à ce qui dépend de l'Invention & du Dessein: & quoique Raphaël ait inventé très-ingenieusement, qu'il ait dessiné d'une correction & d'une elégance achevée, qu'il qu'il ait exprimé les passions de l'ame avec une force & une grace infinie, qu'il ait traité ses sujets avec toute la convenance & toute la noblesse possible, & qu'aucun Peintre ne lui ait disputé l'avantage de la primauté dans le grand nombre des parties qu'il a possédées; il est constant néanmoins qu'il n'a pas pénétré dans le Coloris assez avant pour rendre les objets bien vrais & bien sensibles, ni pour donner l'Idée d'une parfaite imitation.

C'est pourtant cette imitation & cette sensation parfaite qui fait l'essentiel de la Peinture; comme je l'ai fait voir. Elle vient du Dessein & du Coloris; & si Raphaël & les Habiles de son tems n'ont eu cette derniére partie qu'imparfaitement, l'Idée de l'Essence de la Peinture qui vient de l'effet de leurs Ouvrages, doit être imparfaite, aussi-bien que celle qui s'est introduite successivement dans l'esprit de quelques personnes, d'ailleurs même très-éclairées.

Les Ouvrages du Titien & des autres Peintres qui ont mis au jour leurs pensées à la faveur d'une fidéle imitation, devroient, ce semble, avoir détruit les mauvais restes dont nous parlons, & avoir redressé les Idées selon que la Nature & la Raison l'exige d'un esprit juste. Mais comme la Jeunesse, ainsi que nous l'avons dit,

dit, n'apporte de Rome à Venise qu'un esprit & des yeux prévenus, & qu'ils ne font pour l'ordinaire dans cette derniére Ville que peu de séjour, ils n'y voyent que comme en passant, les beaux Ouvrages qui pourroient leur donner une juste Idée, bien loin d'y contracter une habitude de bon Coloris, qui feroit valoir les Etudes qu'ils auroient faites à Rome, & qui les rendroit irréprochables sur toutes les parties de leur Profession.

Mais ce qui est étonnant, c'est que certains Curieux qui ont des restes de cette fausse Idée, & qui pourtant sont épris eux-mêmes de la beauté des Tableaux Vénitiens, les payent, comme de raison, d'un grand prix, quoi que ces Tableux n'ayent presque point d'autre mérite que par l'Idée que j'ai établie de l'Essence de la Peinture.

---

## CHAPITRE XI.

### *COMPOSITION.*

*Prémière Partie de la Peinture.*

ON ne s'est servi jusqu'ici que du mot d'Invention pour signifier la prémiére Partie de la Peinture: plusieurs l'ont même me confonduë avec le Génie, d'autres avec une fertilité de pensées, d'autres avec la disposition des objets : mais toutes ces choses sont différentes les unes des autres. J'ay crû que pour donner une Idée nette de la prémiére Partie de la Peinture, il falloit l'appeller Composition, & la diviser en deux, l'Invention & la Disposition. L'Invention trouve seulement les objets du Tableau, & la Disposition les place. Ces deux Parties sont différentes à la vérité : mais elles ont tant de liaison entr'elles, qu'on peut les comprendre sous un même nom.

L'Invention se forme par la lecture dans les sujets tirez de l'Histoire ou de la Fable : elle est un pur effet de l'Imagination dans les sujets Métaphoriques : elle contribuë à la fidélité de l'Histoire, comme à la netteté des Allégories, & de quelque maniére que l'on s'en serve, elle ne doit point tenir en suspens l'Esprit du Spectateur par aucune obscurité. Mais quelque fidélement ou ingénieusement que soient choisis les objets qui entrent dans le Tableau, ils ne feront jamais un bon effet, s'ils ne sont disposez avantageusement, selon que l'œconomie & les regles de l'Art le demandent ; & c'est le juste assemblage de ces deux Parties que j'appelle Composition.

CHA-

## CHAPITRE XII.

## DESSEIN.

### Seconde Partie de la Peinture.

LE bon Goût & la Correction du Dessein sont si nécessaires dans la Peinture, qu'un Peintre qui en est dépourvû, est obligé de faire des miracles d'ailleurs pour s'attirer quelque estime ; & comme le Dessein est la base & le fondement de toutes les autres parties, que c'est lui qui termine les Couleurs & qui débroüille les objets, son élegance & sa correction ne sont pas moins nécessaires dans la Peinture que la pureté du langage dans l'Eloquence.

Les Peintres qui réduisent par habitude toutes leurs Figures sous un même air & sous une même proportion, n'ont jamais bien conçû que la Nature n'est pas moins admirable dans la variété que dans la beauté de ses productions, & que par un mélange discret de l'une & de l'autre ils arriveroient à une parfaite imitation.

## CHAPITRE XIII.

### *Des Attitudes.*

DAns les Attitudes la Pondération & le Contraste sont fondez dans la Nature. Elle ne fait aucune action qu'elle ne fasse voir ces deux parties, & si elle y manquoit, elle seroit, ou privée de mouvement, ou contrainte dans son action.

## CHAPITRE XIV.

### *Des Expressions.*

LEs Expressions sont la pierre de touche de l'esprit du Peintre. Il montre par la justesse dont il les distribuë, sa pénétration & son discernement : mais il faut le même esprit dans le Spectateur pour les bien appercevoir, que dans le Peintre pour les bien exécuter.

On doit considerer un Tableau comme une Scéne, où chaque figure joüe son rôlle. Les Figures bien dessinées & bien coloriées, sont admirables à la vérité : mais la plûpart des gens d'esprit, qui n'ont pas encore une Idée bien juste de la Peinture, ne ne sont sensibles à ces parties, qu'autant qu'elles sont accompagnées de la vivacité, de la justesse & de la délicatesse des Expressions. Elles sont un des plus rares talens de la Peinture, & celui qui est assez heureux pour les bien traiter, y intéresse non seulement les parties du visage, mais encore toutes celles du corps, & fait concourir à l'Expression générale du sujet, les objets mêmes les plus inanimez, par la maniére dont il les expose.

## CHAPITRE XV.

### *Des Extrémitez.*

COmme les Extrémitez, c'est-à-dire, la tête, les pieds & les mains, sont plus connuës & plus remarquées, que ce sont elles qui nous parlent dans les Tableaux, elles doivent être plus terminées que les autres choses, supposé que l'action où elles seront, les dispose & les place d'une maniére à être bien vûs.

## CHAPITRE XVI.

### *Des Draperies.*

ON dit en terme de Peinture, jetter une Draperie, pour dire, habiller une Figure,

gure, & lui donner une Draperie. Ce mot de *jetter*, me paroît d'autant plus expressif, que les Draperies ne doivent point être arrangées comme les habits dont on se sert dans le monde : mais en suivant le caractere de la pure Nature, laquelle est éloignée de toute affectation, il faut que les plis se trouvent comme par hazard autour des membres ; qu'ils les fassent paroître ce qu'ils sont ; & que par une artifice industrieux ils les contrastent en les marquant, & qu'ils les caressent, pour ainsi dire, par leurs tendres sinüositez & par leur molesse.

Les anciens Sculpteurs, qui n'avoient pas l'usage des différentes couleurs, parce qu'ils travailloient le même Ouvrage sur une même matiére, ont évité la grande étenduë des plis, de peur qu'étant autour des membres, ils n'attirassent les yeux, & n'empêchassent de voir en repos le nud de leurs Figures. Ils se sont très-souvent servis de linges moüillez pour draper, ou bien ils ont multiplié les mêmes plis, afin que cette répétition fît une espéce de hachûre, qui par son obscurité, rendît plus sensibles les membres qu'elles entourent. Ils ont observé cette derniére métode plus ordinairement dans les Bas-reliefs. Mais dans l'une & dans l'autre maniére dont ils ont traité leurs Draperies, ils

ont

ont obſervé un merveilleux ordre de placer les plis.

Le Peintre, qui par la diverſité de ſes Couleurs & de ſes lumiéres, doit ôter l'équivoque des membres d'avec les Draperies, peut bien ſe régler ſur le bon ordre des plis de l'Antique, ſans en imiter le nombre, & peut varier ſes étofes ſelon le caractére de ſes Figures. Les Peintres qui n'ont point connu la liberté qu'ils avoient en cela, ſe ſont fait autant de tort, en ſuivant les Sculptures Antiques, que les Sculpteurs en voulant ſuivre les Peintres.

La raiſon pour laquelle les plis doivent marquer le nud, c'eſt que la Peinture eſt une ſuperficie plate, qu'il faut anéantir en trompant les yeux, & en ne laiſſant rien d'équivoque. Le Peintre eſt donc obligé de garder cet ordre dans toutes ces Draperies, de quelque nature qu'elles puiſſent être, fines, ou groſſes, travaillées, ou ſimples; mais qu'il préfére ſur tout la Majeſté des plis à la richeſſe des étofes, qui ne conviennent que dans les Hiſtoires dans leſquelles elle a été, ou pourroit être vraiſemblablement employée ſelon les tems & les coûtumes.

Comme le Peintre doit éviter la dureté & la roideur dans les plis, & empêcher qu'ils ne ſentent, comme on dit, le manequin, il doit de même uſer avec prudence

dence des Draperies volantes. Car elles ne peuvent être agitées que par le vent, dans un lieu où l'on peut raisonablement supposer qu'il souffle ; ou par la compression de l'air, quand la Figure est supposée en mouvement. Ces sortes de Draperies sont avantageuses, parce qu'elles contribuënt à donner de la vie aux Figures par le contraste : mais il faut bien prendre garde que la cause en soit naturelle & vraisemblable, & ne pas faire dans un même Tableau des Draperies volantes de côtez différens, lorsqu'elles ne peuvent être agitées que par le vent, & lorsque la Figure est en repos : défaut dans lequel sont tombez sans y penser, plusieurs habiles Peintres.

---

## CHAPITRE XVII.

### *Du Païsage.*

SI la Peinture est une espece de création, elle en donne des marques encore plus sensibles dans les Tableaux de Païsages que dans les autres. On y voit plus généralement la Nature sortie de son cahos, & les Elémens plus débrouillez ; la Terre y est parée de ses différentes productions, & le Ciel de ses méteores. Et comme ce genre

genre de Peinture contient en racourci tous les autres, le Peintre qui l'exerce, doit avoir une connoissance universelle des parties de son Art. Si ce n'est pas dans un si grand détail que ceux qui peignent ordinairement l'Histoire, du moins spéculativement en général. Et s'il ne termine pas tous les objets en particulier qui composent son Tableau, ou qui accompagnent son Païsage, il est obligé du moins d'en spécifier vivement le goût & le caractére, & de donner d'autant plus d'esprit à son Ouvrage qu'il sera moins fini.

Je ne prétends pas néanmoins exclurre de ce talent l'exactitude du travail : au contraire, plus il sera recherché, & plus il sera précieux. Mais quelque terminé que soit un Païsage, si la comparaison des objets ne les fait valoir, & ne conserve leur caractére, si les sites n'y sont bien bien choisis, ou n'y sont supléez par une belle intelligence du Clair-obscur, si les touches n'y sont spirituelles, si l'on ne rend les lieux animez par des Figures, par des Animaux, ou par d'autres objets, qui sont pour l'ordinaire en mouvement, & si l'on ne joint au bon Goût de Couleur & aux sensations extraordinaires la vérité & la naïveté de la Nature: le Tableau n'aura jamais d'entrée dans l'estime, me, non plus que dans le Cabinet des véritables Connoisseurs.

---

## CHAPITRE XVIII.

### *De la Perspective.*

QUelque Auteur a dit, que Perspective & Peinture étoient la même chose, parce qu'il n'y avoit point de Peinture sans Perspective. Quoique la proposition soit fausse, absolument parlant, d'autant que le corps qui ne peut être sans ombre, n'est pas pour cela la même chose que l'ombre; néanmoins elle est véritable dans ce sens, que le Peintre ne peut se passer de Perspective dans toutes ses operations, & qu'il ne se tire pas une Ligne, & ne donne pas un coup de Pinceau qu'elle n'y ait part, du moins habituellement. Elle régle la mesure des formes & la dégradation des Couleurs en quelque lieu du Tableau qu'elles se rencontrent. Le Peintre est forcé d'en connoître la nécessité, & quoiqu'il en ait, comme il doit, une habitude consommée, il s'exposera souvent à faire de grandes fautes contre cette Science, s'il est paresseux de la consulter de nouveau, du moins dans les endroits plus visibles, & de prendre la Régle & le Compas

pas pour ne rien hazarder, & ne point s'exposer à la censure.

Michel-Ange a été blâmé pour avoir négligé la Perspective, & les plus grands Peintres d'Italie ont été tellement persuadez que sans elle on ne pouvoit rendre une Composition réguliére, qu'ils l'ont voulu sçavoir à fond. On voit même dans quelques desseins de Raphaël, une Echelle de dégradation, tant il étoit régulier sur ce Point.

## CHAPITRE XIX.

## *COLORIS.*

### *Troisiéme Partie de la Peinture.*

LA maniére peu convenable dont plusieurs de nos Peintres parloient du Coloris, me fit entreprendre sa défense par un Dialogue que je fis imprimer il y a vingt-quatre ans; & n'ayant rien de meilleur à dire aujourd'hui que ce qui est contenu dans ce petit Ouvrage, je prie le Lecteur d'y avoir recours. J'ai tâché d'y faire voir le mérite du Coloris & ses prérogatives, le plus nettement qu'il m'a été possible.

## CHAPITRE XX.

### *De l'Accord des Couleurs.*

IL y a une harmonie & une dissonance dans les especes de Couleurs, comme il y en a dans les tons de Musique. De même que dans une Composition de Musique, il ne faut pas seulement que les Notes y soient justes, mais encore que dans l'éxécution les Instrumens soient d'accord; & comme les Instrumens de Musique ne conviennent pas toûjours les uns aux autres, par exemple le Luth, avec l'Hautbois, ni le Clavessin, avec la Muzette: de la même maniere, il y a des Couleurs qui ne peuvent demeurer ensemble sans offenser la vuë, comme le Vermillon avec les Verds, les Bleus & les Jaunes. Mais aussi comme les Instrumens les plus aigus se sauvent parmi une quantité d'autres, & font quelquefois un très bon effet: ainsi les Couleurs les plus opposées, étant placées bien à propos entre plusieurs autres qui sont en union, rendent certains endroits plus sensibles, lesquels doivent dominer sur les autres, & attirer les regards.

Titien (comme je l'ai remarqué ailleurs) en a usé ainsi dans le Tableau qu'il a fait du Triomphe de Bacchus, où ayant placé Ariadné sur un des côtez du Tableau, & ne pouvant pour cette raison la faire remarquer par les éclats de la lumiére qu'il a voulu conserver dans le milieu, lui a donné une Echarpe de Vermillon sur une Draperie Bleuë, tant pour la détacher de son fond, qui est déjà une mer Bleuë, qu'à cause que c'est une des principales Figures du sujet, sur laquelle il veut que l'œil soit attiré. Paul Véronése dans sa Nôce de Cana, parce que le Christ, qui est la principale Figure du sujet, est un peu enfoncé dans le Tableau, & qu'il n'a pû le faire remarquer par le brillant du Clair-obscur, l'a vêtu de Bleu & de Vermillon, afin que la vuë se portât sur cette Figure.

## CHAPITRE XXI.

### *Du Pinceau.*

LE terme de Pinceau se prend quelquefois pour la source de toutes les parties de la Peinture, comme lorsqu'on dit, que le Tableau de la Transfiguration de Raphaël est le plus bel Ouvrage qui soit sorti de son Pinceau: & quelquefois il s'entend de l'Ouvrage même, & l'on dit par exemple, de tous les Peintres de l'Antiquité, té, le plus sçavant Pinceau est celui d'Appelle. Mais ici le mot de Pinceau signifie simplement la façon extérieure dont il a été manié pour employer les Couleurs: & lorsque ces mêmes Couleurs n'ont point été trop agitées, &, comme on dit, trop tourmentées par le mouvement d'une main pesante, & qu'au contraire le mouvement en paroît libre, promt & léger, on dit que l'Ouvrage est d'un bon Pinceau. Mais ce Pinceau libre est peu de chose, si la tête ne le conduit, & s'il ne sert à faire connoître que le Peintre posséde l'intelligence de son Art. En un mot le beau Pinceau est à la Peinture, ce qu'est à la Musique une belle voix; l'un & l'autre sont estimez à proportion du grand effet & de l'harmonie qui les accompagne.

---

## CHAPITRE XXII.

### *Des Licences.*

LEs Licences sont si nécessaires, qu'il y en a dans tous les Arts. Elles sont contre les Régles, à prendre les choses à la lettre: mais à les prendre selon l'esprit, les Licences servent de Régles, quand elles sont prises bien à propos. Or il n'y a personne de bon sens qui ne les trouve à propos, lorsque l'Ouvrage dans lequel on les employe, fait plus d'effet, & que par leur moyen le Peintre arrive plus efficacement à sa fin, qui est d'imposer à la vûë. Mais il n'est pas donné à tous les Peintres de les employer utilement. Il n'y a que les grands Génies qui soient au dessus des Régles, & qui sachent se servir ingénieusement des Licences, soit qu'ils les emploient pour l'essence de leur Art, soit qu'elles regardent l'Histoire. Celles-ci méritent plus d'attention, & l'on en va parler dans l'Article suivant.

---

## CHAPITRE XXIII.

### *De quelle autorité les Peintres ont répré-senté sous des Figures, humaines les choses Divines, & celles qui sont spirituelles ou inanimées.*

L'Ecriture nous parle en plusieurs endroits des Apparitions de Dieu aux hommes, ou réellement par le ministére des Anges; ou en vision, par des songes & des extases. Il y a une belle description de Dieu sous la forme d'un Vieillard dans le septiéme Chapitre de Daniel, vers. 9. La même Ecriture nous parle aussi de plusieurs Apparitions d'Anges sous de formes humaines; c'est pourquoi l'Eglise dans le Con-

Concile de Nicée, n'a point fait de difficulté de permettre aux Peintres de représenter Dieu le Pere sous la forme d'un Auguste Vieillard, & les Anges sous des formes humaines.

Il paroit aussi que le Peintre est en droit de peindre comme vivantes les choses même inanimées, quand il ne fait en cela que suivre l'Idée, que l'Ecriture sainte nous en donne : & lo Spectateur ne doit pas se scandaliser facilement, quand il voit dans quelques Tableaux, des sujets saints mêlez avec quelques fictions Poëtiques, comme si les fictions & la Poësie étoient indispensablement quelque chose de profane. Le Livre de Job, les Pseaumes de David & l'Apocalypse sont tous Poëtiques & pleins d'expressions figurées, sans compter toutes les Paraboles qui sont dans le reste de l'Ecriture. Ainsi, c'est suivant le Texte sacré, que Raphaël dans le passage du Jordain, a peint sous une Figure humaine, ce Fleuve, qui repousse ses eaux du côté de leur source. Il est autorisé en cela par l'Ecriture sainte, qui, pour se proportionner à l'intelligence des hommes, a coûtume d'exprimer les choses Divines sous la figure des choses humaines, & qui pour l'instruction des Fidéles, se sert d'idées & de comparaisons palpables & sensibles. Nous en avons même un passage au sujet des Fleuves, dans le 97. Pseaume, où il est dit, que *les fleuves battront des mains, & que les montagnes tressailliront de joye en la présence du Seigneur.* Le Peintre qui a la même intention d'instruire & d'édifier, ne sçauroit suivre un meilleur modéle.

Le Poussin, qui dans son Tableau de Moïse trouvé, a tenu la même conduite pour représenter le Fleuve du Nil, en a été blâmé par quelques personnes, & voici la raison qu'ils en apportent.

Ils disent qu'il ne faut point mêler les faux Dieux avec les choses de notre Réligion; que les fleuves sont de fausses divinitez qui étoient adorées par les Païens, lesquelles ne doivent point être introduites dans les Histoires saintes: & de plus, qu'il suffit au Peintre de représenter un fleuve simplement, & non en figure.

A quoi il est aisé de répondre, que de la même façon que l'Ecriture sainte, en introduisant des fleuves sous des figures humaines, n'a point eu intention de parler de ceux que les Païens adoroient, & que pouvant s'expliquer naturellement & simplement, elle s'est néanmoins servie d'un stile figuré, sans crainte de séduire les Fidéles: tout de même aussi, le Peintre Chrétien, qui doit imiter l'Ecriture, est fort éloigné de vouloir altérer la vérité de l'Histoire, l'Hiſtoire : il veut au contraire, en ſe conformant à ſon Original, la faire entendre plus vivement & plus élégamment, non à un Infidéle, mais à un Chrétien comme lui, qui étant prévenu contre les fauſſes divinitez, ne doit point chercher d'autre ſens que celui de la ſainte Ecriture.

Mais à l'égard des divinitez Païennes qui ſont introduites comme telles, & avec les caractéres qui les font connoître, il y a plus de difficulté à les admettre dans ſes Compoſitions. De Sçavans hommes ont agité cette matiére par rapport à la Poëſie, & le Procès en eſt encore à juger. Mais le Peintre, qui n'a pas d'autre langage pour s'exprimer que ces ſortes de figures, bien loin d'être blâmé de s'en ſervir, ſera toûjours applaudi des Sçavans qui les verront ingénieuſement & prudemment employées.

Car les fauſſes divinitez peuvent être conſiderées de deux maniéres, ou comme Dieux, ou comme figures ſymboliques. Comme Dieux, le Peintre ne les peut repréſenter que dans les ſujets purement profanes, où il en eſt queſtion en cette qualité : & comme figures ſimboliques, il peut s'en ſervir avc diſcrétion en toute autre rencontre où il les jugera néceſſaires.

Rubens, qui de tous les Peintres s'eſt le

plus ingénieusement & le plus doctement servi de ces symboles, comme on le peut voir par le Livre de l'Entrée du Cardinal Infant dans la Ville d'Anvers, & par les Tableaux de la Galerie du Luxembourg, a été censuré par quelques-uns, pour avoir introduit dans ses Compositions ces figures allégoriques, & pour avoir, dit-on, mêlé la fable avec la vérité.

A quoi l'on peut répondre que par l'usage qu'en a fait Rubens, il n'a point confondu la fable avec la vérité, mais plutôt que pour exprimer cette même vérité, il s'est servi des symboles de la fable. En effet, dans la Peinture de la Naissance de Louïs XIII. il a représenté au haut du Tableau sur des nüées un peu éloignées, Castor sur son Cheval aîlé, & à côté Apollon dans son char qui monte en haut, pour marquer que ce Prince est né le matin, & que l'accouchement fut heureux.

D'où l'on peut inférer que le Peintre n'a point eu la pensée de représenter des Dieux comme Dieux, mais seulement de peindre Castor comme une constellation qui rend heureux les événemens, & le Char d'Apollon qui va en haut, pour signifier le tems du matin.

Et si le Peintre, dans la vûë de s'exprimer, a jugé à propos de représenter les Divinitez de la fable parmi les figures histori-

historiques, il faut considérer ces symboles comme invisibles, & comme n'y étant que par leur signification.

C'est dans ce sens que le deuxieme Concile de Nicée, autorisé en cela par l'Ecriture, a permis de représenter aux yeux des Fidéles, Dieu le Pere & les Anges, sous des figures humaines. Car il y auroit encore plus d'inconvénient à peindre les Personnes de la sainte Trinité & les Anges, qu'il n'y en a à introduire dans la scéne d'un Tableau, des Divinitez païennes. Et les Chrétiens, étant suffisamment prévenus contre ces apparences, qui ne sont que pour leur instruction, doivent, pour en profiter, entrer dans l'esprit du Peintre, & les regarder comme n'y étant point.

L'autorité de peindre des aîles aux Anges, se peut tirer de ceux de l'Arche d'Alliance, & du 9. Chapitre de Daniel, v. 21. Mais ces passages n'obligent pas à donner indispensablement des aîles aux Anges, puisqu'il est certain qu'ils ont apparu toûjours sans aîles. Le Peintre néanmoins peut en user indifféremment, selon que son Art, le bon sens & l'instruction des Fidéles l'éxigeront.

Mais tout ce qui est permis, n'étant pas toûjours à propos, le Peintre doit user avec modération, de l'autorité qu'il tire de l'Ecriture sainte, & prendre garde, qu'en voulant ménager l'avantage de ſon Art, il n'altére la vérité & la ſainteté du ſujet qu'il auroit à traiter.

---

## CHAPITRE XXIV.

### *Des Figures nuës, & où l'on peut s'en ſervir.*

LEs Peintres & les Sculpteurs qui ſont fort ſçavans dans le Deſſein, cherchent ordinairement les occaſions de faire du nud, pour s'attirer de l'eſtime & de la diſtinction; & en cela ils ſont très-loüables, pourvû qu'ils demeurent dans les bornes de la vérité de l'Hiſtoire, de la vrai-ſemblance, & de la modeſtie. Il y a des ſujets qui ſont plus favorables à repréſenter du nud les uns que les autres; & l'on s'en peut ſervir par éxemple, dans les Fables, dans la ſuppoſition des païs chauds, deſquels nous n'avons point de rélation ſur les modes, & parmi les Ouvriers des anciens tems. Caton le Cenſeur, au rapport de Plutarque, travailloit tout nud parmi ſes Ouvriers, lorſqu'il étoit revenu du Senat; & Saint Pierre étoit nud, lorſque Notre-Seigneur s'apparut à lui après ſa Réſurrection, & qu'il le trouva pêchant avec d'autres Apôtres.

On

On se peut encore servir du nud dans la représentation des sujets allégoriques, dans celle des Dieux & des Héros de l'Antiquité Païenne, & enfin dans les autres rencontres où l'on peut supposer la simple Nature, & où le froid & la malignité ne regnent point : car les habits n'ont été inventez que pour garentir les hommes du froid & de la honte.

Il y a encore aujourd'hui beaucoup de Peuples qui vont tout nuds, parce qu'ils habitent des païs chauds, où l'habitude les a mis à couvert de l'indécence & de la honte. Enfin la régle générale qu'on doit suivre en cela, est, comme nous avons dit, qu'il n'y ait rien contre la modestie & le vrai-semblable.

Les Peintres representent la plûpart de leurs Figures la tête & les pieds nuds, & cela se doit toûjours selon les loix de la simple Nature, qui à l'égard de ces deux parties, s'accoûtume facilement à la nudité. Nous en voyons des exemples, non seulement dans les païs chauds, mais encore au milieu des plus froides montagnes des Alpes, où les enfans même vont pieds nuds, l'Eté parmi les pierres & les cailloux, l'Hyver parmi la néige & les glaçons.

Mais si on a égard à la vérité de l'Histoire, on trouvera que le nud est une licence dont les Peintres se sont mis en possession, & de laquelle ils se servent utilement pour l'avantage de leur Art; mais aussi dont ils abusent assez souvent. Je n'en excepte ni Raphaël, ni le Poussin. Ils ont représenté les Apôtres pieds nuds, contre ce qui est dit formellement dans l'Evangile, où Notre Seigneur leur ordonnant de ne prendre aucune précaution pour leurs habits, leur dit positivement de se contenter des souliers qu'ils avoient aux pieds, sans en porter d'autres. Et dans les Actes des Apôtres, quand l'ange délivra Saint Pierre, il lui dit de mettre sa ceinture, & d'attacher ses souliers: d'où l'on doit inférer qu'ils en avoient ordinairement.

Il en est de même de Moïse, qui dans la vision du Buisson ardent, fut averti de quitter ses souliers, & qui cependant est representé par Raphaël, pieds nuds dans les autres actions de sa vie, comme si Moïse n'avoit eu de chaussure que dans le tems qu'il gardoit les troupeaux de son beaupere. On pourroit rapporter ici quantité d'exemples, où Raphaël & plusieurs autres Peintres après lui, ont fait des Figures sans chaussure, contre l'Histoire & la vrai-semblance.

On remarque que les Sculpteurs Grecs ont fait plus ordinairement des Figures

nuës

nuës que les Romains: je n'en sçai pas d'autre raison, sinon que les Grecs ont choisi des sujets plus convenables au desir qu'ils avoient de faire admirer la profondeur de leur Science dans la construction & dans l'assemblage des parties du corps humain. Ils représentoient dans leurs Statuës plûtôt des Dieux que des hommes, & dans leurs Bas-reliéfs, plutôt des baccanales & des sacrifices, que des histoires. Les Romains au contraire, qui vouloient par leurs Statuës & par leurs Bas-reliefs transmettre à la postérité la mémoire de leurs Empereurs, se sont trouvez indispensablement obligez, pour ne rien faire contre l'Histoire, d'habiller leurs Figures selon la mode de leurs tems.

---

## CHAPITRE XXV.

### *De la Grace.*

LA nécessité de la Grace dans la Peinture, généralement parlant, est une chose qui n'a besoin d'aucunes preuves. Il se rencontre seulement une difficulté sur ce point, sçavoir si cette Grace est nécessaire dans toutes sortes de sujets; dans les combats, comme dans les Fêtes; dans les soldats, comme dans les femmes.

Je

Je concluds pour l'affirmative : & la raiſon que j'en donne, eſt, que bien que la Grace ſe laiſſe d'abord appercevoir ſur le viſage, ce n'eſt pas néanmoins dans cette ſeule partie qu'elle paroît réſider : elle conſiſte principalement dans le tour que le Peintre ſçait donner à ſes objets pour les rendre agréables, même ceux qui ſont inanimez : d'où il s'enſuit que non ſeulement il peut y avoir de la Grace dans la fierté d'un Soldat, par le tour qu'on aura donné à ſon air & à ſon attitude, mais qu'il y en peut avoir auſſi dans une Draperie ou dans quelqu'autre choſe, par la maniére dont elle ſera diſpoſée.

Après cette Idée que je viens de donner du Peintre parfait, & les preuves que j'ai apportées de chacune de ſes parties, il ne reſte plus que d'en faire l'application aux Ouvrages de Peinture, & de les mettre comme dans la balance, non pour en rejetter entiérement ceux qui n'auront pas toutes les qualitez que l'on vient d'établir, mais pour les eſtimer ſelon leur poids.

L'on peut au reſte ſe ſervir de cette même Idée pour juger des Deſſeins des différens Maîtres ; j'entends du dégré de leur bonté. Car pour connoître l'originalité d'un Deſſein, & le nom du Peintre qui en eſt l'Auteur, il eſt comme impoſſible d'en donner des Régles, & difficile d'en parler

avec

avec justesse. Je hazarderai néanmoins d'exposer ici ce que j'ai pensé sur ce sujet, dans l'espérance que cette témérité suscitera dans la suite quelque personne éclairée, qui redressera & qui augmentera le peu que j'en aurai dit.

---

## CHAPITRE XXVI.

### *Des Desseins.*

LEs Desseins dont on veut parler ici, sont les pensées que les Peintres expriment ordinairement sur du papier pour l'exécution d'un Ouvrage qu'ils méditent. On doit encore mettre au nombre des Desseins les Etudes des grands Maîtres, c'est-à-dire, les Parties qu'ils ont dessinées d'après Nature; comme des têtes, des mains, des pieds, & des Figures entiéres; des Draperies, des Animaux, des Arbres, des Plantes, des Fleurs; & enfin tout ce qui peut entrer dans la Composition d'un Tableau. Car, soit que l'on considére un bon Dessein, par rapport au Tableau dont il est l'Idée, ou par rapport à quelque Partie dont il est l'Etude, il mérite toûjours l'attention des Curieux.

Quoique la connoissance des Desseins ne soit pas si estimable ni si étenduë que celle

celle des Tableaux, elle ne laisse pas d'être délicate & piquante, à cause que leur grand nombre donne plus d'occasion à ceux qui les aiment, d'exercer leur critique, & que l'Ouvrage qui s'y rencontre, est tout esprit. Les Desseins marquent davantage le caractére du Maître, & font voir si son Génie est vif ou pesant; si ses pensées sont élevées ou communes; & enfin s'il a une bonne habitude & un bon Goût de toutes les parties qui peuvent s'exprimer sur le papier. Le Peintre qui veut finir un Tableau, tâche de sortir, pour ainsi dire, de lui-même, afin de s'attirer les loüanges qu'on donne aux parties dont il sent bien qu'il est dépourvû: mais en faisant un Dessein, il s'abandonne à son Génie, & se fait voir tel qu'il est. C'est pour cette raison que dans les Cabinets des Grands, on y voit non seulement des Tableaux, mais que l'on y conserve encore les Desseins des bons Maîtres.

Cependant il y a peu de Curieux de Desseins; & parmi ces Curieux, s'il y en a qui connoissent les maniéres, il y en a bien peu qui en connoissent le fin. Les Demi-Connoisseurs n'ont point de passion pour cette curiosité, parce que ne pénétrant pas encore assez avant dans l'esprit des Desseins, ils n'en peuvent goûter tout le plaisir, & sont plus sensibles à celui que donnent les Estampes qui ont été gravées avec soin d'après les bons Tableaux ; cela peut venir aussi par la crainte d'être trompez, & de prendre, comme il arrive assez souvent, des Copies pour des Originaux, faute d'experience.

Il y a trois choses en général à remarquer dans les Desseins : la Science, l'Esprit, & la Liberté. Par la Science, j'entends une bonne Composition, un Dessein correct & de bon Goût, avec une loüable intelligence du Clair-obscur. Sous le terme d'Esprit, je comprends, l'expression vive & naturelle du sujet en général, & des objets en particulier : & la Liberté, n'est autre chose qu'une habitude que la main a contractée pour exprimer promtement & hardiment l'Idée que le Peintre a dans l'esprit : & selon qu'il entre de ces trois choses dans un Dessein, il en est plus ou moins estimable.

Quoique les Desseins libres portent ordinairement beaucoup d'Esprit avec eux, tous les Desseins librement faits ne sont pas pour cela spirituellement touchez ; & si les Desseins sçavans n'ont pas toûjours de la Liberté, il s'y rencontre ordinairement de l'Esprit.

Je pourrois nommer ici quantité de Peintres dont les Desseins ont beaucoup de Liberté sans aucun Esprit, ou dont

dont la main hardie ne produit que des expreſſions vagues. J'en pourrois nommer auſſi de fort habiles, dont les Deſſeins paroiſſent eſtampez, quoique ſçavans & ſpirituels; parce que leur main étoit retenuë par leur jugement, & qu'ils ſe ſont attachez préferablement à toutes choſes, à la juſteſſe de leurs contours, & à l'expreſſion de leur ſujet. Mais je crois qu'il eſt mieux de ne nommer perſonne, & d'en laiſſer le jugement aux autres.

On peut dire à la loüange de la Liberté, qu'elle eſt ſi agréable, qu'elle couvre ſouvent, & fait excuſer beaucoup de défauts, leſquels on attribuë plûtôt à une impétuoſité de veine, qu'à l'inſuffiſance. Mais il faut dire auſſi que la Liberté de main ne paroît preſque plus Liberté, quand elle eſt renfermée dans les bornes d'une grande régularité, encore qu'elle y ſoit effectivement. C'eſt ainſi que dans les Deſſeins de Raphaël les plus arrêtez, il y a une Liberté délicate qui n'eſt bien ſenſible qu'au yeux ſçavans.

Enfin il y a des Deſſeins où il ſe rencontre peu de correction, qui ne laiſſent pas d'avoir leur mérite; parce qu'il y a beaucoup d'Eſprit & de Caractére. On peut mettre ſous cette eſpéce les Deſſeins de Guillaume Baur, ceux de Rembbrant ceux du Bénédette, & de quelques autres.

Les

Les Desseins touchez & peu finis, ont plus d'Esprit, & plaisent beaucoup davantage que s'ils étoient plus achevez, pourvû qu'ils ayent un bon Caractére, & qu'ils mettent l'Idée du Spectateur dans un bon chemin: la raison en est que l'imagination y supplée toutes les parties qui y manquent, ou qui n'y sont pas terminées, & que chacun les voit selon son Goût. Les Desseins des Maîtres qui ont plus de Génie que de Science, donnent souvent occasion de faire l'expérience de cette vérité. Mais les Desseins des Excellens Maîtres, qui joignent la Solidité à un beau Génie, ne perdent rien pour être finis; aussi doit-on estimer les Desseins à mesure qu'ils sont terminez, supposé que les autres choses y soient également.

Quoique l'on doive préférer les Desseins dans lesquels il se trouve plus de parties, l'on ne doit pas rejetter pour cela ceux où il ne s'en rencontreroit qu'une seule, pourvû qu'elle y soit d'une maniére à faire voir quelque Principe, ou qu'elle porte avec soi une singularité spirituelle, qui plaise, ou qui instruise.

On ne doit pas non plus rejetter ceux qui ne sont qu'esquissez, & où l'on ne voit qu'une très-légére Idée, & comme l'essay de l'imagination: parce qu'il est curieux de voir de quelle maniére les habiles

biles Peintres ont conçû d'abord leurs pensées avant de les digérer, & que les esquisses font encore connoître de quelle touche les grands Maîtres se servoient pour caractériser les choses avec peu de traits. Ainsi pour satisfaire pleinement à la curiosité, il seroit bon d'avoir d'un même Maître, des Desseins de toutes les façons ; c'est-à-dire, non seulement de sa prémiére, seconde & derniére maniére, mais encore des esquisses très-légers, aussi-bien que des Desseins très-finis. J'avouë cependant que les Curieux, purement spéculatifs, n'y trouveront pas si bien leur compte que ceux, qui, ayant aussi de la pratique manuelle, sont plus capables de goûter cette curiosité.

Il y a une chose, qui est le Sel des Desseins, & sans laquelle je n'en ferois que peu ou point du tout de cas, & je ne puis la mieux exprimer que par le mot de Caractére. Ce Caractére donc consiste dans la maniére dont le Peintre pense les choses : c'est le Cachet qui le distingue des autres, & qu'il imprime sur ses Ouvrages comme la vive image de son Esprit. C'est ce Caractére qui remuë notre imagination ; & c'est par lui que les habiles Peintres, après avoir étudié sous la Discipline de leurs Maîtres, ou d'après les Ouvrages des autres, se sentent forcez par une douce violence

violence à donner l'essort à leur Génie, & à voler de leurs propres aîles.

J'excluds donc du nombre des bons Desseins ceux qui sont insipides, & j'en trouve de trois sortes. Prémiérement ceux des Peintres, qui, bien qu'ils produisent de grandes Compositions, & qu'ils ayent de l'exactitude & de la correction, répandent néanmoins dans leurs Ouvrages une froideur qui transit ceux qui les regardent. Secondement, les Desseins des Peintres, qui ayant plus de mémoire que de Génie, ne travaillent que par la reminiscence des Ouvrages qu'ils ont vûs, ou qui se servent avec trop peu d'industrie, & trop de servitude, de ceux qu'ils ont présens. Et troisiémement, ceux des Peintres qui s'attachent à la maniére de leurs Maîtres, sans en sortir, ni sans l'enrichir.

La connoissance des Desseins, comme celle des Tableaux, consiste en deux choses; à découvrir le nom du Maître, & la bonté du Dessein.

Pour connoître si un Dessein est d'un tel Maître, il faut en avoir vû beaucoup d'autres de la même main avec attention, & avoir dans l'esprit une Idée juste du Caractére de son Génie & du Caractére de sa Pratique. La connoissance du Caractére du Génie demande une grande étenduë, & une grande netteté d'Esprit

pour

pour retenir les Idées ſans les confondre ; & la connoiſſance du Caractére de la Pratique dépend plus d'une grande habitude, que d'une grande capacité : & c'eſt pour cela que les plus habiles Peintres ne ſont pas toûjours ceux qui décident avec plus de juſteſſe en cette matiére. Mais pour connoître ſi un Deſſein eſt beau, & s'il eſt Original ou Copie, il faut avec le grand uſage beaucoup de délicateſſe & de pénétration ; je ne crois pas même qu'on le puiſſe faire ſans avoir outre cela quelque Pratique manuelle du Deſſein : encore peut-on s'y laiſſer ſurprendre.

Il me paroît qu'il eſt aiſé d'inférer de tout ce que l'on vient de dire, que la comparaiſon des Ouvrages de Peinture avec l'Idée que l'on a établie du Peintre parfait, eſt le meilleur moyen pour bien connoître le degré d'eſtime qui leur eſt dû ; mais comme on n'a pas ordinairement un aſſez grand nombre de Tableaux en ſa diſpoſition, ni de Deſſeins aſſez finis pour exercer ſa critique, & pour s'acquérir en peu de tems une habitude de bien juger, les bonnes Eſtampes pourront tenir lieu de Tableaux ; car à la réſerve de la Couleur Locale, elles ſont ſuſceptibles de toutes les parties de la Peinture : & outre qu'elles abrégeront le tems, elles ſont très-propres à remplir l'Eſprit d'une infinité de connoiſſannoissances. Le Lecteur ne sera peut-être pas fâché de trouver ici ce qui m'a paru sur cette matiére.

## CHAPITRE XXVII.

### *De l'utilité des Estampes, & de leur usage.*

L'Homme naît avec un désir de sçavoir, & rien ne l'empêche tant de s'instruire, que la peine qu'il y a d'apprendre, & la facilité qu'il a d'oublier ; deux choses dont la plûpart des hommes se plaignent avec beaucoup de raison : car depuis que l'on recherche les Sciences & les Arts, & que pour les pénétrer on a mis au jour une infinité de Volumes, on nous a mis en même tems devant les yeux un objet terrible & capable de rebuter notre esprit & notre mémoire. Cependant nous avons plus que jamais besoin de l'un & de l'autre, ou du moins, de trouver les moyens de les aider dans leurs fonctions. En voici un très-puissant, & qui est une des plus heureuses productions des derniers siécles. C'est l'Invention des Estampes.

Elles sont arrivées dans notre siécle à un si haut dégré de perfection, & les bons Graveurs nous en ont donné un si grand nombre sur toutes sortes de matiéres, qu'il est

est vrai de dire qu'elles sont devenuës les dépositaires de tout ce qu'il y a de plus beau & de plus curieux dans le monde.

Leur Origine est de 1460. Elle vient d'un nommé Maso Finiguerra Orfévre de Florence, qui gravoit sur ses Ouvrages, & qui en les moulant avec du souffre fondu, s'apperçut que ce qui sortoit du moule, marquoit dans ses empreintes les mêmes choses que la gravûre, par le noir que le souffre avoit tiré des tailles. Il essaya d'en faire autant sur des bandes d'argent avec du papier humide, en passant un rouleau bien uni par dessus, & qui lui réüssit. Cette nouveauté donna envie à un autre Orfévre de la même Ville nommé Baccio Baldini, d'en essayer, & le succès lui fit graver plusieurs planches de l'Invention & du Dessein de Sandro Botticello; & sur ces Epreuves André Manteigne, qui étoit à Rome, se mit aussi à graver plusieurs de ses propres Ouvrages.

La connoissance de cette Invention ayant passé en Flandres, Martin d'Anvers, qui étoit alors un Peintre fameux, grava quantité de Planches de son Invention, & en envoya plusieurs Estampes en Italie, lesquelles étoient marquées de cette façon, M.C. Vasari, dans la Vie de Marc-Antoine, en rapporte la plûpart des sujets, dont il y en a un entr'autres, (c'est la Vi-

sion

ſion de Saint Antoine) que Michel-Ange, encore fort jeune, trouva d'une Invention ſi extraordinaire, qu'il voulut la colorier. Après Martin d'Anvers, Albert Dure commença à paroître, & nous a donné une infinité de belles Eſtampes, tant en bois qu'au burin, qu'il envoya enſuite à Veniſe pour les faire vendre. Marc Antoine qui s'y trouva pour lors, fut ſi émerveillé de la beauté de ces Ouvrages, qu'il en copia trente-ſix pieces, leſquelles répréſentent la Paſſion de Notre Seigneur: & ces Copies furent reçûës dans Rome avec d'autant plus d'admiration, qu'elles étoient plus belles que les Originaux. Dans ce même tems Ugo du Carpi, Peintre Italien, d'une capacité médiocre, mais d'un Eſprit inventif, trouva par le moyen de pluſieurs Planches de bois, la maniére de faire des Eſtampes qui reſſemblaſſent aux Deſſeins de Clair-obſcur. Et quelques années après on découvrit l'Invention des Eſtampes à l'eau forte, que le Parmeſan mit auſſi-tôt en uſage.

Ces premiéres Eſtampes attirérent par leur nouveauté l'admiration de tous ceux qui les virent, & les habiles Peintres qui travailloient pour la gloire, voulurent s'en ſervir pour faire part au monde de leurs Ouvrages. Raphaël entr'autres emploia le burin du fameux Marc-Antoine pour graver plusieurs de ses Tableaux & de ses Desseins ; & ces admirables Estampes ont été autant de Renommées, qui ont porté le nom de Raphaël par toute la Terre. Depuis Marc-Antoine, un grand nombre de Graveurs se sont rendus recommendables en Allemagne, en Italie, en France, & dans les Païs-Bas, & ont mis au jour, tant au burin, qu'à l'eau-forte, une infinité de sujets de tous genres, Histoires, Fables, Emblêmes, Devises, Médailles, Animaux, Païsages, Fleurs, Fruits, & généralement toutes les Productions visibles de l'Art & de la Nature.

Il n'y a personne de quelque Etat & de quelque profession qu'il soit, qui n'en puisse tirer une grande utilité : les Theologiens, les Réligieux, les Gens dévots, les Philosophes, les hommes de Guerre, les voyageurs, les Géographes, les Peintres, les Sculpteurs, les Architectes, les Graveurs, les Amateurs des beaux Arts, les Curieux de l'Histoire & de l'Antiquité, & enfin ceux qui n'ayant point de profession particuliére que celle d'être honnêtes gens, veulent orner leur Esprit, des connoissances qui peuvent les rendre plus estimables.

On ne prétend pas que chaque personne soit obligée de voir tout ce qu'il y a d'Estampes pour en tirer de l'utilité : au con-

contraire leur nombre presque infini & qui présenteroit tout à la fois tant d'Idées différentes, seroit plûtôt capable de dissiper l'Esprit, que de l'éclairer. Il n'y a que ceux, qui en naissant, l'ont apporté d'une grande étenduë & d'une grande netteté, ou qui l'ont exercé quelque tems dans la vûë de tant de diverses choses, qui puissent en profiter, & les voir toutes sans confusion.

Mais chaque particulier peut choisir seulement des sujets qui lui soient propres, & qui puissent, ou rafraîchir sa mémoire, ou fortifier ses connoissances, & suivre en cela l'inclination qu'il a pour les choses de son Goût & de sa profession.

Aux Théologiens, par exemple, rien n'est plus convenable que les Estampes qui regardent la Réligion & les Mysteres; les Histoires saintes, & tout ce qui découvre les prémiers Exercices des Chrétiens & leur persécution; les Bas-réliefs Antiques, qui instruisent en beaucoup d'endroits, des Cérémonies de la Réligion Païenne, & enfin tout ce qui a rapport à la nôtre, soit saint, soit profane.

Aux Dévots, les sujets qui élévent l'Esprit à Dieu, & qui peuvent l'entretenir dans son Amour.

Aux Réligieux, les Histoires sacrées en

général, & ce qui concerne leur ordre en particulier.

Aux Philosophes, toutes les Figures démonstratives qui regardent non seulement les expériences de Physique, mais toutes celles qui peuvent augmenter les connoissances qu'ils ont des choses naturelles.

A ceux qui suivent les Armes, les Plans & les Elévations des Places de guerre, les Ordres de Batailles, & les Livres de Fortifications, dont les Figures démonstratives font la plus grande partie.

Aux Voyageurs, les Vûës particuliéres des Palais, des Villes, & des lieux considérables, pour les préparer aux choses qu'ils ont à voir, ou pour en conserver les idées quand ils les auront vûës.

Aux Géographes, les Cartes de leur Profession.

Aux Peintres, tout ce qui peut les fortifier dans les parties de leur Art; comme les Ouvrages antiques, ceux de Raphaël & du Carache pour le bon goût, pour la correction du Dessein, pour la grandeur de maniére, pour le choix des airs de Tête, des passions de l'Ame, & des attitudes: ceux du Corrége pour la grace & pour la finesse des expressions: ceux du Titien, du Bassan & des Lombards, pour le caractére de la vérité, & pour les naïves expressions de la nature, & sur tout pour le goût du du Païsage: ceux de Rubens, pour un caractére de grandeur & de magnificence dans ses Inventions, & pour l'artifice du Clair-obscur: ceux enfin qui, bien que défectueux dans quelque partie, ne laissent pas de contenir quelque chose de singulier & d'extraordinaire. Car les Peintres peuvent tirer un avantage considerable de toutes les différentes maniéres de ceux qui les ont précedez, lesquelles sont autant de fleurs dont ils doivent ramasser, à la maniére des Abeilles, un suc, qui ayant passé en leur propre substance, produira des Ouvrages utiles & agréables.

Aux Sculpteurs, les Statuës, les Bas-Reliefs, les Médailles, & les autres Ouvrages antiques, ceux de Raphaël, de Polydore, & de toute l'Ecole Romaine.

Aux Architectes, les Livres qui concernent leur Profession, & qui sont pleins de Figures démonstratives de l'Invention de leurs Auteurs, ou copiées d'aprés l'Antique.

Aux Graveurs, un choix de Piéces de différentes maniéres, tant au burin qu'à l'eau forte. Ce choix leur doit servir aussi pour voir le progrés de la Gravûre depuis Albert Dure jusqu'aux Ouvriers de notre tems, en passant par les Ouvrages de Marc-Antoine, de Corneille Cort, des Carraches, des Sadelers, de Goltius, de Muler, de Vostermans, de Pontius, de Bolsvert, de Vischer, & enfin par un grand nombre d'autres que je ne nomme point, qui ont eu un Caractére particulier, & qui par différentes voyes se sont tous efforcez d'imiter, ou la Nature, quand ils ont fait de leur invention, ou les Tableaux de différentes maniéres, quand ils ont eu pour fin la fidélité de leur imitation. En comparant ainsi l'Ouvrage de tous ces Maîtres, ils peuvent juger lesquels ont mieux entendu la conduite des Tailles, le ménagement de la Lumiére, & la valeur des tons par rapport au Clair-obscur; lesquels ont sçû le mieux accorder dans leur burin la délicatesse avec la force, & l'esprit de chaque chose avec l'éxtrême exactitude; afin que profitant de ces Lumiéres, ils ayent la loüable ambition d'égaler ces habiles Maîtres, ou de les surpasser.

Aux Curieux de l'Histoire & de l'Antiquité, tout ce que l'on voit de gravé de l'Histoire Sainte & Profane, & de la Fable; les Bas-Reliefs antiques, les Colonnes Trajanne & antonine, les Livres de Médailles & de Pierres gravées, & plusieurs Estampes qui ont du rapport à la connoissance qu'ils veulent s'acquerir, ou se conserver.

A ceux enfin, qui, pour être plus heureux & plus honnêtes gens, veulent se former

former le Goût aux bonnes choses, & avoir une teinture raisonnable des beaux Arts, rien n'est plus nécessaire que les bonnes Estampes. Leur vûë avec un peu de réflexion, les instruira promptement & agréablement de tout ce qui peut exercer la raison, & fortifier le jugement. Elles rempliront leur mémoire des choses curieuses de tous les tems & de tous les Païs : & en leur apprenant les différentes Histoires, elles leur apprendront les diverses maniéres dans la Peinture. Ils en jugeront promptement par la facilité qu'il y a de feuilleter quelques papiers, & de comparer ainsi les Productions d'un Maître avec celles d'un autre : & de cette façon, en épargnant le tems, elles épargneront encore la dépense. Car il est presque impossible d'amasser en un même lieu des Tableaux des meilleurs Peintres dans une quantité suffisante, pour se former une Idée complete sur l'Ouvrage de chaque Maître : & quand avec beaucoup de dépense on auroit rempli un Cabinet spacieux, de Tableaux de différentes maniéres, il ne pourroit y en avoir que deux ou trois de chacune ; ce qui ne suffit pas pour porter un jugement bien précis du Caractére du Peintre, ni de l'étenduë de sa capacité. Au lieu que par le moyen des Estampes, vous pouvez sur une table, voir sans peine les Ouvrages des différens Maîtres, en former une idée, en juger par comparaison, en faire un choix, & contracter par cette pratique une habitude du bon Goût & des bonnes maniéres, sur tout si cela se fait en présence de quelqu'un qui ait du discernement dans ces sortes de choses, & qui en sçache distinguer le bon d'avec le médiocre.

Mais pour ce qui est des Connoisseurs & des Amateurs des beaux Arts, on ne peut leur rien préscrire; tout est soûmis, pour ainsi parler, à l'Empire de leur connoissance: ils l'entretiennent par la vuë, tantôt d'une chose & tantôt d'une autre, à cause de l'utilité qu'ils en reçoivent, & du plaisir qu'ils y prennent. Ils ont entr'autres celui de voir dans ce qui a été gravé d'après les Peintres fameux, l'origine, le progrès & la perfection des Ouvrages; ils les suivent depuis le Giotto André Manteigne, jusqu'à Raphaël, au Titien & aux Carraches. Ils examinent les différentes Ecoles de ces tems-là, ils voyent en combien de branches elles se sont partagées par la multiplicité des Disciples, & en combien de façons l'Esprit humain est capable de concevoir une même chose, qui est l'imitation; & que de là sont venuës tant de diverses maniéres, que les Païs, les tems, les Esprits & la Nature par leur diversité nous ont produites.

Entre

Entre tous les bons effets qui peuvent venir de l'usage des Estampes, on s'est ici contenté d'en rapporter six, qui feront juger facilement des autres.

Le premier est de divertir par l'imitation, & en nous réprésentant par leur Peinture les choses visibles.

Le 2ᵉ. est de nous instruire d'une maniére plus forte & plus prompte que par la parole. *Les choses*, dit Horace, *qui entrent par les oreilles, prennent un chemin bien plus long, & touchent bien moins que celles qui entrent par les yeux, lesquels sont des témoins plus sûrs & plus fidéles.*

Le 3ᵉ. D'abréger le tems que l'on employeroit à relire les choses qui sont échapées de la mémoire, & de la rafraîchir en un coup d'œil.

Le 4ᵉ. De nous réprésenter les choses absentes comme si elles étoient devant nos yeux, & que nous ne pourrions voir que par des voyages pénibles, & par de grandes depenses.

Le 5ᵉ. De donner les moyens de comparer plusieurs choses ensemble facilement, par le peu de lieu que les Estampes occupent, par leur grand nombre, & par leur diversité.

Et le 6ᵉ. De former le Goût aux bonnes choses, & de donner au moins une teinture des beaux Arts, qu'il n'est pas permis aux honnêtes gens d'ignorer.

Ces effets sont géneraux ; mais chacun en peut sentir de particuliers selon ses lumiéres & son inclination ; & ce n'est que par ces effets particuliers que chacun peut régler la collection qu'il en doit faire.

Car il est aisé de juger, que dans la diversité des conditions dont on vient de parler, la curiosité des Estampes, l'ordre & le choix qu'il y faut tenir, dépendent du Goût & des vûës d'un chacun.

Ceux qui aiment l'Histoire, par exemple, ne recherchent que les sujets qui y sont renfermez, & pour ne laisser rien échaper à leur curiosité, ils y tiennent cet ordre, qu'on ne peut assez louër. Ils suivent celui des Païs, & des Tems : & tout ce qui regarde chaque Etat en particulier, est contenu dans un ou dans plusieurs Porte-feüilles, dans lesquels on trouve :

Prémiérement les Portraits des Souverains qui ont gouverné un Païs, les Princes & Princesses qui en sont descendus, ceux qui ont tenu quelque rang considerable dans l'Etat, dans l'Eglise, dans les Armes, dans la Robbe : ceux qui se sont rendus recommendables dans les différentes Professions, & les Particuliers qui ont quelque part dans les Evenemens historiques. Ils accompagnent ces Portraits de de quelques lignes d'écriture, qui marquent le caractere de la personne, sa naissance, ses Actions remarquables, & le tems de sa mort.

2. La Carte génerale & les particulieres de cet Etat, les Plans & les Elévations des Villes, ce qu'elles enferment de plus considerable, les Châteaux, les Maisons Royales, & tous les lieux particuliers qui ont mérité d'être donnez au Public.

3. Tout ce qui a quelque rapport à l'Histoire : comme les Entrées de Ville, les Carouzels, les Pompes Funébres, les Catafalques, ce qui regarde les Céremonies; les Modes & les Coûtumes; & enfin toutes les Estampes particuliéres qui sont historiques.

Cette recherche qui est faite pour un Etat, est continuée pour tous les autres avec la même suite & la même œconomie. Cet ordre est ingenieusement inventé, & l'on en est redevable à un Gentilhomme, * assez connu d'ailleurs par son mérite extraordinaire, & par le nombre de ses Amis.

Ceux qui ont de la passion pour les beaux Arts, en usent d'une autre maniére. Ils font des Recueils par rapport aux Peintres & à leurs Eléves. Ils mettent, par exemple, dans l'Ecole Romaine, Raphaël Michel-Ange, leurs Disciples, & leurs Con-



* Mr. de Gatiéres.

temporains. Dans celle de Venise, Giorgion, le Titien, les Bassans, Paul Véronése, Tintoret & les autres Vénitiens. Dans celle du Parme, le Corrége, le Parmésan, & ceux qui ont suivi leur Goût. Dans celle de Bologne, les Caraches, le Guide, le Dominiquin, l'Albane, Lanfranc, & le Guarchin. Dans celle d'Allemagne, Albert Dure, Holbens, les petits Maîtres, Guillaume Baure, & autres. Dans celle de Flandres, Otho-Vénius, Rubens, Vandelk, & ceux qui ont pratiqué leurs maximes : ainsi de l'Ecole de France, & de celles des autres Païs.

Quelques-uns assemblent leurs Estampes par rapport aux Graveurs, sans avoir égard aux Peintres; d'autres par rapport aux sujets qu'elles représentent; d'autres d'une autre façon : & il est juste de laisser à un chacun la liberté d'en user selon ce qui lui semblera plus utile & plus agréable.

Quoiqu'on puisse en tout tems & à tout âge, tirer de l'utilité de la vûë des Estampes, néanmoins celui de la jeunesse y est plus propre qu'un autre : parce que le fort des enfans est la mémoire, & qu'il faut pendant qu'on le peut, se servir de cette partie de l'ame, pour en faire comme un magasin, & pour les instruire des choses qui doivent contribuer à leur former le jugement.

Mais

Mais si l'usage des Estampes est utile à la Jeunesse, il est d'un grand plaisir & d'un agréable entretien à la Vieillesse. C'est un tems propre au repos & aux réflexions, & dans lequel, n'étant plus dissipez par les amusemens des prémiers âges, nous pouvons avec plus de loisir goûter les agrémens que les Estampes sont capables de nous donner; soit qu'elles nous apprennent des choses nouvelles, soit qu'elles nous rappeilent les Idées de celles qui nous étoient déjà connuës; soit qu'ayant du Goût pour les Arts, nous jugions des différentes Productions que les Peintres & les Graveurs nous ont laissées; soit que n'ayant point cette connoissance, nous soyons flattez de l'esperance de l'acquerir; soit enfin que nous ne cherchions dans ce plaisir, que celui d'exciter agréablement notre attention par la beauté & par la singularité des objets que les Estampes nous offrent. Car nous y trouvons les Païs, les Villes, & les lieux considerables dont nous avons lû la description dans les Histoires, ou que nous avons vûs nous-mêmes dans nos Voyages. De maniére que la grande varieté, & le grand nombre des choses rares qui s'y rencontrent, peuvent même servir de Voyage, mais d'un Voyage commode & curieux à ceux qui n'en ont jamais fait, ou qui ne sont pas en état d'en faire.

Ainsi il est constant par tout ce que l'on vient de dire, que la vûë des belles Estampes, qui instruit la jeunesse, qui rappelle & qui affermit les connoissances de ceux qui sont dans un âge plus avancé, & qui remplit si agréablement le loisir de la Vieillesse, doit être utile à tout le monde.

On n'a point crû devoir entrer dans le détail de tout ce qui peut rendre recommendable l'usage des Estampes; l'on croit que le peu qu'on en a dit, est suffisant pour induire le Lecteur à tirer des conséquences conformes à ses vûës & à ses besoins.

Si les Anciens avoient eu en cela le même avantage que nous avons aujourd'hui, & qu'ils eussent par le moyen des Estampes transmis à la Postérité tout ce qui étoit chez eux de beau & de curieux, nous connoîtrions distinctement une infinité de belles choses dont les Historiens ne nous ont laissé que des idées confuses. Nous verrions ces superbes Monumens de Memphis & de Babylone, ce Temple de Jerusalem que Salomon avoit bâti dans sa magnificence. Nous jugerions des Edifices d'Athénes, de Corinthe & de l'ancienne Rome, avec plus de fondement encore & de certitude, que par les seuls fragmens qui nous en sont restez. Pausanias, qui nous fait une si exacte description de la Gréce, & qui nous y conduit en tous lieux comme par la main, auroit accompagné ses Discours, de Figures démonstratives, qui seroient venuës jusqu'à nous, & nous aurions le plaisir de voir, non seulement les Temples & les Palais tels qu'ils étoient dans leur perfection, mais nous aurions aussi hérité des anciens Ouvriers, l'Art de les bien bâtir. Vitruve dont les démonstrations ont été perduës, ne nous auroit pas laissé ignorer tous les instrumens & toutes les machines qu'il nous décrit, & nous ne trouverions pas dans son Livre tant de lieux obscurs, si les Estampes nous avoient conservé les Figures qu'il avoit faites, & dont il nous parle lui-même. Car en fait d'Arts, elles sont les lumiéres du Discours, & les véritables moyens par où les Auteurs se communiquent. C'est encore par le manque de ces moyens que nous avons perdu les Machines d'Archimede & de Héron l'ancien, & la connoissance de beaucoup de Plantes de Dioscoride, de beaucoup d'Animaux, & de beaucoup de Productions curieuses de la Nature, que les veilles & les méditations des Anciens nous avoient découvertes. Mais sans nous arrêter à regretter des choses perduës, profitons de celles que les Estampes nous ont sauvées, & qui nous sont présentes.

L'Idée

*L'Idée que je viens d'expoſer du Peïntre parfait, peut à mon avis, aider les Curieux dans le jugement qu'ils feront de la Peinture : mais comme la Connoiſſance des Tableaux demande encore quelque choſe de plus pour être tout-à-ſait complette, j'ai crû être obligé de dire ici ce qui me paroît ſur cette matiére.*

---

## CHAPTRE XXVIII.

### *De la Connoiſſance des Tableaux.*

IL y a trois ſortes de Connoiſſances ſur le fait des Tableaux. La premiére conſiſte à decouvrir ce qui eſt bon & mauvais dans un même tableau. La ſeconde regarde le nom de l'Auteur. Et la troiſiéme, va à ſçavoir, s'il eſt Original ou Copie.

### I.

### *Ce qu'il y a de bon & de mauvais dans un Tableau.*

La premiére de ces Connoiſſances, qui eſt ſans doute la plus difficile à acquerir, ſuppoſe une penétration & une fineſſe d'Eſprit, avec une intelligence des Principes de la Peinture; & de la meſure de ces choſes,

choſes, dépend celle de la connoiſſance de cet Art. La penétration & la délicateſſe de l'Eſprit ſervent à juger de l'Invention, de l'Expreſſion génerale du ſujet, des Paſſions de l'Ame en particulier, des Allégories, & de ce qui dépend du Coûtume (1) & de la Poëtique. Et l'intelligence des Principes fait trouver la cauſe des effets que l'on admire, ſoit qu'ils viennent du bon Goût, de la Correction, ou de l'Elégance du Deſſein; ſoit que les Objets y paroiſſent diſpoſez avantageuſement, ou que les Couleurs, les Lumiéres & les Ombres y ſoient bien entenduës.

Ceux qui n'ont pas cultivé leur Eſprit par les connoiſſances des Principes, au moins ſpeculativement, pourront bien être ſenſibles à l'effet d'un beau tableau: mais ils ne pourront jamais rendre raiſon des jugemens qu'ils en auront portez.

J'ai tâché par l'Idée que j'ai donnée du Peintre parfait, de venir au ſecours des lumiéres naturelles, dont les Amateurs de Peinture ſont déjà pourvûs. Je ne prétends pas néanmoins les faire pénetrer dans tous les détails des parties de la Peinture; ils ſont plûtôt de l'obligation du Peintre, que du Curieux; je voudrois ſeulement mettre leur bon Eſprit ſur des voyes qui pûſſent

(1) *Mot de l'Art. qui ſignifie les modes, les tems, & les lieux.*

ſent les conduire à une connoiſſance, qui découvrît, du moins en général, ce qu'il y a de bon & de mauvais dans un tableau.

Ce n'eſt pas que les Amateurs de ce bel Art, qui auroient aſſez de Génie & d'inclination, ne pûſſent entrer, pour ainſi dire, dans le Sanctuaire, & acquerir la connoiſſance de tous ces détails, par les lumiéres que des réflexions ſérieuſes leur procureroient inſenſiblement.

Le Goût des Arts étoit tellement à la mode du tems d'Alexandre, que pour les connoître un peu à fond, on faiſoit apprendre à deſſiner à tous les jeunes Gentilshommes; de ſorte que ceux qui avoient du talent, le cultivoient par l'exercice; ils s'en prévaloient dans l'occaſion, & ſe diſtinguoient par la ſupériorité de leur connoiſſance. Je renvoye donc ceux, au moins qui n'ont pas acquis cette pratique manuelle, à l'Idée que j'ai donnée de la perfection.

## II.

### *De quel Auteur eſt un Tableau.*

La connoiſſance du nom des Auteurs vient d'une grande pratique, & pour avoir vû avec application quantité de tableaux de de toutes les Ecoles, & des principaux Maîtres qui les composent. De ces Ecoles on en peut compter six ; la Romaine, la Vénitienne, la Lombarde, l'Allemande, la Flamande, & la Françoise. Et après avoir acquis par un grand Exercice une idée distincte de chacune de ces Ecoles, s'il est question de juger de qui est un tableau, on doit raporter cet Ouvrage à celle de qui on croira qu'il approche le plus ; & quand on aura trouvé l'Ecole, il faudra donner le tableau à celui des Peintres qui la composent, dont la maniére a plus de conformité avec cet Ouvrage. Mais de connoître bien cette maniere particuliere du Peintre, c'est à mon avis, où consiste la plus grande difficulté.

On voit des Curieux qui se font une idée d'un Maître sur trois ou quatre tableaux qu'ils en auront vûs, & qui croyent après cela avoir un titre suffisant pour décider sur sa maniére, sans faire réflexion aux soins plus ou moins grands que le Peintre aura pris à les faire, ni à l'âge auquel il les aura faits.

Ce n'est pas sur les tableaux particuliers du Peintre : mais sur le géneral de ses Ouvrages qu'il faut juger de son mérite. Car il n'y a point de Peintre qui n'ait fait quelques bons & quelques mauvais tableaux, selon ses soins & le mouvement de ſon Génie. Il n'y en a point auſſi qui n'ait eu ſon commencement, ſon progrès & ſa fin ; c'eſt-àdire, trois maniéres : la prémiére, qui tient de celle de ſon Maître : la ſeconde, qu'il s'eſt formée ſelon ſon Goût, & dans laquelle réſide la meſure de ſes talens, & de ſon Génie ; & la troiſiéme, qui dégénére ordinairement en ce qu'on appelle maniére : parce qu'un Peintre, après avoir étudié longtems d'après la Nature, veut joüir ſans la conſulter davantage, de l'habitude qu'il s'en eſt fait.

Quand un Curieux aura donc bien conſideré les différens tableaux d'un Maître, & qu'il s'en ſera formé une idée complette, de la maniére que je viens de dire ; pourlors, il lui ſera permis de juger de l'Auteur d'un tableau, ſans être ſoupçonné de témerité. Cependant quoiqu'un bon Connoiſſeur, habile par ſes talens, par ſes réflexions, & par ſa longue experience, puiſſe quelquefois ſe tromper ſur le nom de l'Auteur, (car qui ne ſe trompe point) il ſera du moins vrai de dire, qu'il ne peut ſe tromper ſur la juſteſſe & ſur la ſolidité de ſes ſentimens.

En effet, il y a des Tableaux qui ont été faits par des Diſciples, leſquels ont ſuivi leurs Maîtres de fort près, & dans le ſçavoir & dans la maniere. On a vû plu-ſieurs

ſieurs Peintres qui ont ſuivi le goût d'un autre Païs que le leur, comme il y en a eu qui dans leur Païs même, ont paſſé d'une maniere à une autre, & qui dans ce paſſage ont fait pluſieurs Tableaux fort équivoques ſur ce qui regarde le nom de l'Auteur.

Neanmoins, cet inconvenient ne manque pas de remede pour ceux qui non contens de s'attacher au caractere de la main du Maître, ont aſſez de penetration pour découvrir celui de ſon eſprit. Un habile homme peut facilement communiquer la façon dont il exécute ſes deſſeins; mais non pas la fineſſe de ſes penſées. Ce n'eſt donc pas aſſez, pour découvrir l'Auteur d'un Tableau, de connoître le mouvement du pinceau, ſi l'on ne penetre dans celui de l'eſprit : & bien que ce ſoit beaucoup d'avoir une idée juſte du goût que le Peintre a dans ſon Deſſein, il faut de plus entrer dans le caractere de ſon genie, & dans le tour qu'il eſt capable de donner à ſes conceptions,

Je ne prétends pas neanmoins reduire au ſilence ſur cette matiere, un amateur de peinture, qui n'aura ni vû, ni examiné ce grand nombre de Tableaux; il eſt bon au contraire de parler pour en acquerir & pour en augmenter la connoiſſance. Je voudrois ſeulement que chaçun meſurât ſon

ſon ton ſur ſon experience. La modeſtie qui ſied bien à ceux qui commencent, convient même aux plus experimentez, ſur tout dans les choſes difficiles.

## III.

### *Si un Tableau eſt Original ou Copie.*

Mon intention n'eſt pas de parler ici des copies médiocres, qui ſont d'abord connuës de tous les Curieux, encore moins des mauvaiſes, qui paſſent pour telles aux yeux de tout le monde. Je ſuppoſe une Copie faite par un bon Peintre, laquelle merite une ſerieuſe reflexion, & mette en ſuſpens, au moins quelque tems, la déciſion des Connoiſſeurs les plus habiles. Et de ces Copies, j'en trouve de trois ſortes:

La premiere, eſt faite fidelement, mais ſervilement.

La ſeconde, eſt legere, facile & non fidéle.

Et la troiſiéme, eſt fidéle & facile.

La premiere, qui eſt ſervile & fidéle, rapporte à la verité, le deſſein, la couleur & les touches de l'original: mais la crainte de paſſer les bornes de la préciſion, & de manquer à la fidelité, appéſantit la main du Copiſte, & la fait connoître ce qu'elle qu'elle eſt, pour peu qu'elle ſoit examinée.

La ſeconde, ſeroit plus capable d'impoſer, à cauſe de la légereté du Pinceau, ſi l'infidélité des contours ne redreſſoit des yeux habiles.

Et la troiſiéme, qui eſt fidéle & facile, & qui eſt faite par une main ſçavante & légere, & ſur tout dans le tems de l'Original, embarraſſe les plus grands Connoiſſeurs, & les met ſouvent au hazard de prononcer contre la vérité, quoique ſelon la vraiſemblance.

S'il y a des choſes qui ſemblent favoriſer l'originalité d'un Ouvrage, il y en a auſſi qui paroiſſent la détruire; comme la répetition du même Tableau, l'oubli où il a été durant beaucoup de tems, & le prix modique qu'il a coûté. Mais encore que ces conſidérations puiſſent être de quelque poids, elles ſont ſouvent très-frivoles, faute d'avoir été bien examinées.

L'oubli d'un Tableau vient ſouvent, ou des mains entre leſquelles il tombe, ou du lieu où il eſt, ou des yeux qui le voyent, ou du peu d'amour que ſon poſſeſſeur à pour la Peinture.

Le prix modique procéde ordinairement de la néceſſité ou de l'ignorance de celui qui vend.

Et la répétition d'un Tableau, qui eſt une

une cauſe plus ſpecieuſe, n'eſt pas toûjours une raiſon bien ſolide. Il n'y a preſque point de Peintre qui n'ait répeté quelqu'un de ſes Ouvrages, parce qu'il lui aura plû, ou parce qu'on lui en aura demandé un tout ſemblable. J'ai vû deux Vierges de Raphaël, leſquelles ayant été miſes par curioſité l'une auprès de l'autre, perſuadérent les Connoiſſeurs qu'elles étoient toutes deux Originales. Titien a répeté juſqu'à ſept ou huit fois les mêmes Tableaux; comme on jouë pluſieurs fois une Comédie qui a réüſſi. Et nous voyons pluſieurs Tableaux répetez des meilleurs Maîtres d'Italie, diſputer encore aujourd'hui de bonté & de primauté. Mais combien en voyons-nous d'autres qui ont déçû les Peintres mêmes les plus habiles? Et parmi pluſieurs exemples que j'en pourrois donner, je me contenterai de rapporter ici celui de Jules Romain, que j'ai tiré de Vaſari.

Fréderic II. Duc de Mantouë, paſſant à Florence pour aller à Rome ſalüer le Pape Clement VII. vit dans le Palais de Medicis au-deſſus d'une porte, le Portrait de Leon X. entre le Cardinal Jules de Medicis & le Cardinal de Roſſi. Les Têtes étoient de Raphaël, & les Habits de Jules Romain; & le tout étoit merveilleux. En effet le Duc de Mantouë, après l'avoir conſi-

consideré, en devint si amoureux ; qu'il ne pût s'empêcher quand il fut à Rome, de le demander au Pape, qui le lui accorda fort gracieusement. Sa Sainteté fit aussi-tôt écrire à Octavien de Medicis, qu'il fît encaisser le Tableau, & qu'il l'envoyât à Mantouë. Octavien, qui étoit un grand Amateur de Peinture, & qui ne vouloit pas priver Florence d'une si belle chose, trouva moyen d'en differer l'envoy, sous prétexte de faire faire au Tableau une bordure plus riche. Ce délai donna le tems à Octavien de faire copier le Tableau par André del Sarte, qui en imita jusqu'aux petites taches qui étoient dessus. Cet Ouvrage en effet, étoit si conforme à son Original, qu'Octavien lui-même avoit de la peine à les distinger, & que pour ne s'y pas tromper, il mit une marque derriére la Copie, & l'envoya à Mantouë quelques jours aprés. Le Duc la reçût avec toute la satisfaction possible, ne doutant point que ce ne fût l'Ouvrage de Raphaël, non plus que Jules Romain, qui étoit auprès de ce Prince, & qui seroit demeuré toute sa vie dans cette opinion, si Vasari, qui avoit vû faire la Copie, ne l'avoit desabusé. Car celui-ci étant arrivé à Mantouë, fut très-bien reçû de Jules Romain, qui, aprés lui avoir montré toutes les curiositez de ce Duc, lui dit qu'il leur restoit encore à voir

 la

la plus belle chose qui fût dans le Palais, sçavoir le Portrait de Leon X. de la main de Raphaël; & le lui ayant montré, Vasari lui dit, *qu'il étoit en effet très-beau, mais qu'il n'étoit pas de Raphaël.* Jules Romain l'ayant plus attentivement consideré, *Comment*, repliqua-t il, *il n'est pas de Raphaël? Est-ce que je ne reconnois pas mon Ouvrage, & que je ne voi pas les coups de Pinceau que j'y ay donnez moi-même? Vous n'y prenez pas assez garde*, répartit Vasari; *car je puis vous assûrer que je l'ai vû faire à André del Sarte: & qu'ainsi ne soit, vous y trouverez derriére la toile, une marque qu'on y mit exprès pour ne le pas confondre avec l'Original.* Jules Romain ayant donc tourné le Tableau, & s'étant apperçû de la vérité du fait, serra les épaules d'étonnement, & dit ces paroles: *Je l'estime autant que s'il étoit de Raphaël, & même davantage: car il n'est pas naturel d'imiter un si excellent Homme, jusqu'à tromper.*

Puisque Jules Romain, tout habile qu'il étoit, après avoir été averti, & avoit examiné le Tableau, persistoit vivement à se tromper dans le jugement qu'il faisoit sur son propre Ouvrage, comment pourroit-on trouver étrange que d'autres Peintres, moins habiles que lui, se laissassent surprendre sur l'Ouvrage des autres? C'est ainsi

ainsi que la vérité se peut quelquefois cacher à la Science la plus profonde, & que manquer sur les faits, n'est pas toûjours manquer à la justesse de ses jugemens.

Cependant quelque équivoque que soit un Tableau sur l'originalité; il porte néanmoins assez de marques extérieures pour donner lieu à un Connoisseur d'en dire, sans témerité, ce qu'il en pense bonnement; non pas comme une derniére décision, mais comme un sentiment fondé sur une solide connoissance,

Il me reste encore à dire quelque chose sur les Tableaux, qui ne sont ni Originaux, ni Copies, lesquels on appelle Pastiches, de l'Italien, *Pastici*, qui veut dire Pâtez, parce que de même que les choses différentes qui assaisonnent un Pâté, se réduisent à un seul goût; ainsi les faussetez qui composent un Pastiche, ne tendent qu'à faire une vérité.

Un Peintre qui veut tromper de cette sorte, doit avoir dans l'esprit la maniére & les principes du Maître dont il veut donner l'idée, afin d'y réduire son Ouvrage, soit qu'il y fasse entrer quelque endroit d'un Tableau que ce Maître aura déja fait, soit que l'Invention étant de lui, il imite avec légereté, non seulement les Touches, mais encore le Goût du Dessein, & celui du Coloris. Il arrive très-souvent que le Peintre, qui ſe propoſe de contrefaire la maniére d'un autre, ayant toûjours en vûë d'imiter ceux qui ſont plus habiles que lui, fait de meilleurs Tableaux de cette ſorte, que s'il produiſoit de ſon propre fond.

Entre ceux qui ont pris plaiſir à contrefaire ainſi la maniére des autres Peintres, je me contenterai de nommer ici David Teniers, qui a trompé, & qui trompe encore tous les jours les Curieux, leſquels n'ont point été prévenus ſur l'habileté qu'il avoit à ſe transformer en Baſſan, & en Paul Véronéſe. Il y a de ces Paſtiches qui ſont faits avec tant d'adreſſe, que les yeux même les plus éclairez, y ſont ſurpris au premier coup d'œil. Mais après avoir examiné la choſe de plus près, ils démêlent auſſi-tôt le Coloris d'avec le Coloris, & le Pinceau d'avec le Pinceau.

David Teniers par exemple, avoit un talent particulier à contrefaire les Baſſans: mais ſon Pinceau coulant & léger qu'il a employé dans cet artifice, eſt la ſource même de l'évidence de ſa tromperie. Car ſon Pinceau, qui eſt coulant & facile, n'eſt ni ſi ſpirituel, ni ſi propre à caractériſer les objets que celui des Baſſans, ſur tout dans les Animaux.

Il eſt vrai que Teniers a de l'union dans ſes Couleurs: mais il y regnoit un certain

tain Gris auquel il étoit accoûtumé, & son Coloris n'a, ni la vigueur, ni la suavité de celui de Jacques Bassan. Il en est ainsi de tous les Pastiches; & pour ne s'y point laisser tromper, il faut examiner, par comparaison à leur modéle, le Goût du Dessein, celui du Coloris, & le Caractére du Pinceau.

# DU GOUT,

## Et de ſa diverſité, par rapport aux différentes Nations.

APrès avoir parlé des Peintres de différens endroits de l'Europe, j'ai crû qu'il ne ſeroit pas hors de propos de dire ici quelque choſe des différens Goûts des Nations. On a parlé du grand Goût dans ſon lieu, & l'on a fait voir qu'il devoit ſe trouver dans un Ouvrage accompli, comme dans ſa fin; & dans un Peintre parfait, comme dans ſa ſource. Mais il y a dans les hommes un Goût général, qui eſt ſuſceptible de pureté & de corruption, & qui devient particulier par l'uſage qu'il fait des choſes particuliéres. Je tacherai d'expliquer ici la maniére dont il ſe détermine, & dont il ſe forme.

On peut, ce me ſemble, raiſonner du Goût de l'eſprit, comme du Goût du Corps. Il y a quatre choſes à conſiderer dans le Goût du Corps.

1. L'Organe.

2. Les choſes qui ſe mangent, ou qui ſont goûtées.

3. La

3. La Sensation qu'elles causent.

4. L'Habitude que cette même Sensation réiterée, produit dans l'organe. Il y a de même quatre choses à considerer dans le Goût de l'Esprit :

1. L'Esprit qui goûte.

2. Les choses qui sont goûtées.

3. l'Application de ces choses à l'Esprit, ou le jugement que l'Esprit en porte.

4. L'Habitude qui se fait de plusieurs jugemens réiterez, de laquelle il se forme une idée qui s'attache à notre esprit.

De ces quatre choses, l'on peut inferer, Que l'Esprit peut être appellé Goût, en tant qu'il est consideré comme l'Organe.

Que les choses peuvent être appellées de bon ou de mauvais Goût, à mesure qu'elles contiennent, ou qu'elles s'éloignent des beautez que l'Art, le bon sens, & l'approbation de plusieurs siécles ont établies.

Que le Jugement que l'Esprit fait d'abord de son objet, est un prémier Goût naturel, qui dans la suite peut se perfectionner, ou se corrompre, selon la trempe de l'Esprit, & la qualité des objets qui se présentent.

Et enfin, que ce Jugement réiteré produit une Habitude, & cette Habitude une idée fixe & déterminée, qui nous donne un penchant continuel pour les choſes qui ont attiré notre approbation, & qui ſont de notre choix.

C'eſt ainſi que ſe forme peu à peu dans l'Eſprit de chaque particulier, ce que nous appellons plus ordinairement Goût dans la Peinture. Du reſte quoique tous les Goûts ne ſoient pas bons, chacun eſt perſuadé que le ſien eſt le meilleur. C'eſt pourquoi l'on peut définir le Goût, *l'Idée habituelle d'une choſe, conçuë comme la meilleure dans ſon genre.*

Il y a trois ſortes de Goûts dans la Peinture, le Goût Naturel, le Goût Artificiel, & le Goût de Nation.

Le Goût NATUREL, eſt l'Idée qui ſe forme dans notre imagination à la vûë de la ſimple Nature. Il paroît que les Allemans & les Flamans ſont rarement ſortis de cette Idée, & la commune opinion eſt que le Corrége n'en a point eu d'autre. Ce qui fait toute la différence de celui ci à ceux-là, c'eſt que les idées, ſont comme les liqueurs qui prennent la forme des Vaſes où elles ſont reçûës: & qu'ainſi le Goût Naturel peut être bas ou élevé, ſelon les talens des particuliers, & ſelon le choix qu'ils ſont capables de faire des objets de la Nature.

Le Goût ARTIFICIEL, eſt une idée qui ſe forme par la vûë des Ouvrages d'autrui,

trui, & par la confiance que nous avons aux conſeils de nos Maîtres, en un mot par l'éducation.

Et le Goût de NATION, eſt une idée que les Ouvrages qui ſe font ou qui ſe voyent en un païs, forment dans l'Eſprit de ceux qui les habitent. Les différens Goûts de Nation ſe peuvent reduire à ſix, le Goût Romain, le Goût Vénitien, le Goût Lombard, le Goût Allemand, le Goût Flamand, & le Goût François.

Le GOUT ROMAIN, eſt une idée des Ouvrages qui ſe trouvent dans Rome. Or il eſt certain que les Ouvrages les plus eſtimez qui ſoient dans Rome, ſont ceux que nous appellons Antiques, & les Ouvrages modernes qui les ont imitez, ſoit en Sculpture, ſoit en Peinture. Toutes ces choſes conſiſtent principalement dans une ſource inépuiſable des beautez du Deſſein ; dans un beau choix d'Attitude, dans la fineſſe des expreſſions, dans un bel ordre de plis & dans un ſtile élevé, où les Anciens ont porté la Nature, & après eux les Modernes depuis près de deux Siécles. Ainſi ce n'eſt pas merveille ſi le Goût Romain étant extrémement occupé de toutes ces parties, le Coloris qui ne vient que le dernier, n'y trouve plus de place. L'eſprit de l'homme eſt trop borné, & la vie eſt trop courte, pour approfondir toutes les parties de la

 Pein-

Peinture & les posseder parfaitement toutes à la fois. Ce n'est pas que les Romains méprisent le Coloris ; car ils ne peuvent mépriser une chose, dont ils n'ont jamais eu une idée bien juste : mais seulement qu'étant prévenus d'autres parties où ils tâchent de se perfectionner, & n'ayant pas le tems de s'appliquer à connoitre le Coloris, ils ne l'estiment pas tout ce qu'il vaut.

Le Goût Venitien, est opposé au Goût Romain, en ce que celui-ci a un peu trop négligé ce qui dépend du Coloris ; & celui-là, ce qui dépend du Dessein. Comme il y a très-peu d'Antiques à Venise, & très-peu d'Ouvrages du Goût Romain, les Venitiens se sont attâchez à exprimer le beau Naturel de leur païs. Ils ont caractérisé les objets par comparaison, non seulement en faisant valoir la véritable Couleur d'une chose par la véritable Couleur d'une autre ; mais en choisissant dans cette opposition, une vigueur harmonieuse de Couleurs, & tout ce qui peut rendre leurs Ouvrages plus palpables, plus vrais, & plus surprenans.

Le Goût Lombard, consiste dans un Dessein coulant, nourri, moëlleux, & mêlé d'un peu d'Antique & d'un naturel bien choisi, avec des Couleurs fonduës, fort aprochantes du naturel, & employées d'un

Pinceau

Pinceau leger. Le Corrége est le meilleur exemple de ce Goût ; & les Caraches, qui ont tâché de l'imiter, ont été plus corrects que lui dans le Dessein, mais inferieurs à lui, dans le Goût de ce même Dessein, dans la Grace, dans la delicatesse & dans la fonte des Couleurs. Annibal dans le séjour qu'il fit à Rome prit tellement le Goût Romain, que je ne compte pour Lombards que les Ouvrages qui ont précedé celui de la Galerie Farnese.

Je ne mets pas non plus au nombre des Peintres Lombards ceux qui étant nez en Lombardie, ont suivi ou l'école Romaine, ou l'école Venitienne : parce que j'ai plus d'égard en cela à la maniére que l'on a pratiquée, qu'au lieu où l'on a pris naissance. Les Peintres & les Curieux qui ont mis par exemple, dans l'école de Lombardie le vieux Palme le Moretto, Lorenzo Lotto, le Moron, & plusieurs autres bons Peintres Lombards, du païs de Bresse & de Bergame, nous ont jetté insensiblement dans la confusion, & ont fait croire à plusieurs que l'Ecole Lombarde & l'Ecole Vénitienne étoient la même chose, parce que les Lombards dont je viens de parler, ont entierement suivi la maniére du Giorgion & du Titien. J'ai moi-même parlé autrefois selon cette idée confuse, parce que la plûpart de nos Peintres François en parloient ainſi : mais la raiſon & les Auteurs Italiens qui ont traité ces matiéres, m'ont remis dans le bon chemin.

Le Goût Allemand, eſt celui qu'on appelle ordinairement Goût Gottique. C'eſt une idée de la Nature, comme elle ſe voit ordinairement avec ſes défauts, & non comme elle pourroit être dans ſa pureté. Les Allemans l'ont imitée ſans choix, & ont ſeulement vêtu leurs Figures de longues Draperies dont les plis ſont ſecs & caſſez. Ils ſe ſont plus arrêtez à finir leurs objets qu'à les bien diſpoſer. Les expreſſions de leurs figures ſont ordinairement inſipides, leur Deſſein ſec, leur Couleur paſſable & leur travail fort peiné. Il y a eu néanmoins parmi les Allemans, des Peintres qui méritent d'être diſtinguez, & qui ont été en certaines parties, comparables aux plus habiles d'Italie.

Le Goût Flamand, ne différe de l'Allemand que par une plus grande union de Couleurs bien choiſies, par un excellent Clair-obſcur, & par un Pinceau plus moëlleux. J'excepte des Flamans, ordinaires, trois ou quatre Flamans, Diſciples de Raphaël, qui rapportérent d'Italie, la maniére de leur Maître dans le Deſſein & dans le Coloris. J'en excepte encore Rubens & Vandeik, qui ont régardé la Nature par des yeux pénetrans, & qui ont porté ſes effets dans

dans une élevation peu commune ; quoiqu'ils ayent retenu quelque chose du Naturel de leur Païs dans le Goût du Dessein.

Le Goût François a été toûjours si partagé, qu'il est difficile d'en donner une idée bien juste : car il paroît que les Peintres de cette Nation, ont été dans leurs Ouvrages assez différents les uns des autres. Dans le séjour qu'ils ont fait en Italie, les uns se sont contentez d'étudier à Rome & en ont pris le Goût. D'autres se sont arrêtez plus long-tems à Venise, & en sont revenus avec une inclination particuliére pour les Ouvrages de ce Païs-là, & quelques-uns ont mis toute leur industrie à imiter la Nature telle qu'ils la croyoient voir. Parmi les plus habiles Peintres François qui sont morts depuis quelques années, il y en a qui ont suivi le Goût de l'Antique, d'autres celui d'Annibal Carache pour le Dessein, & les uns & les autres ont eu un Coloris assez trivial : mais ils ont d'ailleurs tant de belles parties, & ils ont traité leurs sujets avec tant d'élevation, que leurs Ouvrages serviront toûjours d'Ornemens à la France & seront admirez de la Postérité.

FIN.

# AVERTISSEMENT.

CE volume contient une Traduction de tout ce que Pline le Conſul a écrit au ſujet des bâtimens qu'il avoit fait faire, principalement de ſes deux maiſons de campagne ſi célébres, appellées, l'une le Laurentin, & l'autre la maiſon de Toſcane. Les deux lettres où il les a décrites, ſont traduites ici avec ſoin. L'on n'a rien auſſi negligé dans les notes & dans les remarques qui y ſont jointes. Et à l'égard de ce que l'on ajoûte à la fin de ce même volume touchant l'Architecture antique & l'Architecture gothique, quoique cette Diſſertation ſoit fort differente de ce qui la

cede

précede, neanmoins l'idée generale qu'on a tâché d'y donner de la plûpart des manieres de bâtir, qui ont été en usage avant le recouvrement de l'Architecture antique, pourra être ici de quelque utilité.

Diverses personnes ont déja entre les mains une partie du commencement de cet Ouvrage, je veux dire les plans des deux maisons de campagne de Pline. Ils sont dans un livre (1) de Monseigneur Le Peletier Ministre d'Etat. C'est par ses ordres qu'on entreprit de les faire, & avec le secours de ses lumieres qu'on s'est efforcé de surmonter les difficultez d'un travail

(1) *Comes rusticus.*

travail qui paroiſſoit autrefois ne pouvoir être executé. Ces plans étant achevez, ſatisfirent dès-lors beaucoup de perſonnes, & je puis dire même des Seigneurs de la premiere diſtinction, auſquels Monſeigneur Le Peletier en fit preſent, depuis qu'on les eût fait graver & qu'on les eût mis dans ſon livre. Ils y ſont avec les Lettres latines, où Pline lui-même a décrit ſes deux maiſons, & ſuivant leſquelles ces plans ont été dreſſez.

On juge bien que de ſemblables plans ne pouvoient pas s'exécuter ſans traduire les deſcriptions qui en ſont tout le fondement; comme nous croyons impoſſible de bien traduire ces mêmes deſcriptions, ſans auſſi faire des plans qui doivent être la veritable preuve de la traduction. Voila ce qui a donné lieu à ce volume. La traduction quoique d'un ſtile peu poli, à cauſe qu'on s'eſt plus attaché à ce qui regarde l'Architecture & l'Antiquité, qu'à ce qui dépend de la délicateſſe de la langue, eut le bonheur de plaire à differentes perſonnes par cette même raiſon, & par la nouveauté de certaines regles ſuivant leſquelles cette même traduction a été faite, & qu'il faut principalement conſiderer dans cet Ouvrage.

Ces regles ſont fondées ſur une combinaiſon des parties des

plans

plans : ce qui a ſervi comme d'une clef dans un chiffre pour découvrir la vraye ſignification des mots difficiles à expliquer dans les deſcriptions : au lieu que juſqu'à preſent l'on s'étoit efforcé ſans aucun ſuccès, à connoître les parties des plans par la ſignification des mots les plus communs. Car il y a une grande diſtinction à faire dans chaque langue, entre les mots qui ſont de l'uſage de tout le monde, & les mots les plus particuliers, comme les termes des arts & des ſciences qu'un petit nombre de perſonnes qui ont acquis de la réputation dans ces arts & dans ces ſciences, changent & alterent ſouvent, comme il leur plaît.

Les

Les notes & les remarques qu'on a jointes ici à la traduction, expliqueront quelques uns de ces mots & de ces termes si difficiles, & feront voir par la combinaison dont on a parlé, le travail qu'il y a à rejoindre par les seules convenances, quantité de diverses parties qui sont comme disjointes & confuses ; ces notes & ces remarques, dis-je, feront voir que ce travail ou cette combinaison ne consiste pas seulement à disposer les parties d'un plan rélativement les unes aux autres, comme elles doivent être : mais encore à donner une grandeur convenable à chacune de ces parties, & à faire paroître dans

tout

tout le plan une intelligence d'Architecture, par rapport à la connoissance que le maître de l'édifice pouvoit avoir de ce bel art.

Il a été necessaire à l'égard de Pline, de rechercher cette connoissance dans ce qu'il a dit de tant de bâtimens qu'il a fait construire, & dans ce qu'on a pû apprendre de sa naissance, de ses biens, de ses dignitez & même de ses mœurs, ainsi que des mœurs & des coûtumes de son païs, & de son siecle, selon lesquelles les hommes ont ordinairement des manieres differentes de bâtir & de se loger.

Mais bien loin de croire que l'on ait épuisé dans ce volume

la matiere que l'on y traitte, nous ſommes perſuadez que ce n'en eſt qu'une legere ébauche, propre ſeulement pour exciter les Sçavans à porter plus loin cette nouvelle ſorte de travail.

LE

# LAURENTIN.

## *Explication des Plans.*

IL faut faire voir la grandeur & toute la disposition de la maison du Laurentin, que Pline le Consul possedoit autrefois dans le *Latium* sur le rivage de la mer Tyrrhéne entre *Laurentum* & Ostie, & dont il n'est resté aucuns vestiges. C'est par les plans qui seront rapportez ici, que nous avons crû pouvoir renouveller l'idée de cette ancienne maison de campagne, & donner en même tems une explication facile de la Lettre où Pline en a fait la description, & sur la quelle les plans ont été dressez.

Ceux qui prendront la peine d'examiner ce nouveau travail, jugeront de son utilité, & si l'Ouvrage répond à notre dessein. Il sera très-aisé d'en faire la verification par le moyen des chiffres qui sont marquez sur les plans, & qu'on a repetez non seulement dans les tables qui indiquent les noms propres de chaque partie de la maison; mais encore dans le texte de la Lettre d'où ces noms propres ont été tirez; dans la traduction, & dans les notes qui y sont ajoûtées pour servir d'éclaircissement aux plans, & à cette Lettre dont on desire depuis long-tems d'avoir une parfaite inteligence.

L'on trouvera sur les plans tout ce que Pline a exprimé dans sa Lettre, tant pour l'assemblage ge des differentes parties qui composoient le Laurentin, que pour le nombre & les situations de tant de lieux particuliers, sur tout des logemens; pour leurs expositions: pour leurs grandeurs; & pour leurs figures telles qu'il les a designées: en quoi nous avons pris soin de ne rien diminuer ni augmenter: car c'est de l'exactitude de toutes ces circonstances que l'on doit tirer une preuve & une démonstration certaine, s'il faut ainsi dire, de la verité des plans, de l'intelligence de la Lettre, & de la fidelité de la traduction.

Entre les personnes les plus sçavantes & les plus éclairées, il y en aura sans doute de très-intelligentes en Architecture qui examineront cet Ouvrage par rapport aux regles de l'art.

Bien que je me sois attaché avec toute sorte de rigueur à suivre dans les plans ce que Pline a marqué dans sa description; neanmoins on n'y trouvera rien de contraire à la maniere de se loger, qui a été presque de tout tems en usage en Italie, & qui est fort differente de celle des autres païs, sur tout de celle des païs septentrionaux, & même de celle que nous pratiquons en France.

On y apprendra beaucoup de choses touchant la grandeur & la magnificence des edifices anciens, les commoditez, ou pour mieux dire, les delices, s'il est permis de parler ainsi, que les Romains sçavoient se procurer dans leurs maisons de campagne par les avantages qu'ils tiroient de la situation des lieux & des expositions les plus favorables à la santé, & à une sorte de volupté que les hommes sages trouvent à joüir de l'air le plus temperé & le

plus

plus pur ſelon les differentes ſaiſons, & malgré l'inconſtance même des tems.

L'on apprendra encore par le Laurentin, l'art de profiter en Architecture, de tout ce qu'un climat offre d'agréable aux yeux & à l'eſprit, de quelque nature & en quelque ſituation que ce puiſſe être. Car parmi le grand nombre de logemens qui étoient contenus dans cette maiſon, il y en avoit où l'on pouvoit joüir de la vûë & du bruit même de la mer; d'autres plus retirez au milieu des jardins, ne recevoient ce bruit que de fort loin, & que comme une eſpéce de murmure; d'autres qui n'avoient ni le bruit ni la vûë de la mer, donnoient moyen d'y joüir du calme le plus doux. En chacune de ces differentes ſituations, il y avoit des appartemens & des chambres de jour & de nuit, de grandes ſales d'aſſemblées ou de feſtins; d'autres ſales moins grandes pour manger & ſe divertir en famille, ou avec un petit nombre d'amis; & quelques réduits particuliers, où le maître de la maiſon pouvoit par le moyen d'une longue galerie, s'éloigner de tout ſon domeſtique & de ſa famille même, pour travailler, ou pour être plus en repos.

En un mot, il y a autant à s'inſtruire dans cet Ouvrage pour ce qui regarde l'Architecture, que pour l'art de la narration & de la deſcription que Pline le Conſul a ſi bien poſſedé, & qui ſe fait connoître d'une maniere toute particuliere dans la Lettre dont il s'agit ici. Car il n'y a perſonne qui n'ait conſideré juſqu'à preſent cette lettre, plûtôt comme une Piece d'Eloquence, que comme une deſcription

cription réguliere : cependant il est vrai que le Laurentin y est décrit si exactement, que les mesures même de chaque partie principale des bâtimens s'y trouvent en quelque façon déterminées par la comparaison de chacune de ces parties les unes aux autres, & par la nécessité d'y conserver toutes les vûës, les expositions & les commoditez que Pline leur attribuë.

Ce que Pline n'a point déterminé dans sa description, & que nous n'avons pas aussi pretendu marquer précisément sur les plans, c'est l'étenduë de la partie des bâtimens du Laurentin, qui étoit occupée par ses affranchis & par ses esclaves, & qu'on peut supposer de la même grandeur & à peu près d'un même dessein que la partie opposée. Il a dit si peu de chose des embellissemens tant des dehors que des dedans de cette maison, qu'il n'y a pas eu lieu d'en faire aucune élevation ni aucun profil. Nous n'avons pas même pretendu, sur le plan dans chaque piece des appartemens, décider de la situation ni du nombre des portes. Dans la quantité qu'il y en a de marquées, & que l'on peut encore augmenter, les personnes intelligentes en architecture pourront ouvrir celles qu'ils jugeront plus convenables, & supposer toutes les autres fermées ; soit qu'on choisisse celles qui répondent les unes aux autres en enfilade d'un bout à l'autre des bâtimens ; soit qu'en cherchant d'autres commoditez particulieres, on veüille bien interrompre ces longues suites dont on fait tant d'état aujourd'hui pour la beauté des logemens.

Les étages hauts que Pline a designez en un

endroit des bâtimens du Laurentin, ont fait juger qu'il devoit y avoir des escaliers aux lieux mêmes qu'on les verra sur le premier plan, quoiqu'il n'en soit point parlé dans la description.

Mais ce qu'il y a de plus indécis dans cette description, c'est tout ce qui regarde les jardins. Elle apprend seulement en general les lieux où les parterres, les bois, les bosquets, les jardins ornez de treilles & plantez de meuriers, & les jardins potagers étoient situez, & que de grandes allées environnoient tous ces jardins. Aussi dans la necessité de leur donner quelque figure sur le plan pour les distinguer les uns des autres, nous avons affecté de ne rien faire que de simple ; & je crois en devoir donner avis ici, comme de tout ce qui a été dit ci-devant, afin qu'on n'impute point à Pline ce qu'il n'a pas eu dessein de décrire, & qu'on ne s'arrête pas à examiner avec rigueur sur les plans, ce que l'on n'a pas jugé à propos d'y déterminer.

TABULA PRIMA

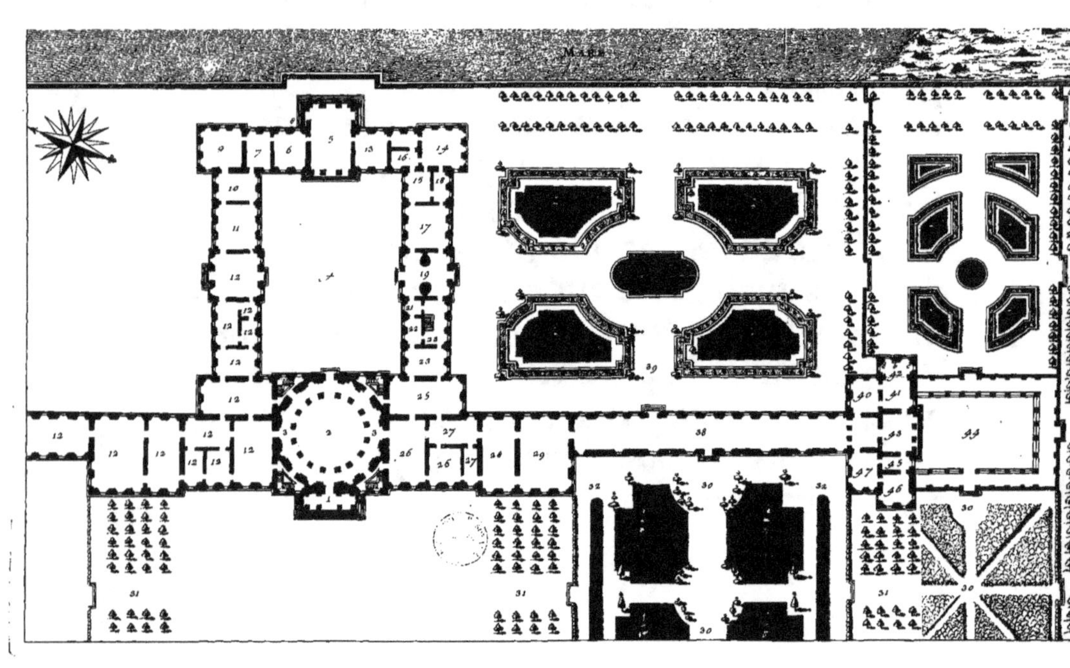
Mare

| TABULA PRIMA *Laurentini.* | PREM. PLANCHE du Laurentin. |
|---|---|
| 1 Atrium. | *Vestibule.* |
| 2 Area parvula. | *Petite cour.* |
| 3 Porticus. | *Portiques.* |
| 4 Cavædium. | *Cour environnée de logemens.* |
| 5 Triclinium. | *Sale de festins* |
| 6 Cubiculum amplum. | *Grande chambre.* |
| 7 Cubiculum minus. | *Chambre moins grande.* |
| 8 Angulus. | *Angle.* |
| 9 Cubiculum. | *Chambre.* |
| 10 Transitus. | *Passage.* |
| 11 Dormitorium membrum. | *Dortoir.* |
| 12 Reliqua pars lateris, &c. | *Le reste du côté du logis &c.* |
| 13 Cubiculum. | *Chambre.* |
| 14 Modica cœnatio. | *Sale à manger de moyenne grandeur.* |
| 15 Cubiculum. | *Chambre.* |
| 16 Procœton. | *Antichambre.* |
| 17 Cubiculum. | *Chambre.* |
| 18 Procœton. | *Antichambre.* |
| 19 Cella frigidaria. | *Salon frais.* |
| 20 Baptisteria. | *Baignoires.* |
| 21 Hypocauston. | *Etuve.* |
| 22 Propnigeon. | *Chambre moins chaude que l'étuve.* |
| 23 Duæ cellæ. | *Deux sales.* |
| 24 Piscina. | *Grande baignoire.* |
| 25 Sphæristerium. | *Jeu de paûme.* |

| | |
|---|---|
| 26 } Diætæ duæ.<br>27 } | *Deux appartemens.* |
| 28 Cubiculum. | *Chambre.* |
| 29 Triclinium. | *Sale de festins.* |
| 30 Hortus. | *Jardin.* |
| 31 Gestatio. | *Grande allée.* |
| 32 Vineæ. | *Treilles.* |
| *Nota* 33. 34. 35. 36. 37. *in sequenti tabula reperiuntur.* | Les chiffres 33. 34. 35. 36. & 37. sont dans la planche suivante. |
| 38 Cryptoporticus. | *Galerie fermée.* |
| 39 Xystus. | *Xiste ou lieu d'exercice.* |
| 40 Heliocaminus. | *Salon échauffé par le soleil.* |
| 41 Cubiculum. | *Chambre.* |
| 42 Diæta, (*b*) lectum (*c*) duas cathedras. | *Cabinet*, (b) *lit* (c) *deux chaises.* |
| 43 Cubiculum noctis & somni. | *Chambre à coucher.* |
| 44 Andron. | *Cour pour les hommes.* |
| 45 Hypocauston. | *Etuve.* |
| 46 Cubiculum. | *Chambre.* |
| 47 Procœton. | *Antichambre.* |
| *Nota* 48. *in sequenti tabula reperitur.* | Le chiffre 48. est dans la planche suivante. |
| 49 Putei aut fontes. | *Puits ou fontaines.* |

*TABULA II.*

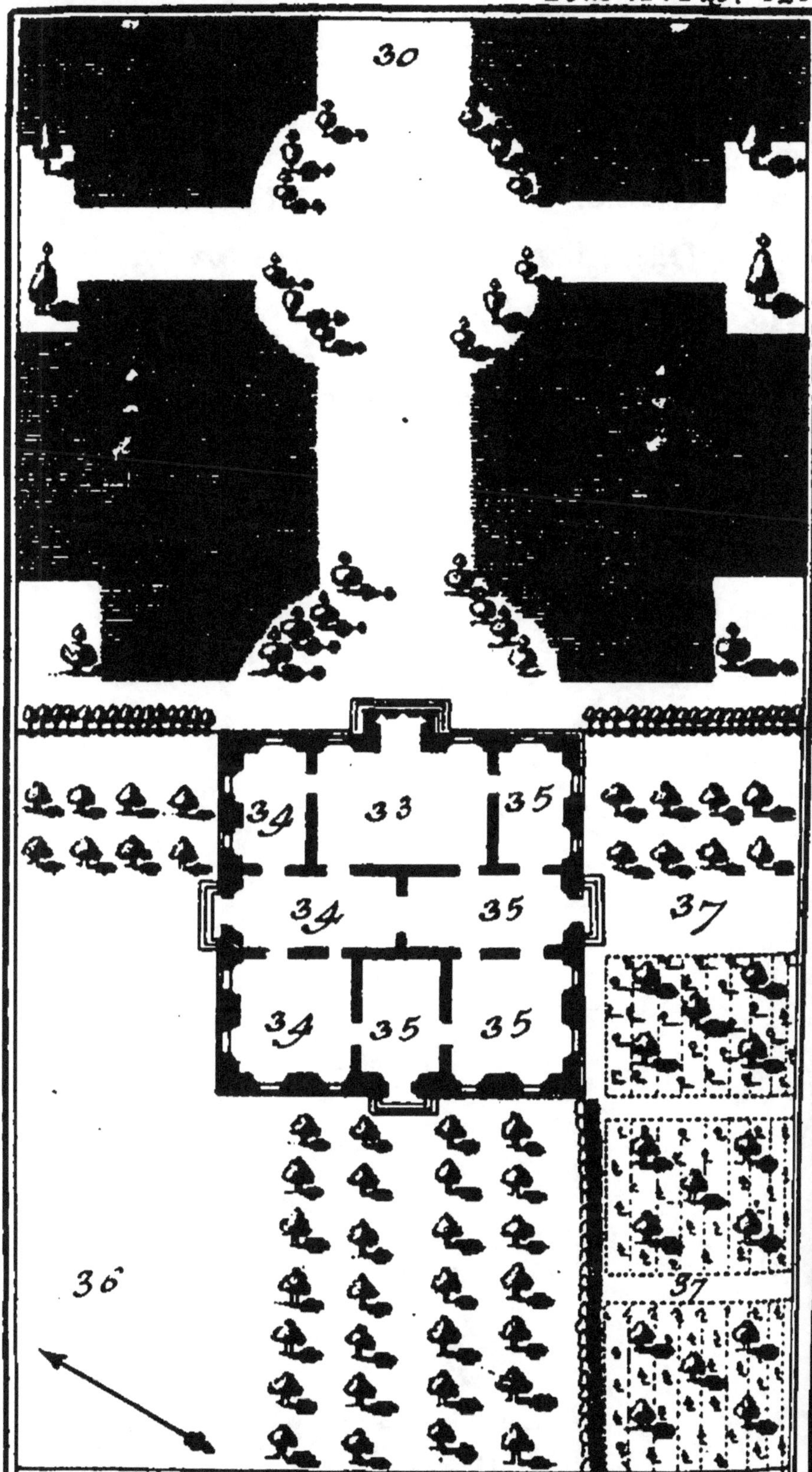
30
33
34
35
34
35
34
35
35
37
36
37

| TABULA II Laurentini. | PLANCHE II du Laurentin. |
|---|---|
| 33 Cœnatio. | *Sale à manger.* |
| 34 } 35 } Diætæ duæ. | *Deux appartemens.* |
| 36 Veſtibulum villæ. | *Premiere entrée de la maiſon.* |
| 37 Hortus pinguis & ruſticus. | *Jardin potager.* |

| *TABULA III. Laurentini.* | PLANCHE III. du Laurentin. |
|---|---|
| A. Ædes. | *Bâtimens.* |
| 30 Hortus. | *Jardin.* |
| 31 Gestatio. | *Allée.* |
| 32 Vineæ. | *Treilles.* |
| 36 Vestibulum villæ. | *Premiere entrée de la maison.* |
| 37 Hortus pinguis & rusticus. | *Jardin potager.* |
| 39 Xystus. | *Xyste* |
| 48 Horti & sylvæ. | *Jardins & bois.* |
| 49 Putei aut fontes. | *Puits ou fontaines.* |
| *Aliæ notæ in aliis tabulis reperiuntur.* | Les autres chiffres sont dans les autres planches. |

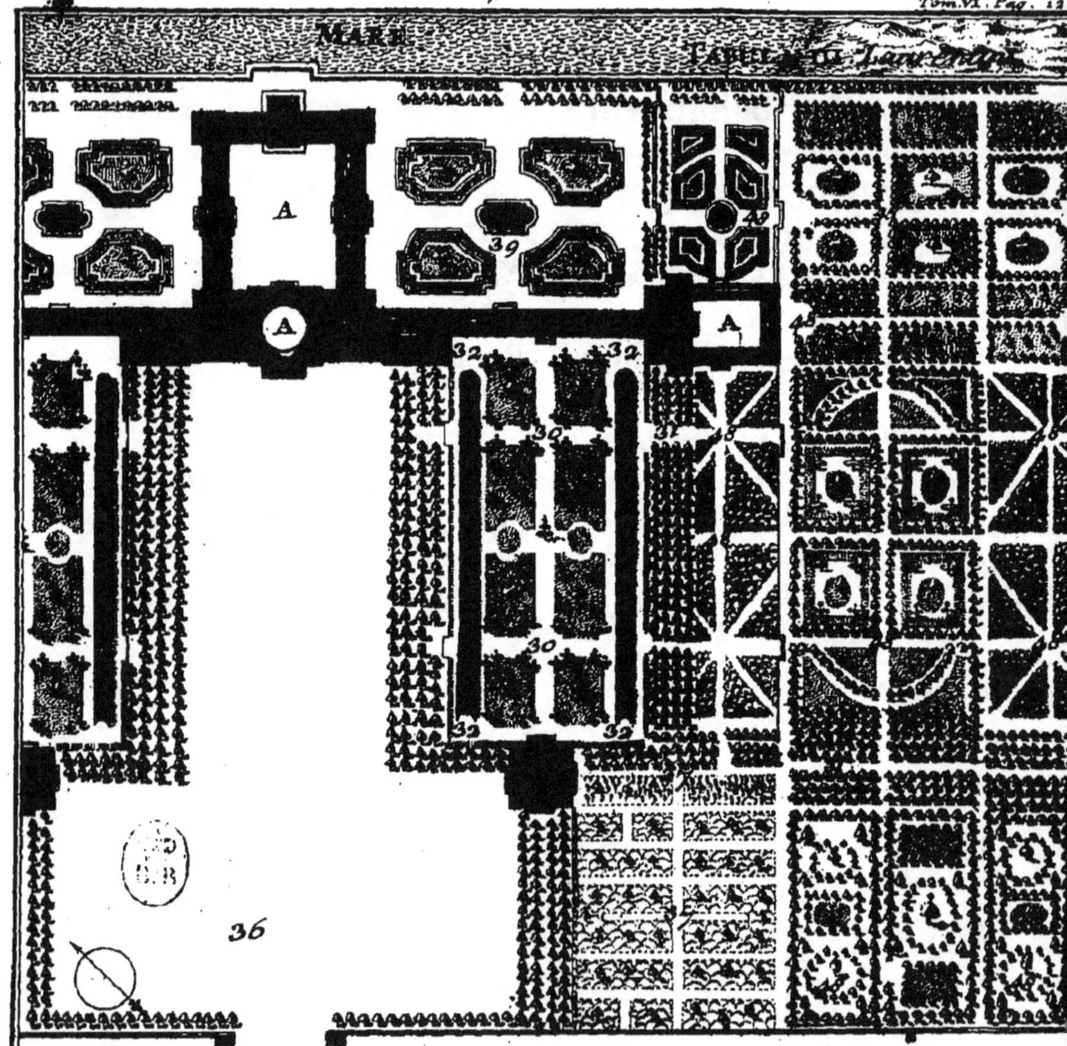
MARE
A
39
49
A
A
32
32
30
30
32
32
36

# DESCRIPTION QUE PLINE LE CONSUL

a fait lui-même de sa Maison de campagne, nommée,

# LE LAURENTIN.

---

LETTRE De Pline le Consul, A GALLUS.

Vous vous étonnez que mon (1) Laurentin me plaise si fort. Vous ne serez plus surpris quand vous connoîtrez ce que cette maison de campagne à d'agréable, la commodité du lieu & l'étenduë du rivage où elle est située. Elle n'est éloignée de Rome que de dix-sept milles; de sorte que vous pourriez vous rendre ici sur le soir après avoir employé tout le jour

C. Plinius Cæcilius Secundus. GALLO SUO S. Lib. 2. Epist. 17.

*Miraris cur me (1) Laurentinum, vel si ita mavis, Laurens meum tantoperè delectet. Desines mirari quum cognoveris gratiam Villæ, opportunitatem loci, littoris spatium. Decem & septem millibus passuum ab urbe secessit: ut peractis quæ agenda fuerint, salvo jam & composito die*

(1) Il paroit que le Laurentin prit son nom de la ville de *Laurentum*, à la place de laquelle il y a aujourd'hui un bourg appellé *San-Lorenzo*, qui n'est pas fort éloigné d'un lieu nommé *Paterno*, où lon présume que le Laurentin étoit situé.

*die possis ibi manere. Aditur non unâ viâ; nam & Laurentina & Ostiensis eódem ferunt, sed Laurentina à quartodecimo lapide, Ostiensis ab undecimo relinquenda est. Utrinque excipit iter aliquâ ex parte arenosum, jumentis paulò gravius & longius, equo breve & molle. Varia hinc atque indè facies; nam modò occurentibus sylvis via coarctatur, modò latissimis pratis diffunditur. Multi greges ovium, multa ibi equorum boumque armenta, quæ montibus, hyeme depulsâ, herbis & tepore verno nitescunt.*

jour à vos affaires. L'on vient par plus d'un chemin; car ceux de *Laurentum* & d'Ostie tendent au même endroit. Il faut cependant quitter le premier à quatorze milles de Rome, & celui d'Ostie à onze milles. L'un & l'autre menent à un chemin sabloneux un peu long & rude pour les voitures, mais fort doux & fort court pour ceux qui vont à cheval. La vûë du païs a beaucoup de varieté des deux côtez. Tantôt le chemin est resserré entre des bois que l'on rencontre, & tantôt il s'étend dans des prairies très spacieuses. C'est là que, lorsqu'il ne fait plus froid sur les montagnes, quantité de troupeaux de moutons, des bœufs & des chevaux s'embellissent à mesure qu'ils engraissent des bons pâturages, & de l'air doux qui y regne au Printems.

Ma maison est spatieuse & commode, & n'est pas d'un trop grand entretien. On y trouve d'abord

*Villa usibus capax, non sumptuosa tutela cujus in prima parte*

bord un (1) vestibule qui n'est ni somptueux, ni trop simple, & ensuite des trois portiques ou galeries autour d'une (2) cour ronde, petite à la verité, mais fort agréable, & qui même est un reduit très-avantageux contre les tempêtes : car les portiques sont deffendus par des (a) vitrages, & encore mieux par des bâtimens qui les ferment au dehors. Dans une autre (4) cour plus grande, fort gaye, & située au milieu des principaux logemens de ma maison, il y a en face de la premiere cour, une (5) sale propre

*(1) atrium frugi, nec tamen sordidum; deinde (3) porticus in O litteræ similitudinem circumactæ, quibus parvula, sed festiva (2) area includitur.*

*Egregium hæc adversùs tempestates receptaculum, nam (a) specularibus ac multò magis imminentibus tectis muniuntur.*

*Est contra medias (4) cavædium hilare, mox (5) triclinium*

(1) *Atrium* doit être intrepreté *Atrium ex more Veterum*, dont il sera fait une Note particuliere dans la description de la maison de Toscane.

(a) Les vitrages des maisons des Anciens étoient faits ordinairement d'albâtre, ou d'autres pierres transparentes.

(4) Les Latins appelloient du nom de *Cavædium*, tous les lieux environnez de logemens, soit que ces lieux fussent couverts en maniere de salon, ou découverts en forme de cour qu'ils nommoient *Cavædium displuviatum*.

(5) *Triclinium* est dérivé du mot grec Τρίκλινον, qui signifie proprement un lieu occupé par trois rangées de lits, qui n'étoient autres que des lits de repos, placez pour de grands festins le long de trois ta-



bles

*elinium satis pulchrum quod in littus excurrit, ac si quando (a) Africo mare impulsum est, fractis jam & novissimis fluctibus leviter alluitur.*

propre pour des festins. Cette sale s'avance sur le rivage, de telle sorte que quand la mer est poussée de ce côté par le vent (a) *Africus*, & que les flots ont perdu leur violence, il vient des vagues laver doucement le pied de la muraille.

*Undique valvas aut fenestras non minores valvis habet; atque ita à lateribus, à fronte quasi tria maria prospectat; à tergo cavadium, porticum, aream, porticum rursus, mox atrium, sylvas & longinquos respicit montes.*

La sale a de toutes parts des portes, & des fenêtres aussi grandes que des portes. Ainsi l'on voit par ses côtez & par sa principale face de dehors comme trois differentes mers, & par derriere la grande cour, les portiques, la petite cour que ces portiques environnent, le vestibule ou l'entrée de la maison, & plus loin les bois & les montagnes.

*Hujus à læva retractius paulò (6) cubiculum est amplum: deindè (7) aliud*

A côté gauche de la sale des festins, il y a une grande (6) chambre plus retirée, & ensuite une (7) autre

bles disposées de maniere qu'il restoit un grand espace vuide au milieu pour les gens qui servoient

(a) Le vent que les Latins nommoient *Africus*, est celui qui vient directement de l'oüest-sud-oüest.

(6) (7) La premiere de ces deux pieces pourroit être

autre moins grande qui prend son jour d'un côté vers le levant, & de l'autre vers le couchant. C'est de ce côté qu'on voit la mer, un peu moins près à la verité, mais plus tranquillement.

*aliud minus, quod alterâ fenestrâ admittit Orientem, Occidentem alterâ retinet. Hac & subjacens mare longiùs quidem, sed securiùs intuetur.*

Au dehors proche la sale des festins, le bâtiment forme un (8) angle qui retient & augmente la chaleur du soleil. C'est un endroit fort commode l'hyver, & où mes gens vont faire leurs exercices. On n'y entend point d'autres vents que ceux qui aménent les nuages, & qui ôtent la serenité du ciel avant que de rendre ce lieu inutile.

*Hujus cubiculi & triclinii illius objectu includitur (8) angulus, qui purissimum Solem continet & accendit. Hoc hybernaculum, hoc etiam* (a) *gymnasium meorum est. Ibi omnes silent venti, exceptis qui nubilum inducunt, & serenum ante quàm usum loci eripiunt.*

A un coin de la chambre precedente, on en a joint une autre (9) qui est voûtée

*Adnectitur angulo* (9) *cubiculum in apsida curvatum,* quod

être appellée une antichambre, selon la maniere de parler d'aujourd'hui.

(a) Le mot *Gymnasium* Γυμνάσιον en grec, veut dire un lieu propre pour s'exercer nud, particulierement à la lutte.

(9) Il y a dans quelques éditions *Cubiculum in apsida curvatum*, ce qui signifie une chambre voutée de figure spherique. Et dans d'autres éditions *in aspida* au lieu d'*apsida*, ce qui veut dire fait en rond, comme en effet cette chambre pouvoit être ronde en de

*quod ambitum solis fenestris omnibus sequitur. Parieti ejus in bibliothecæ speciem armarium insertum est, quod non legendos libros, sed lectitandos capit. Adhæret (10) dormitorium membrum (11) transitu interjacente, qui suspensus & tabulatus conceptum vaporem salubri temperamento huc illuc digerit & ministrat. Reliqua (12) pars lateris hujus servorum libertorumque usibus detinetur, plerisque tam mundis ut accipere hospites possint.*

*Ex alio (*) latere (13) cubiculum est politissimum, deinde vel (14) cubicu-*

voûtée, & dont les fenêtres suivent le cours du soleil. Il y a des armoires dans l'épaisseur du mur; elles forment comme une bibliotheque remplie de livres choisis, qu'on relit plusieurs fois avec plaisir. Une espece de (10) dortoir n'est separé de cette même chambre que par un (11) passage lambrissé de menuiserie, & vuide par-dessous pour temperer la chaleur qu'on y entretient, & la communiquer de part & d'autre. Tout le (12) reste de ce côté du logis est à l'usage de mes affranchis & de mes esclaves, & la plûpart d'une si grande propreté, que des amis pourroient y loger.

De l'autre côté (*) on trouve une fort belle (13) chambre, & ensuite une grande (14) chambre,

dans, quoique carrée & en forme de pavillon par dehors.

(12) Cette partie qui n'est point décrite en particulier, devoit être fort grande, & composée de quantité de differens lieux, à considerer le nombre de serviteurs

bre ou une sale à manger de grandeur mediocre, qui reçoit beaucoup de clarté du soleil & de la (a) mer. Il faut de là passer à une (15.) chambre particuliere accompagnée d'une piece qui lui sert (16) d'antichambre. La chambre est agréable durant l'Eté par son grand exhaussement; & en hyver, parce qu'elle est à couvert de tous les vents, & bien fermée. Il n'y a qu'un mur de cloison entre cette chambre, une autre (17) chambre, & la (18) piece qui sert d'antichambre à cette derniere.

Le

*cubiculum grande, vel modica cœnatio quæ plurimo (a) sole, plurimo mari lucet.*

*Post hanc (15) cubiculum cum (16) procœtone altitudine æstivum, munimentis hibernum. Est enim subductum omnibus ventis.*

*Huic cubiculo, (17) aliud & (18) procœton communi pariete junguntur.*

*Indè*

serviteurs & d'affranchis qu'un Consul Romain, tel que Pline, avoit pour se faire servir, pour entretenir ses bâtimens, pour cultiver ses jardins, & pour servir peut-être eux-mêmes d'un fonds considerable, par leur travail & par leur industrie, dans cette maison qui n'étoit pas d'un grand revenu, ainsi que nous l'observerons plus particulierement dans les remarques qui suivront cette description.

(*) Proche de la sale des festins.

(a) Ceci se doit entendre de l'étenduë de l'horizon qui est plus grande du côté de la mer.

(16) Procœton ou Προκοιτών en grec étoit chez les Anciens, le lieu où quelques serviteurs couchoient la nuit proche de leurs maitres.

(a)

*Indè balnei cella (19) frigidaria, spatiosa & effusa, cujus in contrariis parietibus duo (20) baptisteria velut ejecta sinuantur, abundè capacia si innare in proximo cogites (a).*

Le (19) salon frais de l'appartement des bains est ensuite. Ce salon a beaucoup d'étenduë; deux (20) baignoires y sont placées vis-à-vis l'une de l'autre, & s'elargissent de telle maniere en sortant hors des murs, qu'on peut, si l'on veut, y nager à l'entrée. (a) Il y a proche du même salon une (21) étuve pour se parfumer d'essences, & une (22) chambre un peu moins chaude que cette étuve. L'une & l'autre sont accompagnées de deux (23) sales plus agreables par leur belle disposition, que par leur somptuosité. Il y a une grande (24) baignoire d'eau chaude si avantageusement située, que ceux qui s'y baignent

*Adjacet unctuarium (21) hypocauston: adjacet (22) propnigeon balinei. Mox dua (23) cella magis elegantes quàm sumptuosa.*

*Cohæret calida (24) piscina mirificè, ex qua natantes mare*

(a) Quelques-uns ont mis cette ponctuation devant *si innare*, mais elle paroit convenir mieux en cet endroit.

(21) *Hypocauston* ou ὑποκαυστον en grec, signifie échauffé par dessous.

(22) *Propnigeon* ou Προπνίγεον en grec, designoit dans les anciens bains un lieu, qui se joignant à la petite chambre de l'étuve, participoit beaucoup de sa chaleur.

(24) Les anciens avoient dans leurs bains deux sortes

gnent, voyent la mer ; & non loin de là est un (25) Jeu de paûme exposé à la plus grande chaleur du soleil vers la fin du jour. Là s'éleve (*a*) un pavillon qui contient deux (26). (27) appartemens dans l'étage du rès de chaussée, deux appartemens semblables dans l'étage (*b*) haut, & au dessus de cet étage une terrasse où l'on va manger, & d'où l'on découvre une grande étenduë de mer & de rivage, & plusieurs belles maisons de campagne. Un autre (*a*) pavillon joint

*mare aspiciunt, nec procul (25) sphæristerium quod calidissimo soli, inclinato jam die, occurrit.*

*Hic* (a) *turris erigitur, sub qua diæta (26) (27) duæ, totidem in ipsa : præterea cœnatio, quæ latissimum mare, longissimum littus, amœnissimas villas prospicit.*

*Est & alia* (a) *tur-*

tes de baignoires : les unes appellées *Baptisteria*, étoient élevées hors de terre, & pouvoient être transportées d'un lieu à un autre. Et celles qu'ils nommoient du mot *Piscina*, étoient creusées en terre, & revétuës de pierre ou de marbre, de telle grandeur que l'on vouloit.

(25) *Sphæristerium* dérive du grec σφαιρίζειν qui signifie joüer avec une balle ou éteuf.

(26.) 27. *Diæta* ou Διαίτα en grec, signifie un logement composé d'une ou de plusieurs pieces, ainsi qu'on le fera remarquer plus particulierement dans la description de la maison de Toscane.

(a) Les Latins n'ont que le mot *Turris*, pour signifier ce que nous distinguons en François par les mots de Tour & de Pavillon, dont l'un convient aux Places fortifiées, & l'autre à des Palais tels que cette maison de Pline.

(b) Ces logemens à differens étages supposent

qu'il

*ris. In hac* (28) *cubiculum, in quo sol nascitur conditurque.*

*Lata post apotheca* (a) *& horreum.*

*Sub hoc* (29) *triclinium quod turbati maris non nisi fragorem & sonum patitur, eumque jam languidum ac desinentem.* (30) *Hortum &* (31) *gestationem videt, quâ hortus includitur.*

*Gestatio buxo aut rore marino, ubi deficit buxus, ambitur: nam Buxus quà parte defenditur tectis, abundè viret; aperto cælo, apertoque vento, & quamquam longinqua aspergine maris, inarescit.*

au précédent a dans le bas, une (28) chambre exposée au lever & au coucher du soleil. Au dessus de cette chambre il y a un (*a*) gardemeuble, & plus haut un grenier qui contient aussi le dessus d'une grande (29) sale de festins, située dans le bas du même pavillon à côté de la chambre. Cette sale n'a d'autre incommodité que le bruit de la mer, lorsqu'elle est émuë, & ce bruit même est fort affoibli par l'éloignement. La même sale a vûë sur le (30) jardin, & sur de grandes (31) allées dont il est environné.

Les allées sont bordées de buis ou de romarin dans les endroits où le buis ne peut pas se conserver

qu'il y avoit des escaliers pour y monter; & l'on juge ne pouvoir mieux placer ces escaliers qu'ils le sont sur le plan, où l'on peut dire qu'ils n'occupent que des places perduës proche des galeries qui environnent la petite cour ronde.

(a) *Apotheca* ou ἀποθήκη en grec, signifie un lieu où l'on garde quelque chose.

(31) *Gestatio* signifie des Allées où l'on se promene en chaise.

(32)

ver : car le buis devient & se conserve fort verd à l'ombre des édifices, mais il se seche quand il est trop exposé au ciel & au vent, quoique la mer ne peut que de fort loin y envoyer la bruine qui s'éleve de ses vages. Proche ces mêmes allées au dedans du jardin, il y a de la (32) vigne pour donner de l'ombrage, & il y fait si bon marcher, qu'on pourroit y aller nuds pieds. Quantité de meuriers & de figuiers remplissent ce même jardin, dont la terre est très-propre pour ces arbres, & fort mauvaise pour tous les autres.

*rescit.*

*Adjacet gestationi interiore circuitu (32) vinea tenera & umbrosa, nudisque etiam pedibus mollis & cedens. Hortum morus & ficus vestit, quarum arborum illa vel maximè ferax est terra, malignior cateris.*

Une (33) sale à manger joüit de cette vûë, qui n'est pas moins agreable que le seroit celle de la mer, dont elle est éloignée. Cette sale particuliere est environnée de deux (34. 35) apartemens, dont les fenêtres regardent sur la premiere (36) entrée de la maison, & sur un (37) jardin

*Hac non deteriore quàm maris facie (33) cœnatio remota à mari fruitur. Cinguntur (34. 35.) diatis duabus à tergo, quarum fenestris subjacet (36.) vestibulum villa & (37) hortus alius pinguis & rusticus.* (a)

*Hinc*

(32) Cette vigne ne devoit être autre chose que des berceaux bien couverts & bien sablez par dessous, pour s'y promener plus agréablement à pied.

(*a*) Le mot *hinc* doit, en cet endroit, s'expliquer de deçà, par rapport à la salle des festins, d'où Pline regar-

*Hinc (38) cryptoporticus prope publici operis instar extenditur. Utrinque fenestræ à mari plures, ab horto singulæ, & altiùs pauciores. Hæ, quum serenus dies & immotus, omnes; quum hinc vel indè ventus inquietus, quâ venti quiescunt, sine injuria patent. Ante crytoporticum (39) xystus violis odoratus. Teporem solis infusi repercussu cryptoporticus auget, quæ ut tenet solem sic aquilonem inhibet, submovetque. Quantùmque caloris*

jardin potager fort fertile. C'est de deçà qu'une (38) galerie fermée, qui tient de la grandeur des ouvrages publics, s'étend assez loin. Il y a des fenêtres de part & d'autre, mais une plus grande quantité du côté de la mer que sur le jardin, & un moindre nombre en haut qu'en bas. On les ouvre toutes quand il fait beau, & que l'air est tranquille; & lorsqu'il est trop agité, on en ouvre du côté qu'il ne fait point de vent. Un (39) xyste, ou lieu d'exercice tout parfumé de violettes, est au-devant de cette galerie, qui sert par sa reverbera-

regarde & décrit les jardins de sa maison, & non pas par rapport au petit corps de logis separé, auquel il est impossible d'attacher la galerie fermée, & de conserver en même-tems, à cette galerie & au petit corps de logis, toutes les expositions & toutes les vûës que Pline leur donne On ne peut même ôter la vûë de la mer au petit corps de logis, qu'en opposant à ce bâtiment, du côté de la mer, la galerie, qui, en toute autre situation que celle où on l'a voit sur le plan, ne pourroit separer le xyste des autres grands jardins, de la maniere que Pline le marque dans la suite.

(38) *Cryptoporticus* dérive du mot Grec κρύπτω, *cacher, fermer.*

(39) Pline employe ici le mot de *Xystus* d'une autre maniere que les Commentateurs de Vitruve ne l'ont

beration, à y augmenter l'ardeur du soleil. Elle garentit en même-tems le xyste des vents froids ; & autant qu'elle entretient devant elle de chaleur, autant elle donne de fraîcheur par derriere. Elle retient le vent *Africus*, & les vents opposez qu'elle rompt ou qu'elle arrête d'un ou d'autre côté. Voilà l'agrément qu'on y trouve durant l'hiver ; mais on en tire un avantage plus considerable pendant l'Eté. Car cette galerie porte ombre sur le xyste jusqu'à midi ; & après midi, sur les allées & sur les autres endroits du grand jardin, qui en sont les plus proches ; de sorte que son ombre s'allonge ou s'accourcit de côté ou d'autre, à mesure que

*caloris ante, tantùm retrò frigoris. Similiter Africum sistit ; atque ita diversissimos ventos alium alio à latere frangit & finit. Hæc jucunditas ejus hyeme, major, æstate. Nam ante meridiem, xystum ; post meridiem, gestationis, hortique proximam partem umbrâ suâ temperat : quæ ut dies crevit, decrevitque, modò brevior, modò longior hàc vel illàc cadit. Ipsa verò cryptoporticus tunc maximè caret sole, quum ardentissimus culmini ejus insistit. Ad hoc patentibus fenestris favonios accipit, transmittitque : nec unquam aëre pigro &*

l'ont interpreté dans la distinction qu'ils font de *xystus* & de *xystum*. Ils disent que le premier servoit à désigner de grandes galeries, ou publiques, ou particulieres, mais fort bien bâties, où l'on se promonoit à couvert, & qui servoit de lieux d'exercice pour la jeunesse. Au contraire ce mot *xystus* exprime ici une espece de jardin ou parterre propre à s'y promener, & à s'y exercer le corps par la lutte & par d'autres exercices en usage parmi les Anciens, au lieu que

*& manente ingravescit.*

que le jour croit ou diminuë : cependant la galerie n'a jamais moins de soleil que lorsqu'il est plus élevé au-dessus du faîte, & que sa chaleur a plus de force : joint à cela que quand les fenêtres sont ouvertes, il y passe toûjours un air fort agréable qui se renouvelle, & s'agite incessamment.

*In capite xisti deinceps cryptoporticus, horti (48) diata* (a) *est, amores mei : re verâ amores ipse posui.*

*In hac (40) heliocaminus quidem, alia xystum, alia mare, utraque solem : (41) cubiculum autem valvis, cryptoporticum fenestrâ prospicit. Quâ mare contra parietem*

A l'une des extremitez du xyste, & au bout de la galerie, l'on trouve (*a*) le logement du jardin. Je nomme ce logement, *mes amours* ; car je l'aime veritablement, puisque c'est moi-même qui l'ai fait faire. Il y a d'abord un (40) salon fort échauffé par l'ardeur du soleil. Il a vûë d'un côté sur le xyste, & de l'autre côté vers la mer, & il est exposé au soleil de ces deux côtez. Quelques unes de ses fenêtres font découvrir, par dehors, la galerie ; & des portes opposées à ces fenêtres, donnent entrée

que les Commentateurs de Vitruve donnent le nom de *xystum* à de pareils jardins ou promenoirs.

(*a*) Il paroit évidemment, par la suite du discours, que le mot *Diata* signifie ici un logement composé de plusieurs pieces.

(40) *Heliocaminus*, composé du mot Grec ἥλιος, qui signifie, *le Soleil*, & de cet autre mot Grec, κάμινος, *une*

entrée dans une (41) chambre. Un (42) cabinet particulier couvre cette chambre du côté de la mer, mais de maniere que par des portes vitrées & par des rideaux qu'on ouvre & que l'on ferme quand on veut, tantôt le cabinet ne fait qu'une seule piece avec la chambre, tantôt ce sont deux pieces separées, & alors il n'y a place dans le cabinet que pour un (*b*) lit & deux (*c*) sieges. L'on y découvre d'un côté vers le pied du lit, la mer; du côté que le lit est adossé, les maisons voisines; & vers le chevet, les forêts des environs: de sorte qu'il y a autant de vûës differentes que de fenêtres, & toutes ces vûës s'unissent & se partagent comme l'on veut. Proche de la chambre precedente

*tem medium* (42) *diata perquàm eleganter recedit: quæ specularibus & velis obductis, reductisve, modò adjicitur cubiculo, modò aufertur.* (b) *Lectum & duas* (c) *cathedras capit.*

*A pedibus mare, à tergo villa, à capite sylva: tot facies locorum, totidem fenestris, & distinguit, & miscet.*

*Junc-*

*une fournaise*, exprime proprement un lieu échauffé par le Soleil, comme il est encore aisé de juger par les differentes expositions de cette premiere piece du logement du jardin.

(42) Il y a dans quelques Editions *zotheca*, au au lieu de *Diæta*. L'un & l'autre signifient un cabinet, & cet usage si different du mot *Diæta*, sera plus particulierement marqué dans la description de la Maison de Toscane.

(*b*) (*c*) C'étoit apparemment un lit de repos adossé de son long contre le trumeau de la croisée, & semblable, peut-être, à ceux que l'on nomme aujourd'hui *des Canapés*, dont le modele a été pris sur des lits representez dans des bas-reliefs antiques.

(44) Pline

*Junctum est* (43) *cubiculum noctis & somni.*

*Non illud voces servulorum, non maris murmur, non tempestatum motus, non fulgurum lumen, ac ne diem quidem sentit, nisi fenestris apertis. Tam alti, abditique secreti illa ratio, quod interjacens* (44) *andron parietem cubiculi, hortique distinguit, atque ita omnem sonum mediâ inanitate consumit. Applicitum est cubiculo* (45) *hypocaustum perexiguum, quod angustâ fenestrâ suppositum calorem, ut ratio exigit, aut effundit, aut retinet.* (46) *Procœton inde &* (47) *cubiculum porrigitur in solem: quem*

cedente il y en a (43) une pour coucher la nuit, & pour y dormir plus en repos. On n'y entend point la voix, ni le bruit des jeunes esclaves, ni l'agitation de la mer, des vents & des orages: l'on n'y apperçoit pas les éclairs, ni même la clarté du jour, si l'on n'ouvre les fenêtres. Et ce qui fait que ce lieu est si calme & caché, c'est qu'entre la muraille de la chambre & celle du jardin, il y a une (44) cour, où il n'entre que des hommes; & cette cour, par un espace assez grand, dissipe tout le bruit qu'on pourroit faire au dehors. J'ai fait joindre une petite (45) étuve à la chambre, où, par une ouverture, l'on fait entrer autant de chaleur qu'il est necessaire. Enfin, l'on trouve une (46) antichambre & une (47) chambre fort exposée

(44) Pline fait assez connoître que ce lieu destiné pour les hommes, avoit de la ressemblance à une cour que Vitruve décrit sous le nom d'*Andronides*, & qui étoit environnée de galeries très-propres ici à diminuer encore davantage le bruit de dehors.

(*a*) On

ſée au ſoleil, qu'elle reçoit depuis ſon lever juſqu'au midi, quoiqu'obliquement.

Quand je me retire dans le logement du jardin, il me ſouvient être hors de ma maiſon. Je m'y plais particulierement au tems des Saturnales, pendant que tout le reſte de mon logis retentit du bruit qui s'y fait dans ces jours de licence & de fêtes; car alors je n'ôte point à mes gens la liberté de ſe divertir, & leurs jeux ne m'empêchent point de m'appliquer à mes études accoûtumées.

Après tant de commoditez & tant d'avantages agreables, il manque à ma maiſon des eaux jailliſſantes; mais j'ai pluſieurs puits, ou plûtôt des fontaines, y ayant très-peu de profondeur juſqu'à l'eau: & la nature de ce rivage eſt ſi avantageuſe, qu'en quelque endroit qu'on remuë la terre, il s'y trouve d'une eau très-agreable, & qui n'a nul goût de celle de

*quem orientem ſtatim exceptum, ultra meridiem, obliquum quidem, ſed tamen ſervat*

*In hanc ego diætam quum me recipio, abeſſe mihi etiam à villa mea videor: magnamque ejus voluptatem præcipuè Saturnalibus capio, quum reliqua pars tecti licentiâ dierum, feſtiſque clamoribus perſonat. Nam nec ipſe meorum luſibus, nec illi ſtudiis meis obſtrepunt.*

*Hæc utilitas, hæc amænitas, deficitur aquâ ſalienti, ſed puteos* (49) *ac potius fontes habet. Sunt enim in ſummo: omninò littoris illius mira natura: quocumque loco moveris humum, obvius & paratus humor occurrit, iſque ſincerus ac ne leviter quidem tantâ maris vicinitate falſus. Suggerunt vunt affatim ligna proxima sylvæ ; cæteras copias Ostiensis colonia ministrat.*

de la mer, quoiqu'elle soit si proche. Les forêts voisines fournissent du bois abondamment, & l'on trouve à Ostie tout ce qui est necessaire pour vivre.

*Frugi quidem homini sufficit etiam vicus, quem una villa discernit.*

Un homme un peu sobre se contenteroit même de ce qui se rencontre dans un village, qui n'est separé de ma maison que par une maison voisine.

*In hoc balinea* (a) *meritoria tria : magna cummoditas, si fortè balineum domi vel subitus adventus, vel brevior mora calefacere dissuadeat.*

Il y a trois (*a*) bains publics dans le village ; ce qui est commode lorsqu'une arrivée imprévûë ou un départ précipité empêchent d'échauffer les bains du logis,

*Littus ornant varietate gratissima, nunc continua, nunc intermissa tecta villarum, quæ præstant multarum urbium faciem, sive ipso mari, sive ipso littore utare ; quod nonnumquam longa tranquillitas mollit, sæpiùs frequens & contrarius fluctus indurat.*

Le rivage est orné avec une agréable varieté par les bâtimens des maisons de campagne, les uns joints ensemble, & d'autres separez ; ce qui a l'apparence de plusieurs Villes, soit qu'on regarde ces édifices de dessus la mer, ou qu'on les considere du bord du rivage. Le calme regne ici quelque fois ; mais on est plus souvent

(*a*) On se baignoit dans les bains publics à prix d'argent ; ce que le mot *meritoria* signifie.

vent incommodé de l'agitation des vagues & des flots. Il est vrai que cette mer ne fournit pas abondamment les poissons les plus exquis. Elle donne neanmoins des soles & des squiles excellentes. Ma maison est plus fertile que celles qui sont plus avant en terre ferme, sur tout pour le laitage ; car tous les troupeaux s'y rassemblent au sortir des paturages pour chercher de l'eau & du couvert. Trouvez-vous que je n'aye pas raison d'aimer ce sejour, d'y venir souvent & de m'attacher, comme je fais, à le cultiver ? Vous avez vous-même trop de passion pour la ville, si vous n'enviez pas le bonheur dont je joüis. Je souhaite que vous vouliez venir, afin qu'honorant ma maison de votre presence, vous acheviez de rendre recommandable tout ce qu'elle a d'agréable & d'avantageux. Adieu.

*durat. Mare non sane pretiosis piscibus abundat: soleas tamen & squillas optimas suggerit.*

*Villa verò nostra etiam mediterraneas copias præstat, lac in primis. Nam illùc è pascuis pecora conveniunt, si quandò aquam umbramque sectantur. Justisne de causis eum tibi videor incolere, inhabitare, diligere secessum? Quem tu nimis urbanus es, nisi concupiscis; atque utinam concupiscas, ut tot tantisque dotibus villula nostra maxima commendatio ex tuo contubernio accedat. Vale.*

## *REMARQUES.*

POUR ne rien laisser à desirer de ce que Pline a dit de sa maison du Laurentin, il faut remarquer ce qu'il ajoûte à ce sujet dans quelques-unes de ses autres lettres, où l'on apprend les avantages dont il joüissoit en cette Maison, & la maniere dont il y vivoit.

(a) Il oppose à la vie dissipée de Rome le recueïllement & le loisir, qu'il trouvoit au Laurentin, le plaisir qu'il s'y donnoit par des exercices necessaires pour la santé, par des études propres à cultiver l'esprit, & par les occupations les plus utiles, les plus agréables, & qui remplissent mieux à la campagne tous les momens d'une vie douce & innocente. C'est au Laurentin, dit Pline, que je n'entens & que je ne dis rien, dont je puisse me repentir. Personne ne m'y fait des discours fâcheux, & je n'ai à y reprendre personne que moi-même, lorsque j'écris ou que je compose. L'esperance, la crainte, ni aucunes rumeurs ne viennent me troubler, & j'ai tout le loisir de m'entretenir avec moi-même & avec mes livres. Quelle vie, ajoûte-t-il, est plus libre & plus innocente? Quel repos est plus doux & plus honnête? A peine le soin des plus importantes affaires est-il comparable à ce repos. La mer, le rivage, un pro-

(a) Lib. 1. Epist. 9.

profond silence & un vrai secret propre aux exercices des Muses, me suggerent & me dictent, pour ainsi dire, la matiere de plusieurs discours.

(a) Pline marque dans deux autres lettres que le Laurentin n'avoit que des bâtimens, des jardins & les sables de la mer, sans aucune terre labourable : mais qu'il regardoit comme un revenu considerable dans cette maison, la commodité d'y mieux étudier qu'ailleurs, & l'avantage d'y montrer un cabinet rempli de ses compositions & de ses écrits, ainsi qu'en d'autres maisons on fait voir les greniers pleins des recoltes abondantes que les grandes terres produisent.

Il est encore à observer, selon ce que Pline dit (b) lui-même, qu'il alloit au Laurentin en hyver & dans le printems, & qu'il passoit une partie de l'Eté & de l'Autonne dans sa Maison de Toscane.

La description que nous raporterons de cette derniere maison, & les remarques qui y seront ajoûtées, acheveront de faire comprendre, par raport à la maniere dont Pline vivoit, l'art & le soin particulier qu'il employoit à se bien loger selon les usages qui s'observoient de son tems en Italie.

Aprés

(a) Lib. 4. Epist. 6. Lib. 5. Epist. 2.

(b) Lib. 9. Epist. 36. & 40.

APrès tout ce que nous avons dit du Laurentin, nous pourrions laisser à voir dans les écrits de Scamozzi une autre description, & des desseins particuliers qu'il a faits de la même maison de campagne de Pline le Consul : mais comme il n'y a guéres que les Architectes qui connoissent le livre de cet Auteur moderne d'architecture, je ne doute point qu'on ne soit bien aise de trouver ici, sans chercher ailleurs, une copie, & en même tems une traduction de tout le Chapître où il a donné cette description & ces desseins. Son discours est diffus & rempli d'éruditions peu exactes: & son stile, ainsi que sa diction Italiene, n'a pas beaucoup de politesse ni de pureté. Il fait cependant de très-bonnes observations touchant les maisons de campagne en general. Pour la description du Laurentin, quoique Scamozzi promette d'abord de se conformer à ce que Pline en a écrit dans sa lettre adressée à Gallus; la suite & la fin du discours, aussi-bien que les desseins qui y sont joints, font connoître qu'il s'est peu assujetti au sens de son Auteur. C'est ce qu'il faut particulierement considerer : & parce que je ne doute point qu'on ne trouve à redire qu'il prescrive des proportions par des nombres d'espaces qui ne sont pas marquez dans la lettre de Pline, je dirai à cette oc-

occasion

casion que ç'a été pour ne pas tomber en un pareil inconvenient que sur les plans precedens que nous avons donnez, il n'y a ni échelles ni mesures cottées.

Ceux neanmoins qui connoissent qu'on ne peut pas travailler avec quelque intelligence à aucun dessein de bâtimens sans s'y proposer certaines mesures, apprendroient ici que selon l'échelle dont je me suis servi, les édifices du Laurentin, en comprenant la cour des hommes marquée (44) sur le premier plan, & les logemens des affranchis & des esclaves marquez (12) sur le même plan, contiennent d'un bout à l'autre environ cent soixante-dix toises d'étenduë, & qu'ils auroient jusqu'à deux cent quarante toises, si la partie des logemens des esclaves & des affranchis s'étendoit aussi loin que la partie opposée; & s'ils faisoient ensemble une simétrie parfaite. Les mêmes édifices, compris le portique de l'entrée & la sale des festins qui s'avance du côté de la mer, ont soixante-six toises dans cette étenduë. La sale des festins a dix à onze toises de longueur sur un peu plus de six toises de largeur. La grande Cour qui est proche, a trente toises sur vingt-quatre, & la petite cour ronde a douze toises de diamétre. La galerie que Pline compare par sa grandeur aux édifices publics, est longue de quarante-cinq toises, & large de cinq. Une sale de festins qui est proche a douze toises sur huit. Une grande chambre à côté de cette sale sur la même longueur de douze toises, a environ six toises de large, ainsi que le jeu de paûme. On pourra juger des autres mesures par les precedentes, & principalement par le moyen de celle de la petite cour ronde qui a précisément douze toises de diamétre, comme nous l'avons remarqué. Le logement contenu dans la seconde planche, est dessiné suivant la même échelle que tout le plan de la premiere planche, en sorte que ces deux planches peuvent, si l'on veut, être jointes l'une à l'autre, comme le chiffre (30.) marqué sur toutes les deux le fera connoître, & comme on le verra encore mieux par la troisiéme planche qui contient un dessein general des bâtimens & des jardins du Laurentin.

Voici maintenant la description & les desseins qui ont été tirez du livre d'architecture de Scamozzi.

# LA DESCRIPTION

## ET LES DESSEINS

## QUE SCAMOZZI A DONNEZ

# DU LAURENTIN,

Dans son Traité d'Architecture intitulé,

*L'Idea dell' Architettura Universale.*

| LIVRE TROISIÉME. | LIBRO TERSO. |
| --- | --- |
| CE qu'il y a de loüable & de commode dans les maisons que l'on construit hors des Villes ; les differentes especes de ces bâtimens : le Laurentin de Pline ; & les situations qu l'on doit choisir pour de semblables édifices. | *DElle lodi, e comodità delle fabriche suburbane : e de' loro generi : e del Laurentino di Plinio Cecilio : e della elecione de' siti per esse.* |
| CHAPITRE XII. | CAPO XII. |
| COlumelle a observé que le nom de *Villa Urbana* se doit donner à des maisons que de riches Seigneurs habitent à la campagne pour s'y promener, & pour y prendre leur plaisir. C'est pourquoi | *COlumella diceva che la Villa Urbana, s'intende quella dove habita il padrone, mentre che gli sta in villa e per diporto, e piacere : e però ella si deve edifi-* |

*edificare nobilmente & alla grande: e quasi di bellezza & elleganza simile a quelle della citta, come afferma in gran parte anco Vitruvio. Gli edifici in villa furono anco usati da gli antichi, sino appresso a' Lidi, & a' Milesi (come dice Herodoto, & altri onde furono infiniti gli edifici, che fecero gli antichi Romani intorno a Roma: come a Tivoli, a Preneste, nel Pompeiano, nel Tuscolano, nel Laurentino, nel Formiano, a Linterno, nel Cumano, nel Baiano, intorno al lago Lucrino, a Miseno, a Pozzoli appresso a Napoli, e tanti altri: ove sino hoggi di apparono grandissime vestiggi e tutto cio facevano per delicie, e piacere dell' animo & per ricever sanita del corpo.*

quoi ces maisons doivent être construites avec beaucoup de noblesse & de grandeur, & même avec presque autant de beauté & d'élegance que celles que l'on bâtit à la Ville; ce qui est assez conforme au sentiment de Vitruve. Herodote & plusieurs autres Auteurs ont remarqué que les maisons de campagne étoient en usage dès le tems des Lydiens & des Milesiens. De là vient que les anciens Romains ont fait quantité de ces édifices aux environs de Rome, comme à Tivoli, proche la maison de Pompée, du côté de *Tusculum*, du côté de *Laurentum*, à *Formianum*, à *Linternum*, à Cumes, à Bayes, autour du lac Lucrin, à Misene, à Pozzole, auprès de Naples, & en tant d'autres lieux où l'on voit encore aujourd'hui plusieurs vestiges considerables de ces grands ouvrages que les Romains ont fait construire à plaisir pour s'y récréer l'esprit, & pour joüir d'une meilleure santé.

*Dice* Sa-

Saluste dit que Ciceron fit faire des bâtimens très-somptueux dans son *Tusculanum*, & à la maison de Pompée : mais quelle magnificence Lucius Lucullus, Silla & tant d'autres Romains n'ont-ils point montrée, ainsi que je l'ai déja fait voir ? Car ce dernier, comme le remarque Appien d'Alexandrie, se retira au tems de sa plus grande fortune pour joüir d'une vie privée, dans les maisons qu'il avoit sur le territoire de Cumes. Et à ce sujet l'on rapporte qu'Auguste même prenoit plaisir à aller hors de Rome dans les maisons de campagne de quelques-uns de ses affranchis, ou dans la Campanie à de petites isles & écuëils qui sont en mer de ce côté. Il alloit aussi proche de la ville de *Lanuvium*, souvent à *Preneste* & à *Tivoli*, où il s'entretenoit avec ses amis, & donnoit ses audiences publiques dans le Temple d'Hercule. Le même Prince, lorsqu'il revenoit en convalescen-

*Dice Salustio che Cicerone fabrico molto sontuosamente nel Tusculano, e nel Pompeiano : ma che cosa non fece Lucio Luculllo, e Silla, e tanti altri ? Come si e dimostrato : perche costui nel colmo della sua felicita, come dice Appiano Alessandrino, si retiro nel Cumano ad una vita privata. A questo proposito leggiamo, che il grande Augusto si diletto molto di andare fuori della citta ne' Suburbani di qualche liberto, & alle volte in campania in quelle Isolette, e scogli di mare ; o presso alla citta di Lanuvio, e molte volte a Preneste ; & a Tivoli dove ascoltava gli amici, e rendeva ragione nel Tempio d'Hercole : E talhor essendo convalescente di qualche indispositione si trasferiva dentro di Roma ne' luoghi delitio-*

*si di Mecenate suo tanto domestico famigliare, e perche erano alla larga.*

ce après quelque indisposition, alloit, sans sortir de Rome, dans les jardins délicieux de Mecenas, avec lequel il vi·oit plus familierement & en plus grande liberté qu'avec tout autre.

*Noi Lodiamo Molto l'habitar della casa suburbana, & in villa non molto scosta dalla citta; ma tanto comoda, che ispediti delle facende vi si possi andare senza noia, ne rincrescimento; cosi per il mutar dell' aria, laquale conferisce alla illarita dell' animo, come per la sanita del corpo.*

Nous approuvons donc beaucoup que l'on ait une maison à la campagne, qui ne soit pas fort éloignée de la Ville; mais à une distance si commode, qu'on y puisse aller sans peine & sans chagrin, après avoir fini ses affaires, & cela pour changer d'air, ce qui réjoüit l'esprit, & donne de la santé au corps.

*Et ancora perche rende utilita grandissima a' proprii padroni, il vedere souente le cose loro della villa; onde per mezo dell' industria del far lavorare i terreni, l'huomo puo molto giustamente arrichire, come si e veduto in molti a nostri tempi: la qual cosa non si*

Il est aussi très-avantageux au Maître d'une maison de campagne, de voir souvent ce qui s'y passe, pour donner ordre de labourer & de façonner les terres, d'où l'homme peut tirer avec beaucoup de justice de grandes richesses par son industrie, comme nous voyons arriver de notre tems: ce qui ne se peut faire,

faire, si l'on n'a pas les bâtimens & toutes les commoditez convenables.

*si potrebbe fare, se non havessero, e fabriche, e comodita convenevoli al stato loro.*

Il me paroît aussi que la maison de campagne est un sejour plus agreable que celui des maisons de ville : peut-être parce qu'on y voit des colines, des montagnes, des vallées & des champs plantez d'arbres, & enrichis d'une grande varieté de fleurs & de fruits que la nature y produit.

*La casa di villa secondo il parer nostro diletta, e conferisce molto piu per stanza, che non fa quella della citta : forsi per che si veggono i colli, & i monti, e le valli, e le campagne adornate di piante, e fronzuti alberi, e fiori, e frutti produtti della natura, con tanta varieta.*

Car ce sont là les objets dont notre esprit peut mieux se contenter, comme des effets qui proviennent d'une cause éternelle ; au contraire dans les maisons des villes, on ne voit rien qui ne soit fait par art & par le ministere des hommes, ce qui est l'effet d'une cause moins noble & moins propre par consequent à nous satisfaire, & encore plus difficilement à contenter notre esprit.

*I quali sono oggetti, che possono molto meglio contentare l'animo nostro : come effetti che procedono da cause eterne, & all'incontro nella citta si rappresentano tutte le cose fatte con arte, e magistero de gli huomini : onde vengono ad esser effetti di cause molto men nobili ; e pero a ragione non possono contentare noi stessi e molto meno l'anima nostra.*

A la campagne on n'a point

*Nella villa siamo moll-*

*molto piu liberi dalle molestie, che apporta la multiplicita delle facende, o publiche, o private, lequali sogliono per lo piu contrariare la tranquilita del corpo, e dell' animo nostro essendo nella cita, e tanto piu succede, dato lo stato eguale della persona.*

point les chagrins causez par la multiplicité des affaires publiques ou particulieres, qui font perdre ordinairement à la Ville la tranquillité de l'esprit & le repos du corps, & l'on joüit d'autant mieux à la campagne, de l'égalité de vie.

*Nella villa vi e sempre l'aria piu sana, & anco per consequenza tutti i cibi sono migliori, e di maggior nutrimento: onde tutto il corpo si alimenta, e nutrisce, e conserva molto piu sano, e robusto; facendo pero quel mediocre esercitio, che si conviene.*

L'on y a un air plus sein, des fruits meilleurs & plus nourrissans, & le corps s'y conserve avec plus de santé & de force, en faisant autant d'exercice qu'il convient.

*Ne' suburbani; & ville al tempo dell' estate l'aëre per natura vi e molto piu aperto, e libero, & anco piu fresco, e puro: e si puo render tale con le vedute de boschetti, e di fronzuti alberi, e verdure*

En Été même l'on joüit hors des Villes d'un air naturellement plus libre, plus ouvert, plus frais & plus pur, & la douceur s'en augmente par la vûë & la proximité des bois, des arbres & des prez semez de fleurs, par le courant tant des plus claires eaux, par des fontaines jaillissantes, & enfin par l'air agréable qui sort des ouvertures & des gorges des vallées les plus étroites.

Au contraire, dans les Villes qu'on habite davantage, l'air étant renfermé dans les ruës, est chaud & étouffé, à cause des reflets que les murs & les maisons voisines font incessamment : outre qu'on a les mauvaises odeurs que la multitude du peuple produit, ce qui infecte l'air, & le rend fort nuisible aux corps.

Entre un nombre presque infini de maisons de campagne des anciens, il faut parler de celles que Pline, neveu de Pline l'historien, & qui vivoit sous l'Empire de Trajan, vers la centiéme année de notre salut, avoit à *Tusculum*, à *Tibur* & à *Preneste*, outre celles qu'il possedoit aux environs du Lac de Come.

Il estime particulierement

ment

*re di fioriti prati, e per il corso delle limpide acque, e spruzzi delle fonti: & anco per l'aere, che viene dalle bocche di strette vallicelle.*

*Onde nelle citta, e nell' habitato frequente, l'aere e molto chiuso fra le strade e caldo e soffocato per i restessi delle mura e delle case vicine: oltre a' mali odori che arreca una popolatione, di modo, che egli prende altre qualita peggiori, e molto nocive a' corpi.*

*Fra' le ville, che furono quasi senza numero de gli antichi, parlando di quelle c'haveva Plinio Cecilio nipote di Plinio maggiore (il quale fiori sotto Trajano nell' anno 100. della nostra salute) e nel Tusculano, e nel Tiburtino, e nel Prenestino (oltre al Lago di Como.)*

*Egli lodo molto piu*

*disse*

*delle altre la sua Laurentina posta nel Latio, tra ostia, & Antio à longo al mare Thirreno; così per la opportunita del luogo, e per la vicinita dello andarui, e la temperie dell' aria; come anco perche godeva della vista del mare, e delle pianure, e delle selue, e del prati, e del monti della terra.*

ment de toutes ces maisons celle du Laurentin qui étoit située dans le *Latium* entre Ostie & *Antium* sur le bord de la mer Tyrrhene, tant pour l'avantage du lieu & sa proximité qui donnoit moyen d'y aller & d'en revenir facilement, que pour l'air temperé qu'on y respiroit, & pour la vûë de la mer, de la campagne, des bois, des prez & des montagnes voisines.

*E XVII. migliu scosta da Roma; di modo che comodamente si poteva andare ad essa, o per la via Laurentina, o per la ostiense, che l'una, & l'altra s'estende vano al mare.*

Elle n'étoit éloignée que de dix-sept milles de Rome; de sorte qu'on pouvoit y aller fort commodément par les chemins de *Laurentum* & d'Ostie, qui conduisoient tous les deux vers la mer.

*Per quello, che potiamo cavare dalla sua epistola a Gallo, che incomincia,* mirâris cur me Laurentinum, *qaesta casa era molto capace, e composta de varie parti, come atrio, corte rotonda, cavedio,*

Selon ce que nous avons pû apprendre par la Lettre que Pline écrit à Gallus, & qui commence ainsi: *Miraris cur me Laurentinum, &c.* cette maison étoit fort grande, & composée de diverses parties, comme d'un *Atrium*, d'une cour ronde, de, d'un *Cavadium*, & d'un *Triclinium*, tous à la suite les uns des autres. La figure du Laurentin étoit quadrangulaire, ayant en longueur environ deux fois & demie sa largeur.

Mais parce que plusieurs personnes d'esprit souhaitent en avoir un dessein, & qu'on peut par ce moyen donner beaucoup d'instruction pour la connoissance de ce qui convient dans les maisons de campagne, afin d'y faire des logemens convenables pour ceux qui en sont les maîtres, nous tâcherons autant que nous pourrons, de décrire le Laurentin partie par partie, & avec plus d'ordre que Pline ne l'a fait.

Nous le distribuërons tout par des espaces égaux, comme s'il y avoit eu des colonnes, donnant à chaque espace dix ou douze de nos pieds Vicentins, dans lesquels espaces nous entendons qu'il puisse y avoir quelque passage & ouverture.

La

*dio, e triclinio; tutte l'una dietro all' altra: La sua forma tenera del quadrangolo, e quasi due volte e meza piu lunga della sua larghezza.*

*E perche da molti belli ingegni stata assai desiderata la sua forma, & anco perche da essa potiamo cavare non pochi documenti; per le case suburbane, e di villa per l'habitar nobilmente i padroni; pero cercaremo (per quanto s'estendono le forze nostre) di descriverla a parte a parte e piu ordinatamente di quello che face l'autore.*

*E osservaremo di far questo con spacii uguali come se vi fussero compartite colonne: assegnando per ogni spacio 10. in 12. piedi de nostri, fra quali intendiamo, che vi possi essel qualche transito, o apriture.*

*Pri-*

*Prima l'entrata di questa causa guardava a tramontana, perche così ricercava il sito, il lato destro a levante, ove erano horti deliciosi; il sinistro a ponente, dove erano gli horti rusticani, e governo della villa; poi a mezodi, e verso al mare era l'aspetto piu riguardevole d'essa. All' entrare haveva un atrio, all' uso della villa, for si con le gronde; ma non sordido: longo 5 spacii e largo 7. ove si vede che non sempre gl' atrii si facevano nella parte di dietro; ma quando in quella parte vi habitava il padrone, come debbiamo sanamente intendere Vitruvio.*

La premiere entrée de cette maison regardoit le septentrion, à cause que l'exposition & la situation du lieu le demandoit ainsi : le côté droit étoit exposé au levant, où il y avoit des jardins faits pour le plaisir : le côté gauche au couchant, où les jardins potagers, & tout ce qui est necessaire à l'entretien ou gouvernement d'une maison de campagne se trouvoit : puis au midi & vers la mer étoit l'aspect le plus considerable de la maison. Il y avoit à l'entrée un *atrium* propre pour une maison de campagne, peut-être avec des goutieres ou des égouts, mais qui n'avoit rien de mal propre, & qui contenoit cinq espaces de longueur & sept de largeur, ainsi l'on voit que l'*atrium* n'étoit situé au derriere des maisons, sque lorsque le Ma[illegible] de la maison logeoit de ce côté, comme nous devons l'entendre dans Vitruve.

*Piu a dentro dell' atrio, era una corte de*

Plus avant au delà de l'*atrium*, il y avoit une cour

cour ronde qui n'étoit pas fort grande, mais dont les murs étoient fort hauts, & les fenêtres fermées de vitrages faits de pierres transparentes. Cette cour pouvoit avoir environ 9 espaces de diametre, & les arcades des portiques qui l'environnent, chacune une espace : & dans chacune des quatre encoignures des murs, nous avons fait un escalier pour monter en haut, y ayant en cette même cour deux chambres de commodité, & quatre issuës.

*di forma rotonda di non molta ampiezza, e le mura di molta altezza, e con le fenestre di pietre transparenti : La quale poteva esser di diametro di 9. spatii. e con i portici tutto all' intorno larghi un spacio, e ne gli angoli delle mura facciamo alcune gran scale, che conducono di sopra, e due stanze per comodita, e le uscite da quatro parti.*

Des portiques dont on a parlé, il falloit passer dans le *Cavadium*, ou cour découverte, longue d'onze espaces, & large de sept. Il est à croire que cette cour étoit ornée de colonnes ou de pilastres à l'entour. Encore plus avant on trouvoit un vestibule que Pline appelle *Procœton*, & qui a deux espaces de largeur ; & voilà ce qui regarde le corps principal de la maison.

*Poi da questo portico si passava nel cavedio (o corte scoperta) lungo XI. spacii e largo VII. il quale e da creder, che fusse ornato di colonne o pilastri all' intorno : e piu oltre facciamo un vestibulo, che egli chiama procetone, largo due spacii, e questo e quanto al corpo principale.*

Mais plus loin il y avoit en

*Ma piu all' infuori*

*ri era un bellissimo Triclinio estivo peninsolato longo 4. spacii, e largo 3. Il quale s'estendeva tant' oltre, che piace volmente poteva esser bagnato dall' onde del mare, di mezodi, e tutto all' intorno i lati, nel quale erano le fenestre valuate, cioe come si dee intendere Vitruvio sino a terra, la dove si havevano le vedute del mare, e dal lato di levante, & di mezodi, & anco da ponente.*

en dehors un fort beau *Triclinium* d'Eté, presque isolé, long de quatre espaces, & large de trois, & qui s'étendoit de telle sorte, qu'il pouvoit être fort agreablement lavé au pied par les vagues de la mer, à son extremité vers le Midi, & par ses deux côtez ; il a de toutes parts des fenêtres grandes comme des portes, c'est à-dire, ouvertes jusqu'en bas, comme on doit entendre dans Vitruve les mots de *fenestra valvata*, & ces fenêtres donnoient toutes de la vûë sur la mer, tant du côté du levant, que du midi & du couchant.

*Piu qua del Triclinio, a parte sinistra del vestibulo era un braccio di 5. spacii di due stanze vernali, ch' avevano lume a mezodi: a levante, e parte a tramontana nel cavedio.*

En deçà du *Triclinium*, à côté gauche du vestibule, il y avoit dans l'une des parties du bâtiment de l'étenduë de cinq espaces, deux chambres propres pour le printems, qui tiroient du jour du côté du midi, du levant, & en partie aussi du côté du septentrion par le *Cavadium*.

*La prima era da riposo, e la maggior che*

La premiere de ces deux chambres servoit à se reposer,

poser, & la plus grande vers le levant servoit de *Gymnasium*, avec des armoires autour en maniere de bibliotheque pour renfermer tout ce qui est necessaire.

*che terminava a levante, serviva come gimnasio, con armari all' intorno, quasi in guisa delle librarie da riporre gl'impedimenti di essa.*

Au côté droit du vestibule dans une autre partie du bâtiment, deux autres chambres de même grandeur que les precedentes, regardoient le midi, le couchant, & en partie vers le septentrion du côté du *Cavadium*. La premiere étoit destinée pour s'y reposer, & la seconde exposée au couchant, servoit d'une sale à manger, & ces deux parties de bâtiment avec le vestibule occupoient treize espaces de longueur & deux de largeur.

*Così a parte destra del vestibulo, era un' altro braccio di due stanze della medesima grandezza, che guardavano a mezodi, e ponente, e parte nel cavedio a tramontana: La prima da riposare, e la seconda che termina a ponente era luogo da cenare, e queste due braccia col vestibulo occupavano* XIII. *spatii, e 2. in larghezze.*

Au côté droit du *Cavadium*, & à l'alignement même de la face que la sale à manger a vers le couchant dans la largeur de trois espaces, & sur la longueur de onze, il y avoit d'abord une autre chambre à reposer, & au

*A fianco destro del cavedio, & a linea del luogo da mangiare tutto oltre a ponente: in larghezza di 3 spacii, e longhezza di* XI. *era prima un' altra stanza da riposo, e dinanzi*

*nanzi ad essa un luogo doue esistevano i servi a quell' appartamento, e di qua alcune scale per ascender di sopra.*

au devant ( du côté du *Cavadium* ) un lieu où les serviteurs se tenoient dans cet appartement, & proche ce lieu un escalier pour monter au dessus.

*E poi il frigidario con i vasi ampiissimi, e la nel mezo un transito per andar ne gli horti rusticali, e di qua, e di la due belle stanzette, l'una per il frigidario, e l'altra per la piscina calda; ove era anco l'untuar: oltre alla quale era il sudatorio rotondo, & il luogho dalle fornaci per scaldare, i quali luoghi si mettono a ponente.*

On trouvoit aussi là un salon frais avec de grandes cuves ; un passage fait pour donner entrée dans les jardins potagers, & qui répondoit au milieu du *Cavadium*, avoit à ses côtez deux petites chambres, l'une destinée pour le *Frigidarium*, l'autre pour la *Piscina calida*. Il y avoit du côté de cette derniere piece, le lieu appellé *Unctuarium*, une autre piece qui servoit pour l'étuve faite en rond, & les fourneaux propres à échauffer cette étuve, lesquels lieux on met toûjours du côté du couchant.

*Ad alto e nel mezo era una torre nella quale erano le diette; cioe luoghi da veggiare, & altri luoghi da riposare, e perche havevano lumo da piu parte,*

Au haut & dans le milieu étoit une tour ou pavillon qui contenoit les pieces appellées *Diata*, c'est-à-dire, des lieux propres les uns à y veiller, & les autres a s'y reposer & parce qu'ils avoient du jour

jour de divers côtez, on y joüissoit d'un plus grand repos, & d'une vûë plus belle sur la mer & sur les maisons voisines.

*parte, pero erano in gran silentio, e di bellissime viste del mare e delle ville.*

Au côté gauche du même *Cavadium*, & à l'alignement de la face que le *Gymnasium* a vers le levant, qui est l'aspect le plus agreable & le plus sain, il y avoit d'abord quelques chambres pour dormir, qui avoient vûë sur les jardins de plaisir, & à côté de ces chambres étoit le *Vaporarium*, & un escalier pour monter au dessus, l'un & l'autre du côté du *Cavadium*, du milieu duquel un passage donnoit entrée dans les jardins faits pour le plaisir,

*Al fianco sinistro del medesimo cavedio, & a linea del Gimnasio tuto oltre a levante, come aspetto piu benigno, e sano vi erano prima alcune stanze da dormire, lequali guardano sopra agli horti delitiosi, a canto alle quali era il vapora rio, & una scala per ascender di sopra, & ambe due verso il cavedio.*

De part & d'autre de ce passage il y avoit deux petites Chambres, où les serviteurs demeuroient proche des lieux destinez à dormir, & du lieu où l'on mange dans des entre-tems : & ce lieu, le garde-meuble, & des greniers qui étoient au dessus, recevoient du jour du

*La' nel mezo era un transito che passava fuori ne gl' i horti deliciosi, e di qua, e di la due stanzette: ove esistevano i servi a' dormitori & al luogo da mangiare a' mezi tempi: Il quale con la riserva e grannari sopra hawevan.*

*vevano lume a levante, e ponente.*

*E parimente sopra all'ingresso era una torre, e diette, estanze da dormire con bellissime vedute di mare, e molto piu ancora di terra.*

*Poi a destra, e sinistra dell' adito che veniva dal portico nel cavedio (come luogo piu riposto) largo 2. spacii erano i luoghi per cucina, e Tinello, alla sinistra alcune stanze, amezzate, con le scalette particolari, e lumi da' capi, e sopra al cavedio, per habitatione de' servi, e liberti, i quali havevano cura della casa, e d'amministrare a tutti quelli, che venivano in essa, e questo e quanto alle parti intorno al cavedio o sia corte scoperta.*

du côté du levant & du couchant.

Il en étoit de même de l'entrée ou passage, au dessus duquel il y avoit une Tour qui contenoit des lieux appellez *Diata*, & des chambres à dormir qui jouissoient d'une fort belle vûë sur la mer, & encore plus sur les terres des environs.

Puis à droit & à gauche de l'entrée qui sert à passer de la cour ronde environnée de portiques, dans le *Cavadium*, en ce lieu, dis-je, plus renfermé, & de deux espaces de largeur, étoit d'un côté la cuisine, & de l'autre côté à gauche une sale du commun, deux petites chambres separées par un plancher en entresole, & de petits escaliers particuliers de deux côtez. Ils ne sont éclairez que par le haut & par le *Cavadium*, & ne servoient qu'aux serviteurs & affranchis qui avoient soin de la maison, & de servir tous ceux qui y venoient : & voilà quant à ce qui est autour du *Cavadium*,

*Ma* *vadium*,

*avdium*, ou cour découverte.

Mais dehors du côté droit de l'*atrium*, nous avons fait au milieu un passage avec deux chambres à ses côtez ; l'une pour veiller, & l'autre qui est vers le septentrion pour se chauffer, & toutes deux tiroient leur jour de l'*atrium*, & par dessous le *Cryptoporticus*, c'est-à-dire un lieu couvert pour passer à l'ombre jusqu'à midi sous un toit fort haut, & qui a toute la longueur de l'*atrium* du mur & de la cour ronde environnée de portiques. Il y a une entrée pour aller dans le *Cryptoporticus*, lequel occupe ainsi en longueur treize espaces sur deux de largeur. Il a sa face au couchant & à l'alignement des bains qui sont au côté gauche du *Cavædium*. & ce *Cryptoporticus* joüit de la vûë du jardin potager, & de l'entrée de la maison.

*Ma dal lato di fuori del atro a parte destra faciamo un transito nel mezo, e due stanze una di qua da veggiare, e l'altra di la verso tramontana da scaldare & ambe due havevano lume dal atrio e sotto al cripto portico : cioe ombroso da passeggiare sino a mezodi, col tetto molto alto, e tutto oltre a queste due stanze, & alle mura della corte rotunda, col suo portico, e transito d'all' uno all' altro. questo portico era lungo 6 spacii, e largo 2. la sua faccia era a ponente & a linea de bagni del lato sinistro del cavedio. e guardava ancor esso verso gl' horti rusticani, & alla villa.*

Enfin, au côté gauche du dehors de l'*atrium*, il pouvoit y avoir d'autres cham-

*E finalamente al lato sinistro di fuori dell' atrio potevano essere*

*essere altre stanze, & un' altro criptoportico tutto oltre adesse, & al di fuori delle mura della corte rotunda, così per maggior compimento, e perfettione di questa casa, e guardasse, gli horti delitiosi, verso levante, per poder passeggiare da mezodi sino a sera.*

chambres, & par derriere un autre *Cryptoporticus* qui s'étendoit le long du mur de la cour ronde pour plus grande perfection de cette maison, & ce *Cryptoporticus* regardoit les jardins de plaisir vers le levant, pour servir à y passer à l'ombre depuis midi jusqu'au soir.

*Vi furono anco altre cose descritte da Plinio fuori del contenuto dessa, delle quali non ne parlaremo, come parti non necessarie a questo corpo.*

Il y avoit encore au Laurentin diverses autres parties que Pline a décrites, outre ce qui est contenu ici : mais nous n'en parlerons point, comme n'étant pas convenables à notre sujet.

*Segue il disegno della pianta & impiedi con tutte le loro parti, e membra principali.*

Voici seulement un dessein du plan, & l'élevation, avec toutes leurs parties principales.

POur juger combien Scamozzi s'est peu assujetti à la description que Pline a faite du Laurentin, il faut premierement observer sur le plan de cet Architecte, que la grande galerie fermée, ou cryptoportique, n'a aucune des vûës ni des expositions que Pline lui a attribuées, & qu'il y a designées en tant de manieres & avec tant de soin, marquant sur tout que

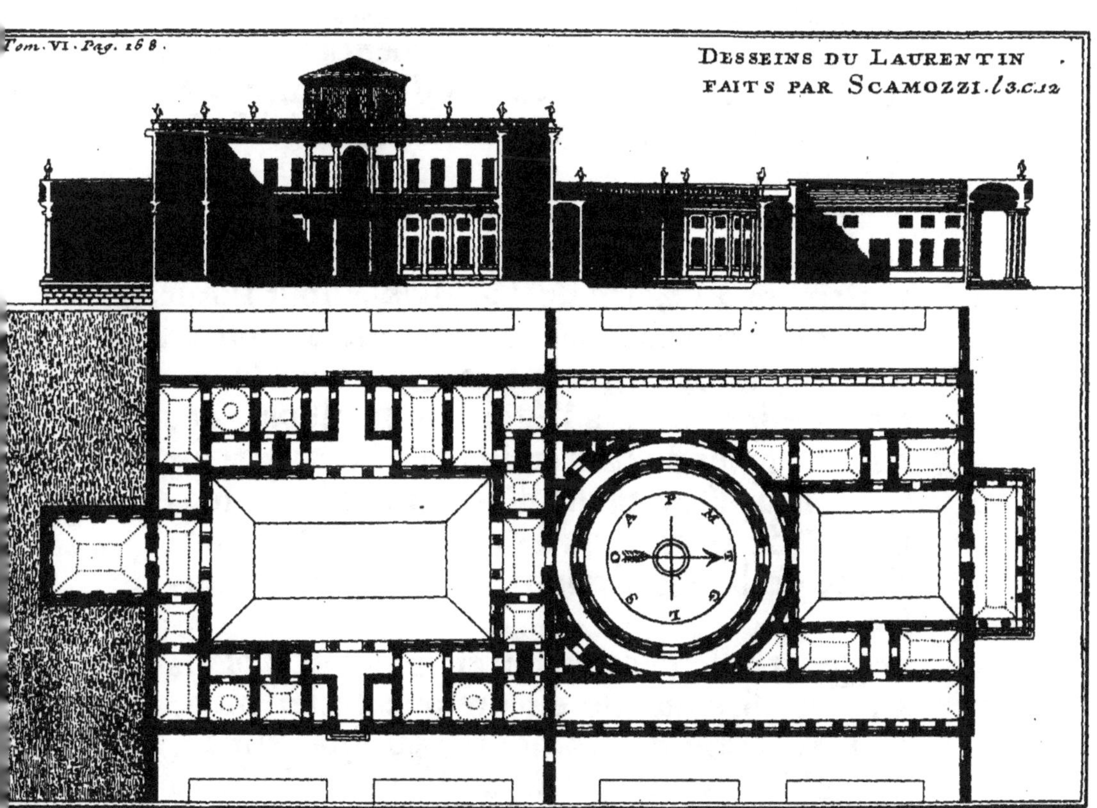
Tom. VI. Pag. 168.
DESSEINS DU LAURENTIN
FAITS PAR SCAMOZZI. l.3.c.12

que cette galerie avoit des fenêtres de deux côtez, au lieu que Scamozzi n'en met que d'un seul côté. Pline dit qu'elle separoit le xyste des autres jardins, & qu'elle donnoit de l'ombre, tantôt d'un côté & tantôt d'un autre: cependant Scamozzi fait en sorte que cette galerie est jointe d'un côté à d'autres bâtimens.

Pline ajoûte qu'à l'extrémité de cette même galerie, il y avoit un logement éloigné de tous les autres appartemens de sa maison, & Scamozzi n'a rien marqué de semblable sur son plan.

Les Sçavans reconnoîtront sans peine toutes les autres licences que Scamozzi a prises, non seulement à l'égard de l'*Atrium*, dont il fait une cour accompagnée de logemens, qui ne sont exprimez en aucune maniere dans la lettre de Pline: mais à l'égard de la plûpart des autres parties du Laurentin, que Scamozzi sur son plan a plûtôt tâché d'accommoder à l'usage de son tems, qu'à la verité & à l'exactitude de la description que Pline en a laissée.

Quant à l'élevation qui est jointe à ce plan, on peut dire qu'elle est presque entierement de l'invention de Scamozzi, puisque Pline a dit qu'il y avoit deux pavillons à plusieurs étages, placez entre la petite cour ronde & la grande galerie, sans marquer que les logemens qui environnoient la grande cour vers la mer, eussent aucun étage au-dessus de celui du rès-de-chaussée, comme Scamozzi en a representé dans son dessein.

Il a paru inutile de faire ici des remarques sur les mots & sur les particularitez difficiles de la description du Laurentin faite par Scamozzi, d'autant qu'une semblable description a peu d'autorité auprès de celle que Pline luimême a donnée : ainsi je me suis contenté dans la traduction de celle de Scamozzi, de mettre en latin & de caractere italique, quelques mots que nous avons expliquez dans les notes sur la description de Pline ; & nous rassemblerons ces mêmes mots dans une table particuliere à la fin de ce volume, pour donner plus de facilité de trouver cette explication.

LA

# LA MAISON
# DE TOSCANE.

---

## *EXPLICATION DES PLANS.*

ON ne dit pas aussi qu'il soit resté en Italie aucuns vestiges de cette autre maison de campagne que Pline le Consul nomme *Tusci*, c'est-à-dire, la Maison de Toscane. Ainsi le seul moyen qu'il y ait d'en restituer les plans, est de les dresser suivant la description que Pline en a faite, & de garder dans ce travail la même conduite qui a été observée à l'égard des plans du Laurentin.

Si l'on examine bien la Maison de Toscane, on en trouvera la situation avantageuse, la disposition & la figure des bâtimens, agréables: & les jardins qui sont décrits & dessinez plus exactement que ceux du Laurentin, feront connoître que les Anciens n'ignoroient pas l'art de les embellir par beaucoup de varieté & d'ornemens, & même par des fontaines d'eaux jaillissantes, dont on a douté jusqu'ici que les Romains connussent autrefois l'usage.

Dans les principaux bâtimens de cette Maison, il n'y a presque point de partie dont l'assemblage, & même en quelque façon les mesures & les grandeurs ne soient déterminées par la comparaison de chacune de ces parties les unes aux autres, & par la necessité d'y conserver, comme nous avons dit en parlant du Laurentin, toutes les vûës, les expositions & les commoditez que Pline leur attribuë. C'est ce qui a produit sur le plan dans la premiere des trois planches que nous donnons ici, ce grand logement carré, double de toutes parts, & accompagné de pavillons reguliers. Les saillies de ces pavillons, ainsi que la petitesse de la cour renfermée au milieu de tout le logement, diminuoient en Été la chaleur de dehors, donnoient au dedans beaucoup de fraîcheur, rendoient les vents moins incommodes, & affoiblissoient le trop grand jour par l'ombre qui s'étendoit de differens côtez à toutes les expositions du Soleil.

Si l'on vouloit examiner dans ce même logement les divers avantages, dont la description de Pline l'a rendu susceptible par rapport aux regles de l'architecture, les personnes intelligentes en cet art remarqueroient peut-être avec plaisir, que bien que tout l'édifice soit de simmetrie, néanmoins les quatre faces de dehors sont differentes les unes des autres en des parties considerables : mais de telle sorte, que quand on verroit ces quatre faces ensemble, ce qui n'est pas possible, elles ne laisseroient pas nonobstant leur varieté, d'avoir beaucoup d'union, parce que les quatre grands pavillons des extrémitez se ressemblent.

Pline a fort peu parlé des ornemens, tant des dehors que des dedans de cet édifice, Ainsi nous n'avons pas crû devoir en rien déterminer par des élevations, ni par des profils non plus qu'à la Maison du Laurentin, avec le plan de laquelle celui de la Maison de Toscane eſt conforme encore en ce qu'on peut augmenter ou diminuer dans les appartemens le nombre des portes, & changer plusieurs de ces mêmes portes de place, pourvû que toutes les pieces de chaque appartement se communiquent.

Il faut convenir néanmoins que ces deux Maisons de campagne étoient fort differentes l'une de l'autre. Le Laurentin, comme on a sçû, étoit situé au bord de la Mer dans un païs bas & assez plat, où les bâtimens de cette maison occupoient en longueur une fort grande étenduë de terrain. La Maison de Toscane au contraire étoit sur le penchant d'une coline dans le voisinage des plus hautes montagnes, & elle avoit ses principaux logemens rassemblez en un espace, qui selon toute apparence n'excedoit pas cinquante toises d'étenduë en carré. Cependant il y avoit en cet espace huit appartemens complets. Quatre en dehors tiroient du jour & de l'air chacun par quatre côtez. Un cinquiéme n'avoit des fenêtres que du côté du couchant, où la saillie de deux grands & de deux petits pavillons empêchoit l'incommodité du Soleil. Les trois autres appartemens occupoient trois cotez de la cour, dont le quatriéme côté contenoit un double portique ouvert dans toute sa longueur par dehors & par dedans. La lettre de Pline fera connoître les delices, dont il joüissoit en tous ces differens lieux & en plusieurs autres pieces des mêmes logemens de sa Maison de Toscane, particulierement dans deux grandes sales de festins, dans une chambre ou petite sale peinte & ornée de marbre & d'une fontaine jallissante, dans un portique ouvert en dehors, du côté du levant, & dans deux galeries fermées, construites l'une sur l'autre, & exposées au septentrion pour avoir plus de fraîcheur.

Il est à présumer que sous une partie de ses logemens, & plus bas que le rés-de-chaussée, il y avoit des offices & d'autres lieux particuliers de plein pied avec la galerie inferieure, puisqu'un petit escalier de dégagement, selon que Pline l'observe lui-même, étoit destiné pour servir à manger dans la grande sale des festins qui étoit au milieu de la galerie superieure. On doit encore ici considerer que Pline dans plusieurs de ses lettres ne préfére pas moins sa Maison de Toscane à celle du Laurentin par sa grandeur que par ses revenus. Il a prétendu même faire passer le Laurentin, comme on a vû dans sa description, pour une maison d'un entretien mediocre, soit qu'elle fût construite très-solidement & peu sujette par ce moyen à des réparations considerables; soit que quelques vastes que les bâtimens nous en paroissent, ils fussent moins grands que ceux de ses autres maisons; ce qui est plus vrai-semblable. Cependant on pourroit objecter que la Maison de Toscane a beaucoup moins de bâtimens que le Laurentin, suivant la description que Pline en a faite, & les plans que nous en avons donnez. On répond à cela que Pline dans sa description des bâtimens du Laurentin, a compris le logement de ses affranchis & de ses esclaves, sans doute à cause qu'il étoit joint à son propre logement, & que l'un étant aussi-bien construit que l'autre, ils faisoient ensemble une même symmetrie, du moins au dehors. Mais dans la des-

description de la Maison de Toscane, il n'est précisément parlé que des logemens que Pline & sa famile ou ses amis y occupoient, sans qu'il soit dit aucune chose des logemens de ses affranchis, de ses esclaves & de ses autres serviteurs, ni des bâtimens necessaires dans les grandes terres pour des fermes, pour des ménageries & pour d'autres lieux d'une semblable utilité. Nous laisserons faire à chacun sur ce sujet toutes les réflexions qu'on jugera à propos; car quelque conjecture que l'on en tire, il suffit à notre égard d'avoir exactement suivi dans les plans que nous allons rapporter avec des tables de la Maison de Toscane, tout ce que Pline a dit dans sa description, tant des bâtimens que des jardins où il a specifié jusqu'aux ornemens des parterres, & aux differentes figures que formoient les allées, & une partie des bosquets.

| *TABULA PRIMA Tuſcorum.* | PREM. PLANCHE de la Maiſon de Toſcane. |
|---|---|
| 1 XYſtus. | *XYſte. ou lieu d'exercice.* |
| 2 Atrium. | *Entrée, ou veſtibule.* |
| 3 Porticus. | *Portique.* |
| 4 Triclinium. | *Sale de feſtins.* |
| 5 Alia porticus. | *Autre portique.* |
| 6 Areola. | *Petite cour.* |
| 7 Platani. | *Planes.* |
| 8 Fons. | *Fontaine.* |
| 9 Cubiculum dormitorium. } Diæta. | *Chambre à coucher.* } *Appartement.* |
| 10 Cœnatio. | *Sale à manger.* |
| 11 Cubiculum. | *Chambre.* |
| 12 Fonticulus. | *Petite fontaine.* |
| 13 Cubiculum. | *Chambre.* |
| 14 Piſcina. | *Piece d'eau.* |
| 15 Prata. | *Les prez.* |
| 16 Hypocauſton. | *Etuve.* |
| 17 Cella frigidaria. | *Sale ou chambre fraîche.* |
| 18 Baptiſterium. | *Baignoire.* |
| 19 Piſcina. | *Grande baignoire.* |
| 20 Puteus. | *Puits.* |
| 21 Apodyterium. | *Chambre pour ſe deshabiller.* |
| 22 Cella media. | *Sale mediocrement fraîche.* |
| 23 Scalæ. | *Eſcalier.* |

Trois

ABULA.I. *Tuscorum* Tom. VI Pag. 176

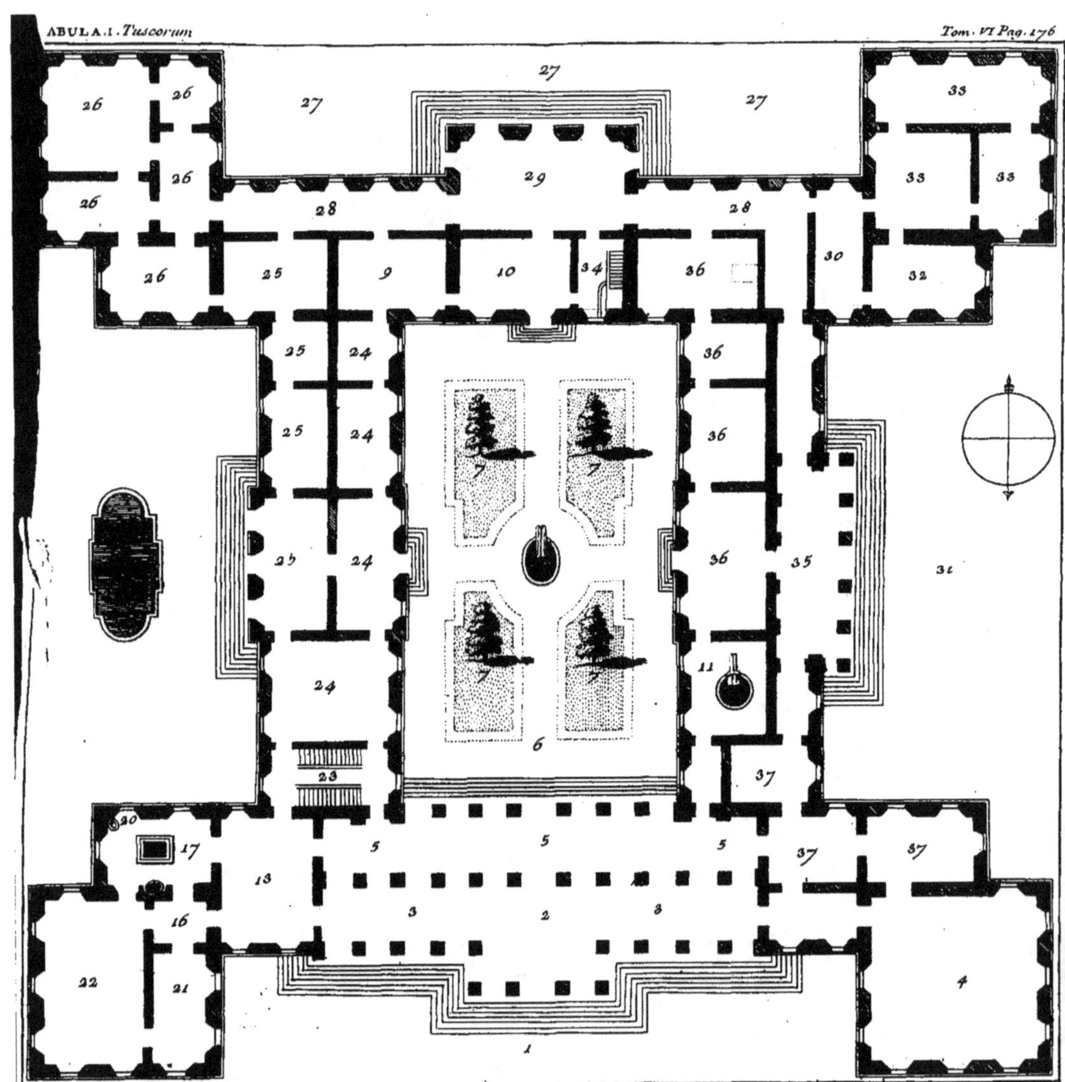

TABULA . III . *Tuscorum*

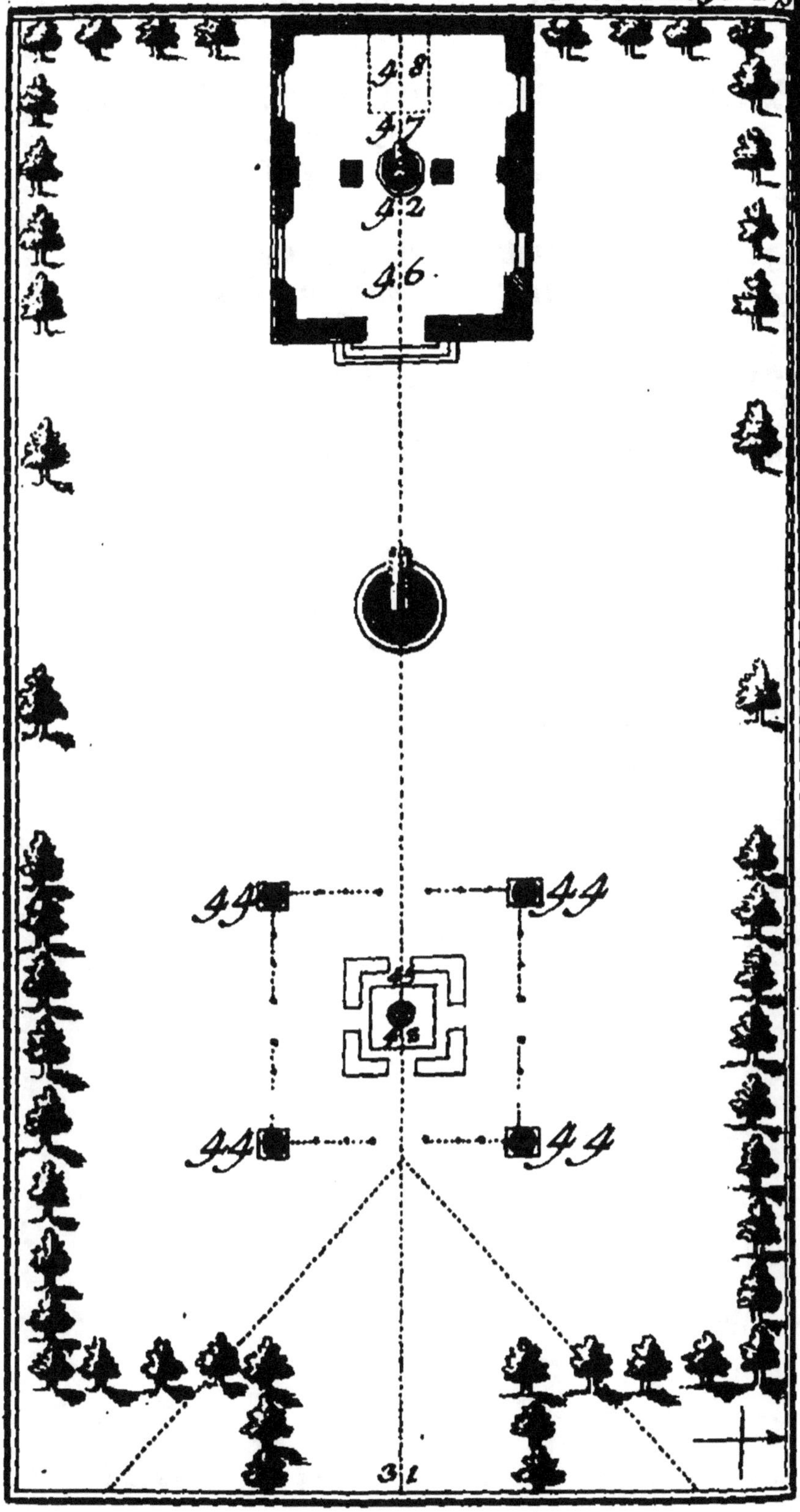

48

47

42

46

44

44

45

43

44

44

31

| *TABULA TERTIA. Tuscorum.* | PLANCHE III. De la Maison de Toscane. |
|---|---|
| 31 Hyppodromus. | *Hyppodrome.* |
| 42 Fontes salientis aquæ. | *Fontaines d'eaux jaillissantes.* |
| 44 Quatuor columellæ Carystiæ. | *Quatre colonnes de marbre de Caryste.* |
| 45 Stibadium marmoreum. | *Table de marbre environnée de lits ou sieges.* |
| 46 Cubiculum. | *Chambre.* |
| 47 Diætula. | *Petite sale.* |
| 48 Lectus. | *Lit.* |

*Les lignes ponctuées marquent les conduites d'eau & les rigoles.*

# DESCRIPTION
## QUE
# PLINE LE CONSUL
## a faite lui-même de sa Maison de campagne, appellée
# TUSCI,
## OU
# MAISON DE TOSCANE.

---

C. Plinius Cæcilius Secundus. Apollinari suo, S.

Lib. 5. Epist. 6.

*Amavi curam & sollicitudinem tuam, quòd quum audisses me æstate* (1) *Tuscos meos peti-*

*LETTRE*

*De Pline le Consul,*

A APOLLINARIS.

JE fus bien aise du soin & de l'inquiétude que vous me témoignâtes, lorsqu'ayant sçû que je devois aller l'Été à ma Maison

(1) Cluvier, par le mot *Tusci*, a marqué sur ses Cartes Géographiques la position de cette Maison un peu au-dessus de *Tifernius Tiberinus*, conformément à ce que Pline en sa seconde Epitre de son quatriéme Livre, dit lui-même du voisinage de cette petite ville, où il avoit fait bâtir à ses dépens un Temple assez considerable : ce qui donne lieu de penser que peut-être on trouveroit encore en Toscane des vestiges de sa Maison proche un bourg, que les Italiens nomment aujourd'hui *Stingtinano*, aux environs de *Ponte di San Stefano*, & à dix milles vers le Nord d'une ville Episcopale appellée, *Borgo di San Sepulcro*.

Maison de Toscane, vous vouliez m'en dissuader dans la pensée que vous avez que ce païs est malsain. Il est vrai que l'air est très-mauvais en Toscane le long de la côte: mais ces lieux-ci sont éloignez de la mer, & fort proches de l'Appennin, où l'air est meilleur pour la santé, qu'en pas une autre montagne. Afin donc qu'il ne vous reste plus pour moi d'apprehension, apprenez combien ce climat est temperé. Nous aurons du plaisir; vous à entendre parler de la belle situation de ce païs, & moi à vous en entretenir, & à vous dire tout ce que la maison où je suis, a d'agréable. Il y fait froid & y géle durant l'hyver. Les Myrthes, les Oliviers & d'autres arbres qui ont toûjours besoin d'un air chaud, n'y subsistent pas: cependant le Laurier s'y conserve fort verd, & avec aussi peu de danger qu'aux environs de Rome.

*turum, ne facerem suasisti, dùm putas insalubres. Est sanè gravis & pestilens ora Tuscorum, quæ per littus extenditur: sed hi procul à mari recesserunt: quinetiam Apennino saluberrimo montium subjacent. Atque adeò, ut omnem pro me metum ponas, accipe temperiem cœli, regionis situm, villæ amœnitatem, quæ & tibi auditu & mihi relatu jucunda erunt. Cœlum est hyeme frigidum & gelidum. Myrtos, oleas, quæque alia assiduo tepore lætantur, aspernatur ac respuit: laurum tamen patitur, atque etiam viridissimam profert interdùm, sed non sæpiùs, quàm sub urbe nostra necat.*

L'Été est admirablement

*Æstatis mira clemen-*

*mentia. Semper aër spiritu aliquo movetur, frequentiùs tamen auras quàm ventos habet. Hinc senes multos videas avos proavósque jam juvenum.* * *Audias fabulas veteres, sermonesque majorum: quúmque veneris illò, putes alios te sæculo natum.*

ment temperé : car on a toûjours de l'air, & plus souvent un air doux que de grands vents : de là vient qu'on voit beaucoup de gens fort âgez, tels que les ayeux & les bisayeux de personnes qui sont hors d'adolescence. * Vous entendriez les contes & les discours qu'on faisoit au tems de nos ancêtres : & si vous veniez, vous croiriez être au siécle passé.

*Regionis forma pulcherrima : imaginare amphitheatrum aliquod immensum, & quale sola rerum natura possit affingere. Lata & diffusa planities montibus cingitur: montes summâ sui parte procera nemora & antiqua habent. Frequens ibi & varia venatio: indè cadua sylva cum ipso monte descendunt : has inter pingues*

La disposition de toute cette contrée est très-belle. Figurez-vous un amphitheatre d'une étenduë immense, tel qu'il n'y a que la nature seule qui puisse en former de semblable. Une large & vaste plaine est environnée de montagnes, dont le sommet est couvert de bois & de forêts, remplies de vieux arbres de haute fûtaye. C'est là qu'on peut continuellement s'exercer à differentes

* Cette ponctuation est placée dans plusieurs éditions devant le mot *jam*, mais elle paroît mieux convenir après *juvenum*, selon le sens de l'Auteur, & les remarques de Casaubon.

tes sortes de chasses. Des bois taillis s'étendent sur le penchant de la montagne. Ils renferment plusieurs colines d'un terroir fort gras, où l'on ne trouveroit pas de pierre, quelque soin que l'on prît d'y en chercher : & il n'y a point de plaines plus fertiles : la récolte s'y fait plus tard, mais avec autant de maturité & d'abondance.

*gues terrenique colles ( neque enim facilè usquàm saxum, etiamsi quaratur, occurrit ) planissimis campis fertilitate non cedunt, opinámque messem seriùs tantùm, sed non minùs percoquunt.*

Plus bas sur le même penchant, l'on voit de tous côtez un vignoble borné au-dessous par des arbrisseaux qui forment comme une large ceinture, proche une grande étenduë de prez & de champs. Les champs ne peuvent être labourez que par de puissans bœufs & avec de grosses charruës : car la terre y est si forte & si grasse, qu'étant coupée & enlevée d'abord par grosses mottes, il faut jusqu'à * neuf façons de

*Sub his per latus omne vineæ porriguntur, unamque faciem longè latèque contexunt : quarum à fine, imóque quasi margine arbusta nascuntur : prata indè, campique. Campi, quos nonnisi ingentes boves & fortissima aratra perfringunt ; tantis glebis tenacissimum solum quùm primum prosecatur, assurgit, ut * nono demùm sulco perdometur.*

* L'on a suivi ici l'opinion de Gruter, qui met *nono demùm sulco*, au lieu de *novo demùm sulco*. Et cette opinion est fondée sur d'anciens manuscrits, & sur le vingtiéme chapitre du dix-huitiéme livre de l'Histoire Naturelle, où Pline l'ancien fait voir comment

*metur. Prata florida & gemmea, trifolium, aliasque herbas, teneras semper & molles, & quasi novas alunt; cuncta enim perennibus rivis nutriuntur. Sed ubi aqua plurimùm, palus nulla: quia devexa terra quicquid liquoris accepit, nec absorbuit, effundit in Tiberim. Medios ille agros secat: navium patiens, omnésque fruges devehit in urbem, hyeme dumtaxat & vere: æstate summittitur, immensíque fluminis nomen arenti alveo deserit, autumno resumit. Mag-*

de labour pour la bien applanir. Les prez sont émaillez de fleurs, & remplis de trefle & d'autres herbes, toûjours fraîches & comme nouvelles, parce qu'elles sont nourries & entretenuës par de petits ruisseaux qui ne tarissent point. Cette grande quantité d'eau ne produit cependant aucun marécage. Car comme le terroir a de la pente, toute l'eau qu'il reçoit & qu'il ne prend pas, s'écoule dans le Tybre. Ce fleuve coupe la campagne. Il porte de grands batteaux. Par ce moyen l'on fait descendre jusqu'à Rome tous les fruits du païs pendant l'hyver & le printems. Le Tibre néanmoins est bas en Été, & perd alors la qualité de grand fleuve, qu'il ne reprend qu'en automne. Vous

ment on labouroit la terre de son tems, en ces termes: *Aratione per transversum iteratâ, occatio sequitur, ubi res poscit, crate vel rastro & sato semine iterario. Hæc quoque ubi consuetudo patitur, crate dentatâ, vel tabulâ aratro adnexâ, quod vocant lirare, operientes semina: unde primùm appellata deliratio est. Quarto seri sulco Virgilius existimatur voluisse cùm dixit, optimam esse segetem, quæ bis solem, bis frigora sensisset. Spissius solum, sicut plerumque in Italia, quinto sulco seri melius est, in Tuscis verò nono.* Ce sont ces deux derniers mots qui justifient le sentiment que l'on suit ici.

Vous feriez charmé si vous consideriez cette Contrée du haut de la montagne. Vous ne croiriez point voir des terres naturelles, mais plûtôt quelque lieu imaginé & peint à plaisir, des couleurs les plus vives & les plus exquises. En un mot de quelque côté que la vûë se porte, elle trouve une varieté & une disposition qui l'arrêtent & la réjoüissent. Ma maison est située vers le bas d'un côteau, d'où l'on découvre aussi loin que si elle étoit au sommet. Elle s'éleve par une pente si douce & si insensible, que sans penser que l'on monte, on s'apperçoit de son élevation. L'Apennin est derriere à une fort grande distance. On en reçoit aux jours les plus calmes & les plus serains, un air delicieux; & le vent qui l'agite, n'a jamais rien d'impetueux ni de fort rude, étant affoibli & comme lassé par l'éloignement du lieu d'où il sort.

*Magnam capies voluptatem, si hunc regionis situm ex monte prospexeris. Neque enim terras tibi, sed formam aliquam ad eximiam pulchritudinem pictam videberis cernere. Eâ varietate, eâ descriptione, quocunquè inciderint oculi, reficiuntur. Villa in colle imo sita prospicit quasi ex summo, ita levitèr & sensim clivo fallente consurgit, ut quùm ascendere te non putes, sentias ascendisse. A tergo Apenninum, sed longiùs habet. Accipit ab hoc auras quamlibèt sereno & placido die, non tamen acres & immodicas, sed spatio ipso lassas & infractas.*

La plus grande partie des bâtimens de ma maison est exposée au midi. Le soleil entre vers cette heure

*Magnâ sui parte meridiem spectat, æstivúmque solem ab hora sexta, hybernum ali-*

*aliquanto maturiùs, quasi invitat in (3) porticum latam & pro modo longam. Multa in hac membra, (2) atrium etiam ex more veterum.*

*Ante porticum 1 xystus concisus in plurimas species, distinctúsque buxo, demissus inde pronúsque (39) pulvinus, cui bestiarum effigies invi-*

heure du jour en Été, & un peu plûtôt en hyver, sous un (3) portique fort large & fort long à proportion. Les autres lieux sont composez de parties differentes, & d'une entrée en maniere de (2) vestibule fait selon la coûtume des Anciens. Un 1 xyste ou lieu d'exercice entre-coupé d'allées bordées de buis, est au devant du portique. Plus loin on voit un (39) parterre en pente douce, où des bordures & des comparti-

(3) Portique en françois & *porticus* en latin se rapportent assez bien l'un à l'autre, selon nos plus habiles Architectes & les meilleurs Auteurs qui ont écrit de l'Architecture. L'on pourroit aussi par une plus longue circonlocution traduire le mot *porticus*, une galerie ouverte. Quelques-uns l'expliqueroient encore par le nom de peristile qu'ils donnent à de pareilles entrées de maison, quoique le peristile parmi les anciens, ne fût proprement que de ces colonnades ou coridors ornez de colonnes qui environnoient le dedans d'un temple d'une basilique, ou grande sale, ou d'une cour de cloître.

(2) Entre les diverses interpretations que Philander & d'autres sçavans Commentateurs de Vitruve ont données au sujet de l'*atrium* des Anciens, les mots de vestibule & d'entrée ont paru mieux convenir ici que celui de cour, ni aucun autre.

(39) Le mot latin *pulvinus*, signifie dans les jardins, une partie plus élevée que le reste, ce qui convient également à des parterres de fleurs, & à des parterres de gazon.

partimens de buis representent diverses figures d'animaux opposées les unes aux autres. La terre entre ces compartimens, est couverte d'une espece (*a*) d'acanthe fort douce, & qui glisse & s'échape, pour ainsi dire, d'entre les mains. Et autour de tout le parterre il y a pour se promener, des 40 allées environnées d'arbres verds fort tousus & taillez avec soin. D'autres 41 allées où l'on se promene en chaise, forment au delà une maniere de (*b*) Cirque, & renferment quantité de buis & d'arbustes taillez chacun de differente figure. Tous ces jardins sont

*invicem adversas buxus inscripsit.*

(a) *Acantihus in plano mollis, & penè dixerim liquidus. Ambit hunc 40 ambulatio pressis variè que tonsis viridibus inclusa : ab his 41 gestatio in modum* (b) *circi, qua buxum multiformem humilesque & retonsas manu arbuscu las circumit. Omnia maceria muniuntur: hanc gradata buxus operit & subtrahit. Pratum inde non minùs*

(*a*) Virgile, Pline, Dioscoride, Mathiole, Dalechamp & divers autres ont distingué cette sorte d'acanthe douce, d'une autre acanthe ou branche ursine sauvage qui est armée de pointes & d'épines comme les chardons.

(*b*) Le Cirque parmi les Anciens, étoit une place publique, environnée de bâtimens, & destinée pour des courses de chevaux attelez à des chars. L'adresse de ceux qui y disputoient le prix, n'étoit souvent que de gagner quelques pas sur leurs concurrans, en tournant le plus près qu'il étoit possible, d'une borne qui terminoit un long massif ou soubassement de pierre construit dans le milieu du Cirque, & c'est ce qu'on avoit figuré dans les jardins de Pline.

(4) L'on

*minùs naturâ quàm superiora illa, arte visendum : campi deindè porrò, multaque alia prata & arbusta.*

sont clos d'une muraille cachée par des palissades de buis. On voit pardessus un grand pré, dont la beauté naturelle ne plaît pas moins à la vûë que la politesse des jardins precedens ; & plus loin encore que ce pré, l'on découvre des terres & des prairies entremêlées d'arbrisseaux.

*A capite porticûs (4) triclinium excurrrit, valvis xystum desinentem, & protinùs pratum multúmque ruris videt fenestris. Hàc latus xysti & quod prosilit villæ, ac adjacentis 31 hyppodromi 38 nemus comasque prospectat.*

Le portique par l'une de ses extremitez, conduit dans un grand (4) salon propre pour des festins. L'on y voit par des portes & par des fenêtres d'un côté, le xyste, les prez & les champs qui sont au delà : & d'autre part, les côtez du même xyste, quelques avant-corps du logis, 38 les bois & le haut des arbres, dont un 31 hyppodrome ou espece de manege est environné.

*Contra mediam ferè*

Du milieu du 3 portique

(4) L'on a déjà expliqué ce mot *Triclinium* dans la description du Laurentin, & nous pouvons ajoûter que tantôt il exprime la disposition des tables d'un grand festin, & tantôt il designe le lieu même où ces tables étoient placées, comme en cet endroit.

(5) Ce

que ( & au travers d'un autre (5) portique qui s'y joint, ) on découvre presque à l'opposite un * appartement qui est au bout d'une petite 6 cour ombragée par quatre 7 planes, entre lesquels il y a un 8 bassin de fontaine bordé de marbre, d'où il se répand assez d'eau pour entretenir la fraîcheur & la verdure de ces arbres & des boulingrins

*rè 3 porticum * diata paulùm recedit, cingit 6 areolam, quæ quatuor 7 platanis inumbratur. Inter has marmoreo 8 labro aqua exundat, circumjectasque platanos, & subjecta platanis gramina leni aspergine fovet. Est in hac diata dormitorium 9 cubiculum, quod diem, clamorem*

(5) Ce que l'on a ajoûté en parenthese dans la traduction, est pour donner plus de clarté à la description, par rapport à ce qui sera remarqué dans la suite.

* Il faut observer que ce que Pline nomme ici *diata* ou *zeta*, selon les differentes éditions de ses lettres, est divisé en une chambre à coucher, & une sale à manger : Διαιτα en Grec derive de δαις, c'est-à-dire esprit, & signifie le regime de vie, ou plûtôt l'abstinence ou diéte que l'on observe pour la santé, d'où vient peut-être la distinction que Pline fait ici de la sale à manger appellée *Cœnatio*, comprise dans l'appartement qu'il nomme *diata*, où il dit que l'on mangeoit en particulier, & sans doute plus sobrement que dans la grande sale des festins, appellée *Triclinium*. A l'égard du mot *Zeta*, il signifie un appartement fort exposé au soleil, si on le fait deriver du Grec ζειν : il peut aussi signifier un petit appartement de commodité, le faisant venir de ζῆν : mais la plûpart des Interpretes ne mettent aucune difference entre le mot *zeta* & *diata*, à cause du changement qui se fait souvent en Grec de la lettre ζ, en celle de δ, & de celle du δ, en ζ.

(3. 5.) C'est

*morem sonumque excludit : junctáque ei quotidiana, amicorúmque 10 cœnatio. Areolam illam 5. porticus alia, eademque omnia qua porticus aspicit. Est & aliud (11) cubiculum à proximâ platano, viride & umbrosum, marmore exsculptum podio tenùs : nec cedit gratia marmoris, ramos, insidentésque ramis aves imitata pictura, cui subest 12 fonticulus : in hoc fonte crater circa sipunculi plures miscent jucundissimum murmur.*

*In*

grins qui sont dessous. On trouve dans l'appartement une 9 chambre à coucher, dont le jour est fort moderé. L'on n'y entend aucun bruit, & auprès il y a une 10 sale pour manger d'ordinaire, & familierement avec des amis particuliers. (3.5.) Les portiques ont vûë l'un & l'autre sur le xyste & sur la cour, ou une autre espece de (11) chambre se trouve encore proche le premier des planes, qui lui fournit de l'ombre & de la verdure. Ce lieu est incrusté de marbre jusqu'à la hauteur de l'appui, audessus duquel, des peintures répondent par leur beauté à la richesse du marbre. Elles representent divers oiseaux sur des branches d'arbre. Un 12 bassin de fontaine est en bas; l'eau s'y répand par un vase fait en forme de coupe; & plusieurs jets y produisent ensemble un murmure très-agréable.

Au

(3.5.) C'est du second de ces deux portiques dont il a été parlé à la page précedente, afin d'ôter dans la traduction l'obscurité du texte Latin.

(11) Il paroît dans cette description, ainsi que dans la precedente, que le mot *cubiculum*, étoit parmi

Au bout du premier portique, vis-à-vis le grand salon des festins, est une 13 chambre fort grande, dont les fenêtres ont vûë d'un côté sur le xyste, & d'un autre côté sur une 15 prairie. Il y a au dehors devant ces fenêtres (14) une piece d'eau. L'on a du plaisir à la regarder & à entendre un bruit agreable qui s'y fait; car l'eau s'y précipite de haut en bas, & tombe toute blanche d'écume dans un bassin de marbre qui la reçoit. La chambre est bonne pour l'hyver à cause de la chaleur du soleil, & d'une (16) étuve qui supplée à cette chaleur en des tems sombres & couverts de nuages.

*In cornu porticûs amplissimum 13 cubiculum à triclinio occurrit: aliis fenestris xystum, aliis despicit 15 pratum. Sed ante, (14) piscina, quæ fenestris servit ac subjacet, strepitu visûque jucunda; nam ex edito desiliens aqua, suscepta marmore, albescit. Idem cubiculum hyeme tepidissimum, quia plurimo sole perfunditur. Cebaret (16) hypocaustum, & si dies nubilus, immisso vapore, solis vicem supplet.*

De

*Indè*

mi les Latins un terme general pour signifier toutes les diverses pieces d'un appartement où l'on pouvoit se reposer le jour ou la nuit.

(14) Le mot *piscina*, signifie originairement un reservoir à garder & à nourrir du poisson, comme le mot même l'exprime. Mais il designe ici une piece d'eau, propre à se baigner ou à se laver, comme la piscine du paralitique dans l'Ecriture Sainte.

(16) Les étuves des Anciens étoient échauffées par du feu qu'ils allumoient dessous, comme le mot Grec Υπόκαυστον l'exprime, & la chaleur de ces étuves se distribuoit dans les chambres les plus proches, selon

*Inde (21) apodyterium balinei laxum & hilare excipit 17 cella frigidaria, in qua 18. baptisterium amplum atque opacum. Si natare latiùs aut tepidiùs velis, in 19 arca piscina est, in proximo 20 puteus, ex quo possis rursùs astringi si pœniteat teporis.*

De cette chambre, par une 17 chambre fraîche, l'on passe dans un (21) lieu assez spacieux, & fort commode à s'y deshabiller pour prendre le bain. A l'endroit le plus obscur de la chambre fraîche, il y a une 18 baignoire, d'une grandeur considerable ; & dans le milieu de la même chambre, 19 un bassin où l'on peut descendre pour se baigner tout à son aise, & avec plus de chaleur. Il y a aussi un 20 puits d'où l'on tire de l'eau pour rafraîchir celle du bain quand elle est trop chaude.

*Frigidaria cella connectitur 22 media, cui sol benignissimè praesto est, caldaria magis : prominet enim. In hac tres descensiones : duæ in sole, tertia à sole longiùs, à luce non longiùs. Apodyterio superpositum est * Sphæristerium, quod plura*

A la chambre precedente l'on en a joint 22 une mediocrement fraîche, & qui peut même être assez échauffée par le soleil ; elle est ouverte, & a des issuës de trois côtez, dont deux ont du soleil ; l'autre côté n'en a jamais, quoiqu'il ait toûjours de la clarté. Une espece de * jeu de paûme

selon qu'on le jugeoit à propos, ce que pline a marqué lui-même dans la description precedente du Laurentin.

(21) Le mot *apodyterium*, derive du mot Grec ἀποδύω, qui signifie se deshabiller.

* *Sphæristerium.* On ne jouë encore à Rome à la paûme

pasme propre à divers exercices, occupe le dessus du lieu, où l'on a dit qu'il falloit se deshabiller pour prendre le bain; & ce jeu de pasme est accompagné de plusieurs reduits & détours particuliers.

*plura genera exercitationis, pluresque circulos capit.*

23 Un escalier qu'on doit traverser assez près des bains pour aller à une 28 galerie, donne d'abord passage dans trois appartemens. Le 24 premier a vûë sur la cour des quatre planes; le 25 second tire du jour du côté de la prairie, & le 26 troisiéme qui est ouvert d'un autre côté où il y a des 27 vignes, reçoit de la lumiere de diverses parties du ciel où cet appartement a differens aspects.

*Nec procul à balineo 23 scala, quæ in 28 cryptoporticum ferunt, prius ad diætas tres. Harum 24 alia areolæ illi in qua platani quatuor: 25 alia 26 prato; alia 27 vineis imminet diversis, diversasque cœli partes ac prospectus habet.*

c'est au bout de la galerie que d'une partie retrenchée de sa longueur, l'on a formé une 30 chambre qui fait découvrir 31 l'hippodrome, les

*In summa cryptoporticu 30 cubiculum, ex ipsa cryptoporticu excisum, quod 31 hippodromum, vineas, montes intuetur.*

paûme que dans des chambres ou sales de mediocre grandeur, & l'on ne se sert que de balles molles ou d'éteufs pour joüer avec la paûme de la main.

*tur. Jungitur 32 cubiculum obvium soli maximè hyberno. Hinc oritur diæta, quæ villæ hippodromum adnectit.*

les vignes & les montagnes. L'on y a joint une autre 32 chambre qui a beaucoup de soleil sur tout durant l'hyver, & du même côté l'on trouve un 33. appartement complet. Il se joint & fait face à l'hippodrome qui lui sert de vûë.

*Hæc facies, hic visus à fronte, à latere * æstivo 28 cryptoporticus in edito posita, quæ non aspicere 27 vineas, sed tangere videtur. In media 29 triclinium saluberrimum afflatum ex appenninis vallibus recipit: post latissimis fenestris vineas, valvis æquè vineas, sed per cryptoporticum quasi admittit. A latere triclinii, quod fenestris caret, 34 scalæ convivio utilia secretiore ambitu suggerunt. In fine 30 cubiculum, cui non minus jucundum prospectum cryp-*
*toporticus*

La galerie 28 occupe le côté de la maison où l'air est plus agreable durant l'Eté. Elle a vûë sur les vignes; & semble en être fort proche. Dans le milieu de sa longueur, il y a une 29 grande sale pour des festins. Il y vient un air sain & delicieux du bas de l'appennin, & l'on voit par les portes & par les fenêtres le même vignoble que par les autres endroits de la galerie. Proche la même sale, du côté où il n'y a aucune ouverture de fenêtres, l'on a pratiqué un 34 escalier de dégagement, pour donner moyen de servir ce qui est necessaire aux festins,
&

* Il y a *æstiva*, au lieu d'*æstivo*, dans quelques éditions, ce qui ne change rien au sens du discours.

Pilate

& la 30 chambre du bout de la galerie, y conserve une vûë qui ne plaît pas moins que celle qu'elle a sur les vignes.

*toporticus ipsa quàm vineæ prabent.*

Sous la galerie precedente l'on en a fait * une autre qui est comme une veritable grotte fort fraîche en Eté, & qui n'a pas besoin par consequent de l'air de dehors. Du bout de cette galerie ou plûtôt de la galerie de dessus, & à queique distance de la sale des festins, l'on va sous un 35 portique. Il y a du plaisir à s'y promener le matin pendant l'hyver, à cause que le soleil ne s'en retire qu'à midi : & c'est ce qui le rend en Eté fort agreable sur la fin du jour. Le portique donne entrée dans deux appartemens composez, l'un (36) de quatre

*Sub est * cryptoporticus subterraneæ similis, quæ æstate incluso frigore riget : contentaque aëre suo, nec desiderat auras, nec admittit.*

*Post utramque cryptoporticum, unde triclinium desinit, incipit 35 porticus : ante medium diem, hyberna : inclinato die, æstiva. Hàc adeuntur diatæ duæ, quarum in 36 alterâ cubicula quatuor, 37 alterâ tria, ut circuit sol, aut sole utuntur aut umbra.*

tre

Hanc

* Pline se servant ici du mot Latin *cryptoporticus*, pour designer une galerie haute & fort elevée hors de terre, ainsi que pour une autre galerie plus basse que le rez de chaussée, il est évident qn'il a eu dessein de marquer seulement que ces galeries étoient fermées, au lieu que d'autres Auteurs Latins employent le même mot de *cryptoporticus*, pour signifier des grottes ou galeries soûterraines.

(36. 37.) On reconnoît ici fort évidemment que



le

tre pieces, & l'autre (37) de trois, & ces differens lieux reçoivent successivement de la clarté & de l'ombre à mesure que le soleil fait son tour.

*Hanc dispositionem amœnitatemque tectorum longè latèque præcedit (31) hippodromus, medius patescit, statimque intrantium oculis totus offertur, platanis circuitur. Illæ hederâ vestiuntur, utque summæ suis, ita imæ alienis frondibus virent. Hedera truncum & ramos pererrat, vicinasque platanos transitu suo copulat,*

Enfin, c'est au devant de cette derniere façade si bien disposée, qu'il y a un (31) hippodrome très-spacieux. Il est ouvert par le milieu. L'on en découvre toute l'étenduë en y entrant. Des planes l'embellissent de part & d'autre. Quantité de lierre attaché au pied des arbres, les couvre jusqu'à l'endroit d'où leurs branches toutes revêtuës de leurs propres feüilles, commencent à s'élever. Le

le mot *diæta*, signifioit un appartement de plusieurs piéces, quoiqu'il ne designe quelquefois qu'une piece seule, ou même qu'un fort petit cabinet, comme dans la description du Laurentin.

(31) Quoique le mot d'hippodrome & celui du manége signifient souvent une même chose, selon plusieurs Auteurs : il paroit néanmois que l'hippodrome de la maison de Toscane de Pline n'étoit autre que comme un grand jardin fort découvert, environné seulement de quelques rangées d'arbres en maniere de sale, mais si spacieux, qu'on pouvoit y faire des courses à cheval, ainsi que dans les lieux publics qu'on bâtissoit parmi les Grecs pour ces sortes d'exercices, & qu'on nommoit souvent *stadium*, & quelquefois *hippodromus*.

Le lierre néanmoins monte encore le long de ces branches. Il passe d'un arbre à un autre. Il semble les lier tous par le haut, pendant que du buis s'étend & se joint en bas aux mêmes arbres : & des lauriers plantez aux côtez du buis, le couvrent encore de leur ombre.

*pulat, has buxus interjacet. Exteriores buxos circumvenit laurus, umbraque platanorum suam confert.*

L'hippodrome se termine en ligne droite proche de la maison, & finit au bout opposé en maniere de demi-cercle, qui lui donne une autre face. Plusieurs ciprez environnent cette partie. Ils y font paroître beaucoup d'ombrage & d'obscurité ; mais entre les divers détours & les reduits particuliers qui s'y trouvent, il y en a où le jour est très-pur, ce qui fait que les rosiers y fleurissent, & qu'on y joüit à la fois & de la fraîcheur de l'ombre & de la clarté du soleil. Tous ces endroits avec les allées circulaires se reduisent ensemble à une ligne droite, ainsi que d'autres jardins qui les accompagnent

*Rectus hic hippodromi limes in extrema parte hemicyclo frangitur, mutatque faciem, cupressis ambitur & tegitur, densiore umbrâ opacior nigriórque, interioribus circulis (sunt enim plures) purissimum diem recipit. Inde etiam rosas effert, umbrarúmque frigus non ingrato sole distinguit. Finito vario illo multiplicique curvamine, recto limiti redditur, nec huic uni ; nam viæ plures intercedentibus buxis dividuntur.*

pagnent; car il y a même plusieurs routes divisées par des bordures de buis.

*Alibi pratulum, alibi ipsa buxus intervenit in formas mille descripta litteris interdum quæ modò nomen domini dicunt, modò artificis: alternis metulæ surgunt, alternis inserta sunt poma: & in opere urbanissimo subita velut illati ruris imitatio medium in spatium brevioribus utrinque platanis adornatur. Post has acanthus hinc inde lubricus & flexuosus, deinde plures figuræ pluraque nomina.*

Des boulingrins ou parterres de verdure d'un côté, & des compartimens de buis taillez & découpez en mille manieres d'un autre, representent tantôt par des figures de lettres, le nom du maître de la maison, & le nom de l'ouvrier. Tantôt de ces mêmes buis les uns s'élevent en maniere de bornes, d'autres sont comme chargez de pommes ou de boules; & parmi un ouvrage si propre & si regulier, l'on n'a pas laissé de faire paroître quelque chose de negligé & de rustique par des arbres venus au hazard de part & d'autre. L'on y voit encore de l'acanthe qui se répand de tous côtez; & enfin il y a plusieurs figures & plusieurs noms.

*In capite (44) stibadium candido marmore.*

Une treille soûtenuë par quatre (44) colonnes de marbre

(44) Caryste est le nom d'une ville d'Euboee, des environs de laquelle Strabon & Pline l'ancien ont remarqué qu'on apportoit à Rome un tres-beau marbre, comme aussi d'une autre sorte de pierre qu'on convertissoit en filasse, & dont on faisoit de la toile, qui ne se consumant point dans le feu, servoit parmi

marbre de caiyste, couvre en face une (45) table de marbre blanc environnée de sieges, ou plûtôt de lits pour se reposer autour & y manger. Du milieu de la table une (42) source d'eau sort par plusieurs jets, comme si elle étoit forcée & pressée par le poids de ceux qui se mettent sur des lits. Un bassin creusé dans cette table reçoit l'eau, & en est tout rempli, sans néanmoins qu'elle se répande pardessus les bords. On peut sur l'espace qui reste autour de ce bassin, mettre ensemble & les assiettes où sont les premieres entrées de table, les plats remplis des principaux mets, & tout le service des viandes

*more, vite protegitur: vitem quatuor (45) columellæ carystiæ subeunt. E stibadio (42) aqua velut expressa cubantium pondere sipunculis effluit, cavato lapide suscipitur, gracili marmore continetur, atque ita occultè temperatur ut impleat, nec redundet. Gustatorium graviórque cœnatio margini imponitur, levior navicularum & avium figuris innatans circuit.*

parmi les Romains à conserver les cendres des corps qu'ils brûloient.

(45) Le mot *stibadium*, ainsi que celui de *triclinium*, signifioit une table avec des lits, mais sans doute avec cette difference que le *stibadium* étoit construit ou de pierre ou de marbre, ou de terre gazonnée pour demeurer toûjours en même lieu, comme dans un jardin, & que le *triclinium* pouvoit se transporter, & ne se dressoit même que lorsqu'on en avoit besoin.

(42) L'on voit encore aujourd'hui dans des jardins d'Italie, des fontaines qu'on fait joüer en s'asfoïant sur des baucs de marbre.

 (42) C'est

viandes legeres qu'on met dans des vases faits en forme de naves & d'oiseaux ; qui semblent nager autour du bassin.

*Contra (42) fons egerit aquam & recipit : nam expulsa in altum, in se cadit, junctisque hiatibus & absorbetur & tollitur.*

Une (42) fontaine placée à l'opposite, reçoit l'eau d'un autre jet qui en sort : car cette eau retombe sur elle-même après s'être élevée, & elle se répand par des coulettes ou par differens conduits à mesure qu'elle s'élance en l'air.

*E regione stibadii adversum 46 cubiculum tantùm stibadio reddit ornatûs quantùm accipit ab illo. A marmore splendet, valvis in viridia prominet & texit : alia viridia superioribus inferioribúsque fenestris suspicit, despicitque. Mox 47 diatula refugit quasi in cubiculum idem atque aliud. (48) Lectus hic & undique fenestra,*

Vis-à-vis la table & les lits il y a une 46 chambre qui ne leur sert pas d'un moindre ornement, qu'elle même est embellie par leur aspect. Le marbre y brille de tous côtez. Ses portes sont couvertes & environnées de verdure, & l'on voit encore de la verdure par des fenêtres hautes & basses. Une espece de 47 petite sale se joint à la chambre, comme si elle en faisoit partie. En cet (48) endroit il y a un lit &

(42) C'est ici qu'il paroît bien que les Anciens avoient des fontaines d'eau jaillissante, ce que peu de personnes ont crû jusqu'à present.

(48) Il y a lieu de penser que ce lit étoit semblable à celui dont on a parlé ci-devant à la page 141. mais

& des fenêtres de part & d'autre, dont le jour est moderé, à cause qu'une treille monte par dehors le long des murs jusqu'au haut du comble. L'on ne se repose pas moins agréablement dans ce petit logement qu'au milieu des bosquets, & l'on a l'avantage d'être à couvert de la pluye. Une fontaine fait paroître sa source en ce même endroit, & passe sous terre aussi tôt.

*tra, & tamen lumen obscurum umbrâ premente. Nam latissima vitis per omne tectum in culmen nititur & adscendit. Non secùs ibi, quàm in nemore, jaceas: imbrem tantùm, tanquam in nemore, non sentias. Hic quoque* 42 *fons nascitur, simúlque subducitur.*

Des bancs de marbre sont placez en divers lieux pour servir ainsi que la chambre à se délasser de la promenade. De petites fontaines sont auprès de chacun de ces sieges, & l'eau qui se répand de leurs bassins, forme le long de l'hippodrome des rigoles qui suivent le chemin qu'on se plaît à leur marquer; de sorte qu'elles servent à entretenir la verdure tantôt

*Sunt locis pluribus disposita sedilia è marmore, quæ ambulatione fessos, ut cubiculum ipsum, juvant. Fonticuli sedilibus adjacent, per totum hippodromum inductis fistulis strepunt rivi, &, quà manus duxit, sequuntur. His nunc illa viridia, nunc interdum hæc simul omnia, juvantur.* Vi-

mais il n'y a pas aussi moins d'apparence qu'il fût disposé d'une autre maniere, telle que sur le plan particulier que nous avons fait du petit logement où ce lit étoit placé.

tantôt d'un côté, tantôt d'un autre, & même de tous les côtez à la fois.

*Vitassem jamdudum ne viderer argutior, nisi proposuissem omnes angulos tecum epistola circumire. Neque enim verebar, ne laboriosum esset legenti tibi, quod visenti non fuisset, præsertim quum interquiescere, si liberet, depositâque epistolâ, quasi residere sæpius posses. Præterea indulsi amori meo: amo enim quæ maxima ex parte ipse incohavi, aut incohata percolui.*

Je me serois bien gardé de rapporter tant de particularitez, si je ne m'étois pas proposé de vous faire connoître jusqu'aux moindres endroits de ma maison. Et je n'apprehende pas que vous vous ennuyez à lire ce qui vous feroit sans doute du plaisir à venir voir; vous pouvez prendre & quitter cette lettre pour la parcourir à plusieurs fois, selon votre commodité. De plus, j'ai bien voulu donner quelque chose à ma passion: car, à vous dire vrai, j'aime une maison que j'ai commencée, & dont j'ai pris soin d'achever les principaux embellissemens. Et comme je ne crains pas de vous découvrir si je me trompe ou non, je vous dirai qu'il me paroît que le devoir de tout homme qui veut s'appliquer à bien écrire, est de réfléchir sur le titre qu'il choisit, de s'interroger souvent

*In summa (cur enim non aperiam tibi vel judicium vel errorem?) primum ego officium scriptoris existimo, ut titulum suum legat, atque identidem interroget se, quid cœperit scribere: sciatque, si materiæ*

ſouvent lui-même ſur le ſujet dont il pretend traitter, & de connoître que jamais il n'eſt trop long quand il ne dit rien d'inutile ; comme au contraire ſon diſcours devient ennuyeux, dès qu'on y trouve des choſes qui ne ſont pas de ſon ſujet.

Vous ſçavez combien Homere & Virgile employent de vers à décrire les armes d'Achiles & d'Enée. Leurs poëmes cependant ne paroiſſent point trop diffus : parce qu'Homere & Virgile n'ont rien dit qui n'y convienne. Vous avez auſſi remarqué comme Aratus aſſemble & décrit juſqu'aux moindres des aſtres, ſans qu'on croye qu'il ait paſſé les bornes qu'il a dû ſe preſcrire. De même, pour comparer de petites choſes aux grandes, je puis dire que ſi dans le deſſein de vous faire connoître tout ce qui dépend de ma maiſon, je ne me ſuis point arrêté à des ſujets hors de propos, ce n'eſt pas ma lettre qui doit paſſer pour

*materiæ immoratur, non eſſe longum ; longiſſimum, ſi aliquid accerſit atque attrahit.*

*Vides quot verſibus Homerus, quot Virgilius arma, hic Æneæ, Achillis ille, deſcribat : brevis tamen uterque eſt, quia facit, quod inſtituit. Vides ut Aratus minutiſſima etiam ſidera conſectetur & colligat, modum tamen ſervat. Non enim excurſus hic ejus, ſed opus ipſum eſt. Similiter nos (ut parva magnis conferamus) quam totam villam oculis tuis ſubjicere conamur, ſi nihil inductum & quaſi devium loquimur ; non epiſtola quæ deſcribit, ſed villa, quæ deſcribitur, magna eſt.*

*Verum illuc, unde cœpi; ne secundum legem meam jure reprehendar, si longior fuero in hoc, quod excessi. Habes causas, cur ego Tuscos meos* (a) *Tusculanis,* (b) *Tiburtinis* (c), *Prænestinisque meis præponam. Nam super illa, quæ retuli, altius ibi otium & pinguius, eòque securius: nulla necessitas togæ, nemo accersitor ex proximo. Placida omnia & quiescentia, quod ipsum salubritati regionis, ut purius cœlum, ut aër liquidior, accedit: ibi animo, ibi corpore maximè valeo. Nam studiis animum, venatu corpus exerceo. Mei quoque nusquam salubrius degunt: usque adhuc certè neminem ex iis, quos eduxeram mecum (venia*

pour grande, mais plûtôt le lieu que j'y décris.

Mais revenons à nôtre sujet, de peur que si cette digression devenoit plus longue, on n'eût lieu de me condamner selon la regle que j'ose proposer. Vous sçavez à present pourquoi je prefere ma maison de Toscane à celles que j'ai dans (*a*) *Tusculum*, dans (*b*) *Tibur* & dans (*c*) *Preneste*. Outre ce que j'ai déjà dit, je joüis dans ma maison de Toscane, d'un repos plus grand & d'autant plus assûré qu'il tient quelque chose de la solitude. On n'a point besoin d'y être en habit long & de ceremonie qui embarrasse, & personne ne m'y vient trouver que de lieux éloignez. En un mot, tout m'y paroît tranquille & agreable. Le climat en est fort sain à cause de la serenité du ciel, & que l'air s'y trouve plus leger & plus agité qu'ailleurs. Aussi je m'y porte parfaitement bien

(*a*) Frescati (*b*) Tivoli. (*c*) Palestrine.

bien, & d'esprit & de corps, exerçant l'un par l'étude, & l'autre par la chasse. Ma famille & tout mon domestique se porte mieux qu'en aucun autre endroit : & je vous dirai que je n'ai pas perdu un seul de tous ceux que j'ai amenez avec moi. Je prie les Dieux qu'ils me conservent cette joye, & qu'ils donnent à ce sejour toute la gloire qu'il merite. Adieu.

*(venia sit dicto) ibi amisi. Dii modò in posterum hoc mihi gaudium, hanc gloriam loco servent. Vale.*

## *REMARQUES.*

C'Est ici que par des remarques tirées encore de plusieurs autres lettres de Pline le Consul, nous devons achever de faire comprendre combien il étoit capable & en état de se bien loger selon les usages qui s'observoient de son tems en Italie, & suivant une regle de vie qu'il gardoit hors de Rome, particulierement à sa Maison de Toscane, *(a)* comme il l'a expliqué dans une de ses lettres, à peu près en ces termes " : Quoiqu'en ma Maison " de Toscane, dit Pline le Consul, je m'éveil- " le d'assez bonne heure, cependant mes fe- " nêtres restent fermées jusqu'après la pre- " miere heure du jour, afin que je puisse joüir " d'un plus grand recueïllement. Alors je fais " venir mon Secretaire, que je retiens ou que " je renvoye, selon que j'ai à travailler ou à " méditer. Vers les quatre à cinq heures je " vas dans la galerie fermée ou dans le xyste: " ensuite

(a) Liv. 9. epist. 36.

„ ensuite je me retire pour méditer & pour „ dicter : je monte en chaise : & alors en me „ promenant je m'occupe de la même maniere, que quand je suis retiré. Je dors „ aussi pendant que je me promene : je lis „ ensuite, ou plûtôt je prononce fort haut „ & fort distinctement quelque harangue Latine ou Grecque, moins pour exercer ma „ voix, que pour me fortifier la poitrine : je „ me promene encore. Je me fais parfumer „ d'essences, je m'exerce & je me baigne : „ & (a) lorsque je suis à table avec ma femme ou avec un petit nombre d'amis, je „ fais lire jusqu'à ce que des Comediens & „ des joüeurs d'instrumens entrent pour me „ divertir. Je me promene ensuite avec mes „ amis, ou avec ceux qui m'accompagnent, „ entre lesquels il y a toûjours quelques personnes sçavantes. Ainsi l'on discourt & l'on „ s'entretient ensemble jusqu'au soir : & le „ jour quelque long qu'il soit, passe sans „ qu'on s'en apperçoive, & plus vîte que „ l'on ne veut. Cependant cette regle de vie „ est quelquefois changée (b). Je me promene à cheval aussi souvent qu'en chaise. „ Si quelques amis de mon voisinage me „ viennent voir, nous nous rassemblons après „ nous être promenez long-tems, chacun de „ notre côté. Je chasse quelquefois ; mais je „ ne suis jamais sans (c) tablettes, afin de „ rapporter toûjours quelque chose, quoique „ je

(a) Pline décrit un de ses repas dans son I. livre, epist. 15.

(b) Pline dans sa 15. let. du IX. liv. dit qu'il visitoit ses terres en se promenant à cheval.

(c) Pline s'est étendu sur cette remarque dans son I. liv.

je n'aye rien pris à la chasse. Je donne aussi " quelquefois audience aux habitans du lieu " où je suis, mais jamais autant qu'ils le sou- " haitent. „.

(a) Pline ajoûte dans une autre lettre qu'il se comportoit en hyver au Laurentin, de la même maniere qu'en Été à sa Maison de Toscane, excepté qu'il n'y dormoit point à midi, & que se donnant encore plus à l'étude & aux affaires, il prenoit du tems sur la nuit, & ne faisoit point venir après le repas, ni de Comediens, ni de joüeurs de lire ou d'instrumens.

L'on reconnoît par cette regle de vie, que Pline sçavoit se procurer une honnête volupté conforme à ses bonnes mœurs, & digne du goût excellent qu'il avoit pour ce qui fait mieux reconnoître les hommes sages selon ces paroles, que (b) Cassiodore fait dire à l'avantage de Simmaque par le Roi Theodoric : *Fundator egregius fabricarum earumque compositor eximius, antiquorum diligentissimus imitator, modernorumque nobilissimus institutor, mores tuos fabrica loquuntur; quia nemo in illis diligens agnoscitur, nisi qui & in suis sensibus ornatissimus reperitur* " ; Excellent fonda- " teur des plus beaux édifices, dit le Roi " Thedoric, vous qui en ordonnez si parfai- " tement toute la composition, imitateur le " plus exact des anciens, & le seul capable " entre les modernes de donner les plus no- " bles leçons, vos ouvrages font connoître " vos bonnes mœurs; car il n'y a que ceux " qui ont les sens & l'esprit bien cultivez, qui " " soient

(a) L. 9. epist. 40.
(b) Var. l. 4. epist. 52.

„ soient capables de tous les soins qui sont „ necessaires pour bien bâtir. „

Voici le texte & la traduction d'une lettre fort courte, adressée à Caninius Rufus, où Pline le Consul, exprimant ce qu'il estime davantage dans la maison de campagne de de son ami, marque en quelque façon ce qu'on doit le plus considerer dans les siennes.

*QUid (a) agit Comum, tuæ meæque deliciæ? Quid suburbanum amœnissimum? Quid illa porticus, verna semper? Quid πλεσταvῶν opacissimus? Quid Euripus viridis & gemmeus? Quid subjectus & serviens lacus? Quid illa mollis & tamen solida gestatio? Quid balineum illud, quod plurimus sol implet & circumit? Quid triclinia illa popularia? Quid illa paucorum? Quid cubicula diurna nocturnaque?*

(a) QUe m'aprendrez-vous de Come, vos delices & les miennes? Que me direz-vous de votre maison de campagne si agréable; de ce portique où l'on respire toûjours un air de printems; de ce lieu couvert de planes; de ce grand canal environné de verdure; de ce lac qui est en bas, & qui semble fait pour votre maison & pour son usage? Parlez-moi de ces allées où l'on marche si mollement, & qui néanmoins sont si fermes & si solides; de ce bain qui reçoit les rayons du Soleil à toutes les expositions; de ces grandes sales d'assemblées & de festins; de ces sales particulieres, destinées pour un petit nombre de personnes; enfin de ces chambres de jour & de ces chambres de nuit.

(a) *C. Plin. Cæc. sec. Caninio Rufo suo S. lib. I. Ep.* 3.

Joüissez-vous de tous ces differens lieux, & vous possedent-ils chacun à leur tour, ou bien en êtes-vous détourné selon votre coûtume, par le soin de vos affaires domestiques qui vous engagent à aller de differens côtez ? Si ces beaux lieux vous possedent, vous êtes heureux, & si vous n'en joüissez pas, vous n'en avez aucun avantage sur tous les autres hommes.

*Possidentne te, & per vices partiuntur ? An, ut solebas, intentione rei familiaris obeundæ, crebris excursionibus avocaris ? Si te possident, felix beatúsque es : sin minus, unus ex multis.*

N'est-il pas tems que vous vous déchargiez sur quelqu'un de tant de soins & d'embarras qui sont au-dessous de vous & qui ne meritent pas votre application. Occupez-vous tout entier à l'étude dans un séjour si tranquille & si délicieux : que ce soit-là votre principale affaire : employez-y votre loisir : faites-en votre travail & votre repos. Donnez-y toutes vos veilles, & que votre sommeil même lui soit consacré.

*Quin tu (tempus est enim) humiles & sordidas curas aliis mandas ; & ipse te in alto isto pinguique secessu studiis adseris. Hoc sit negotium tuum, hoc otium, hic labor, hæc quies : in his vigilia, in his etiam somnus reponatur.*

Imaginez & faites quelque chose qui ne cesse point d'être à vous : car pour tous les biens que vous

*Effinge aliquid & excude, quod sit perpetuò tuum : nam reliqua rerum tuarum*

*rum post te alium atque alium dominum sortientur. Hoc nunquam tuum desinet esse, si semel cœperit. Scio quem animum, quod horter ingenium: tu modo enitere, ut tibi ipse sis tanti, quanti videberis aliis, si tibi fueris.*

vous possedez, ils passeront après vous d'un maître à un autre. Le seul fruit de vos études ne cessera point de vous appartenir: je connois votre esprit & votre genie. Efforcez-vous seulement de vous connoître tel que vous paroîtrez sans doute aux autres, si vous faites de vous-même le jugement avantageux que vous devez.

On peut dire qu'il ne manquoit dans la Maison de Toscane aucune des commoditez ni des délices, dont Pline connoissoit si bien tous les avantages. Une de ses lettres que je traduirai encore ici, fera juger des grands revenus de cette Maison, par le prix d'une terre qu'il acquit, selon toute apparence, pour augmenter la sienne. C'est cette même lettre qui nous a donné lieu de conjecturer au sujet de la Maison de Toscane & des plans qui en ont été dressez, que Pline a bien voulu ne rien dire de plusieurs bâtimens détachez de son principal corps de logis, qui néanmoins dépendoient de cette Maison, & la rendoient plus considerable que celle du Laurentin.

(a) *ADsumo te in consilium rei familiaris, ut soleo. Prædia agris meis vici-*

(a) JE vous demande conseil selon ma coûtume, sur une affaire de famille, (dit Pline le Con-

(a) *C. Plin. sec. Calvisio Rufo suo S. Lib. 3. Epist. 19.*

Consul à Calvisius Rufus.) L'on veut vendre des heritages qui sont contigus aux miens, & qui même y sont comme enclavez. J'ai plusieurs raisons qui me font penser à les acquerir, & j'en ai aussi qui ne sont pas moins fortes pour m'éloigner de cette pensée.

*vicina, atque etiam inserta, venalia sunt. In his me multa sollicitant, aliqua nec minora deterrent.*

Il est agréable premierement d'unir ensemble des terres qui se touchent; & il n'y a pas moins d'utilité que de plaisir de pouvoir en prendre le soin, sans augmenter ses peines ni sa dépense, en commettant les unes & les autres terres à un même homme d'affaire, & presque aux mêmes Fermiers. D'ailleurs il suffit d'embellir celle des deux Maisons, où l'on veut se loger; & d'empêcher seulement l'autre de se ruïner. Je compte encore pour beaucoup la dépense des meubles, l'entretien des Concierges, des Jardiniers & des Ouvriers, comme aussi des équipages de chasse; qu'il importe fort de rassembler en un seul lieu, & de ne les pas disperser en plusieurs.

*Sollicitat primùm ipsa pulchritudo jungendi: deinde, quod non minus utile quàm voluptuosum, posse utraque eadem opera, eodem viatico invisere, sub eodem procuratore, ac penè iisdem actoribus habere, unam villam colere & ornare, alteram tantùm tueri. Inest huic computationi sumptus suppellectilis, sumptus atriensium, topiariorum, fabrorum, atque etiam venatorii instrumenti: quæ plurimum refert, unum in locum conferas, an in diversa dispergas.*

*Contrà vereor, ne sit incautum, rem tam magnam iisdem tempestatibus, iisdem casibus subdere. Tutius videtur, incerta fortunæ possessionum varietatibus experiri. Habet etiam multùm jucunditatis soli cœlique mutatio, ipsaque illa peregrinatio intersita.*

*Jam, quod deliberationis nostræ caput est, agri sunt fertiles, pingues, aquosi: constant campis, vineis, sylvis, quæ materiam & ex ea reditum sicut modicum, ita statum præstant. Sed hæc felicitas terræ imbecillis cultoribus fatigatur. Nam possessor prior sæpiùs vendidit pignora: & dum reliqua colonorum minuit ad tempus, vires in posterùm exhausit, quarum defectione rursùs reliqua creverunt. Sunt ergo instruendi complures frugi*

Je crains d'un autre côté qu'il n'y ait de l'imprudence d'avoir tant de revenus exposez aux accidens & aux intemperies d'un seul climat. Il paroît plus sûr de partager l'incertitude de la fortune par des heritages situez en differens pais. Il est agréable aussi de changer d'air & de climat, & d'avoir du chemin à faire d'un lieu à un autre.

Mais voici principalement sur quoi il faut déliberer. Le heritages dont il s'agit sont fertiles & arosez d'eau. Ils consistent en des terres labourables, en des vignes, & en des bois, dont la coupe produit un revenu mediocre, mais certain. Ces terres naturellement abondantes se trouvent comme fatiguées, & déchûës par le peu de soin de ceux qui les ont cultivées; car le dernier possesseur en a vendu les équipages & les ustancilles, & retrenchant toûjours à ses Fermiers le peu qui leur restoit, il les a mis entierement hors d'état

tat dans la suite d'y pouvoir rien faire : de sorte que ces terres sont pleines de ronces. Il faut donc y mettre & y équiper de nouveau des serviteurs affectionnez; car je n'ai point d'esclaves aux fers en aucunes de mes terres, & il n'en est point resté dans les heritages que je me propose d'acquerir.

*frugi mancipes; nam nec ipse usquam vinctos habeo, nec ibi quisquam superest.*

Afin que vous sçachiez quel prix on peut donner de ces heritages, je vous dirai qu'ils valent bien trois millions de sesterces: ce n'est pas qu'ils n'en ayent coûté autrefois cinq millions; mais la difficulté de trouver des Fermiers, & le malheur du tems en ayant diminué le revenu, a beaucoup aussi diminué le prix du fonds. Vous me demanderez, sans doute, si je puis trouver cette somme de trois millions de sesterces. Il est vrai que la plus grande partie de mon bien est en fonds de terre, mais j'ai aussi quelque argent à interêt, ainsi je pourrai facilement en emprunter: j'en aurai même de ma belle-mere, qui veut bien que je me serve de son argent comptant comme du

*Ut scias quanti videantur posse emi, sestertio tricies, non quia non aliquando quinquagies fuerint, verùm & hac penuria colonorum & communi temporis iniquitate, ut reditus agrorum, sic etiam pretium retrò abiit. Quaris, an hoc ipsum tricies facilè colligere possimus? Sum quidem propè totus in prædiis, aliquid tamen fœnore, nec molestum erit mutuari, accipiam à socru, cujus arcâ non secùs ac meâ utor. Proinde hoc te non moveat si cætera non refragantur: quæ velim quam diligentissimè examines. Nam cùm in omnibus rebus, tum*

*tum in disponendis facultatibus plurimum tibi & usûs & providentiæ superest.*

du mien propre : ce n'est donc pas ce qui doit vous arrêter, si vous ne trouvez rien à redire sur tout le reste. Examinez je vous prie, ceci au plûtôt: car je sçai qu'étant habile en toutes choses, vous avez beaucoup d'usage & de connoissance des affaires.

Le million de sesterces selon Budée, reviendroit environ à 43750. livres de la monnoye de France, ainsi les trois millions de sesterces que l'on demandoit pour le prix des heritages que Pline souhaittoit d'acquerir, faisoient ensemble la somme de 131250. livres, & les cinq millions de sesterces qu'ils avoient coûté autrefois, feroient 218750. livres.

Ne conjecture-t-on pas assez par cette seule particularité, combien la terre de la maison de Toscane étoit considerable, sans qu'il soit necessaire de rechercher ce que Pline a dit (1) encore ailleurs des revenus de cette même terre ? Il est plus à propos pour ceux qui n'ont jusqu'à present regardé Pline, que comme un homme celebre par son éloquence & par son sçavoir, de leur faire faire attention à ce qui est dit dans l'abregé de sa Vie, composé par Lycosthéne, tant au sujet de sa naissance illustre, & des dignitez qu'il a euës, que de ses gran-

(1) L. 4. Ep. 6. L. 8. Ep. 2.

grandes richesses & de sa magnificence. C'est pourquoi je rapporte ici en françois un extrait de ce même abregé fait par Lycosthene.

(1) Pline le Jeune (car la plûpart “
distinguent ainsi celui dont nous par- “
lons) naquit à Come petite Ville d'Ita- “
lie, située au delà du Pô. Il eut pour pe- “
re L. Cœcilius l'un des plus illustres “
hommes de son tems, par ses vertus & “
par son sçavoir. Pline de Veronne au- “
teur de l'Histoire Naturelle, & oncle ma- “
ternel de Pline le jeune l'ayant adopté, “
lui donna son nom, & le fit l'heritier de “
tous ses biens, qui étoient fort conside- “
rables. Ce fut sous Quintilien & sous “
Nicetes de Smirne que Pline le jeune “
apprit l'éloquence. Son oncle l'envoya “
ensuite en Syrie auprès du philosophe “
Euphrates estimé très-sçavant. Etant “
de retour en Italie, il s'appliqua à Ro- “
me à étudier la pureté de la langue La- “
tine & de la langue Grecque. Il étudia “
l'histoire, & il s'exerça quelque tems “
avec succès à la poësie. Il n'avoit que “
dix-neuf ans lorsqu'il commença à pa- “
roître dans le barreau, & quand il plaida “
la premiere fois devant le Senat, avec “
l'admiration de tout le monde. Il se “
donna

(1) *Caji Plinii Cæcilii Novo-Comensis Vita ex ejus epistol. breviter à Conrado Lycosthene excerpta.* L. 1. Ep. 10.

» donna dèslors tout entier aux affaires ; » n'ayant de repos que celui qu'il al- » loit prendre de tems en tems à la cam- » pagne où il se plaisoit beaucoup : imi- » tant en cela ces anciens Romains, Pom- » pilius Numa, C. Licinius Caton, Cin- » cinnatus, les Pisons, les Fabius, les Ci- » cerons, & tant d'autres hommes recom- » mendables par leurs vertus ; qui quoi- » qu'élevez dans les plus hautes dignitez ne » jugerent pas qu'il fût indigne d'eux, de » s'occuper quelquefois à tailler leur vigne » & à cultiver leurs terres. C'est afin de » marquer l'amour qu'il avoit pour l'agri- » culture que Pline a décrit si exactement » sa terre du Laurentin & sa terre de Tos- » cane, où il bâtit un temple magnifique » qu'il orna des Statuës de plusieurs prin- » ces. Pline aimoit aussi beaucoup la chas- » se, & même celle du Sanglier.

» Comme on le jugea capable de ren- » dre de grands services à la Republique, il » fut bien-tôt élevé aux plus hautes digni- » tez de Rome. Le grand chemin d'Æmi- » lius fut commis à ses soins. On le fit » Questeur avec Celestrius Tiro, & Pre- » teur avec le même. Ayant été nommé » Préfet du tresor public qui étoit dans le » temple de Saturne, il eut pour collegue » Cornutus Tertullus. Il fut envoyé avec » la puissance de proconsul dans les pro- vinces

vinces de Pont & de Bythinie. Il exerça à Rome le Conſulat, où il eut auſſi pour collegue ſon ami Tertullus. Frontin étant mort, Pline remplit la place d'Augure, qui étoit une ancienne dignité ſacerdotale qu'on poſſedoit toute ſa vie. Les familles les plus illuſtres de Rome deſirerent de faire entrer Pline dans leur alliance. Il eut deux femmes, dont la derniere fut Calphurnia, fille de Pompéïa Celerina. Et entre pluſieurs Princes qui conçûrent de l'eſtime pour lui, l'Empereur Trajan l'honora toûjours d'une bienveillance très-particuliere, lui accordant toutes les graces qu'il pût deſirer, même pour ſes amis, que Pline d'ailleurs n'aſſiſta pas moins par ſes liberalitez & par ſa magnificence, que par ſon credit. Car il paroît qu'il dépenſa pluſieurs millions de ſeſterces à faire avoir aux uns (1) le droit de Citoyens Romains, à d'autres la qualité de Chevaliers, & à quelques-uns, des Charges & des dignitez importantes dans Rome. Pline fournit encore à ſes dépens, des penſions conſiderables au Poëte Martial & à Quintilien, donnant outre cela à la fille de ce dernier une dot de (2) cinq cent mille ſeſter-



(1) Plin. L. 1. Epiſt. 19. liv. 10. Epiſt. 22. L. 1. Epiſt. 19. (2) Environ 21879. liv. Plin. liv. 7. Epiſt. 18.

„ sesterces pour aider à la marier. Il fon-
„ da à Come pour le public un revenu an-
„ nuel de trois cent (1) mille sesterces. Il
„ dressa en un autre lieu une bibliotheque
„ de toutes sortes de livres qu'il rendit pu-
„ blique, avec des revenus pour entrete-
„ nir un Professeur & un nombre conside-
„ rable d'Etudians. Pline mourut vers l'an
„ 119. de N. S. ou bientôt après : car on ne
„ sçait point précisément le tems de sa
„ mort.

Sera-t-on surpris presentement de la grandeur & de la magnificence des maisons de campagne que Pline a décrites? Outre son Laurentin & sa maison de Toscane, il avoit encore des maisons à Rome, à *Tusculum*, à *Tibur*, à *Preneste*, & plusieurs sur le Lac de Come. C'est de ces dernieres dont il parle dans une lettre qu'il adresse à son ami Romanus, & dont voici à peu près le sens.

„ (2) Je suis bien aise que vous bâtissiez,
„ car j'ai raison maintenant de bâtir, puis-
„ que c'est avec vous, & presque de même
„ que vous. Vous bâtissez auprès de la Mer,
„ & moi auprès du Lac de Come. J'ai plu-
„ sieurs maisons au bord de ce Lac, prin-
„ cipalement deux qui me font plus de plai-
„ sir que les autres. L'une située sur des
rochers,

(1) Environ 13125. liv. Plin. l. I. Epist. 8.
(2) Plin. l. IX. Ep. VII.

rochers, à la maniere des maisons qui sont aux environs de Baye, a vûë sur le Lac: & l'autre qui ressemble encore à des maisons de Baye, est plus près du même Lac. J'appelle ordinairement la premiere *Tragedie*, & la seconde, *Comedie*, parce que l'une a comme chausse le cothurne, & l'autre semble n'avoir que des escarpins. Chacune a sa beauté particuliere; & toutes deux me donnent du plaisir par leur diversité. L'une fait voir le Lac de plus près, & l'autre le fait découvrir avec plus d'étenduë. La plus basse semble environner une partie du Lac, & la plus haute paroît le commander tout entier. La premiere a des allées ou promenoirs très-spacieux sur le rivage; & la derniere a un xyste, ou lieu d'exercice en terrasse, assez vaste & sans beaucoup de pente. Celle-ci n'est point incommodée des flots; celle là rompt les vagues. De l'une on peut voir ceux qui pêchent dans le Lac; & de l'autre on peut y pêcher soi-même & y jetter l'hameçon de sa chambre, & pour ainsi dire, de son lit comme de dessus une barque. Et voilà pourquoi je me propose d'achever les édifices de ces deux maisons.

(1) Parmi tous les divers bâtimens & les

(1) Plin. L. 9. Epist. 39.

les autres travaux magnifiques que Pline le Consul a fait faire, l'on doit estimer le Temple de Cerés dont il parle dans une de ses lettres. Il mande à son Architecte Mustius de le rebâtir, de construire des portiques au dehors, de l'orner de colonnes & d'incrustations de marbre, & d'acheter une nouvelle Statuë de la Déesse. Il l'avertit de prendre bien garde en faisant le dessein, que le terrain qui est occupé par l'ancien Temple, se trouve borné d'un côté par une riviere, dont les bords sont escarpez, & d'un autre côté par un grand chemin : mais qu'au delà de ce chemin, il y a un pré où l'on peut fort commodément construire les portiques en face du Temple ; ce que Pline néanmoins laisse au choix de son Architecte, dont il louë l'intelligence & l'habileté. (1) Il y a apparence que c'est ce même Temple qu'il dit ailleurs avoir fait construire à *Tifernum*, & (2) dans lequel il plaça les Statuës de quelques Empereurs, entre autres celle que Trajan permit qu'il consacrât à sa memoire.

(3) L'on ne peut lire qu'avec plaisir la description que Pline a laissée de la statuë d'un vieillard faite de cuivre de corinthe, & dont il avoit donné un prix considerable, à cause de l'excellence du travail. Je ne

(1) L. 10. Epist. 9. (2) L. 10. Epist. 10.
(3) L. 3. Epist. 6.

ne pretens pas, dit-il, que l'on mette cette Statuë en ma maison, n'y en ayant point d'un métal si précieux; mais il faut la placer à Come ma patrie, dans le Temple de Jupiter; car veritablement elle est digne d'être offerte à un Dieu.

(1) Pline n'exprime pas moins le goût qu'il avoit pour la peinture, qui sert tant à embellir toute sortes d'édifices. Il y avoit une chambre peinte dans sa maison de Toscane, ainsi qu'il est marqué dans la description de cette maison; mais ce qu'il mande à son ami Severe au sujet de plusieurs portraits d'hommes illustres qu'il souhaitoit qu'on fist copier par le plus habile peintre, apprend qu'il ne vouloit rien de mediocre en toutes sortes d'Ouvrages.

(2) Parlons maintenant des travaux publics d'Architecture dont il prît soin. Il paroît par ses lettres, qu'il fit faire des bains pour les Prusiens dans la ville de Nicomedie (3). Il remedia aux domages d'un grand incendie qui avoit consumé aux deux côtez d'une ruë plusieurs maisons de particuliers, deux édifices publics, un Temple d'Isis & le palais (4). Les habitans de la même ville ayant dépensé des sommes très-considérables, & sans aucun succès pour se donner de l'eau, Pline leur fit faire

 un

(1) L. 4. Epist. 28. (2) L. 10. Epist. 24. 25.
(3) L. 10. Epist. 34. 35. (4) L. 10. Epist. 38. 39.

un nouvel aqueduc. Il fit rebâtir dans la même ville un temple de (1) Cibele pour le changer de place. L'on construisit aussi sous ses ordres à (2) Sinope un aqueduc considerable. On voûta à Amestris un cloaque (3) ou égoût public. A Nicée (4) l'on acheva un theatre magnifique qui étoit commencé avant que Pline y arrivât. L'on fit un canal (5) entre le Lac de Nicée & la Mer pour communiquer de l'un à l'autre.

Des Inscriptions antiques trouvées à Come & à Milan, font connoître encore des particularitez touchant d'autres bâtimens qui ne sont point marquées dans les lettres de Pline. Voici ces Inscriptions que des Antiquaires ont rapportées, & qui se trouvent rassemblées en quelques éditions des œuvres de Pline, avec une Inscription moderne que nous y joindrons aussi.

C. PLINIO L. F. O. V. F. CÆCILIO
SECVNDO.
COS. AVG. CVRAT. TIBER.

---

(6) C. PLINIO L. F.
OVF. CÆCILIO
SECVN-

(1) *L.* 20. Epist. 58. 59. (2) *L.* 10. Epist. 91. 92. (3) *L.* 10. Epist. 99. 100. (4) *L.* 10. Epist. 48. 49. (5) *L.* 10. Epist. 50. 52. 67. 90. (6) Grut. pag. 454. Inscript. 5.

SECVNDO COS.
AVG. CVR. ALV. TI-
BER. ET CLOAC. VRB.
PRÆF. AER. SAT. PRÆF.
AER. MIL. Q. IMP.
SE VIR. EQ. ROM.
LEG. III. GALL. XVIRO
STL. IVD. FL. DIVI. T. AVG.
---- RCELIENS.

---

(1) C. PLINIVS C. F. C. N.
CAECILIVS SECVNDVS
COS AVGVR LEGAT. PROPRAET.
PROVINC. PONT. CONSVLARI POTESTATE,
IN EAM PROVINCIAM AB IMP.
CAESARE NERVA TRAIANO
AVG. GERMANICO MISSVS.
CVRAT. ALVEI TIBERIS ET RIPAR.
PRAEF. AERARI SATVRNI PRAEF,
AERARI MILIT. QVAEST. IMP. SEVIR
EQVITVM.....
...TRIB. MILIT. LEG. III. GALLICAE...
XVIR STLITIB. IVDICANDIS THER...
ADIECTIS IN ORNATVM HS. CCC.
AMPLIUS IN TVTELAM HS. CC. T. F. I.
ET LIBERTORVM SVORVM NOMIN.
HS. (VIII.) LXVI DCLVI REI
INCREMENT. POSTEA AD EPVLVM

 PLEB.

(1) Cette Inscription est fort differente dans Grut. p. 454. Inscrip. 3. 1028. Inscript.

PLEB. VRBAN. VOLUIT PERTIN.
AMPLIVS DEDIT IN ALIMENT.
PVEROR. ET PVELLAR. PLEB.
VRB. HS...
IN TVTELAM BIBLIOTHECAE. HS. C.

---

C. PLINIO CAECILIO SECVNDO
QVI CONSVLATV, AVGVRATV,
MILITIAE GESTIS,
AC ORANDIS CAVSIS, POEMATIBVS,
ET HISTORIIS CONFICIENDIS,
CAESAREM TRAIANVM AVGVST.
LVCVLENTISSIME
LAVDANDO ADFICIENDOQ.
IMMENSA
LIBERALITATE PATRIAM SVAM.
EIDEM IMMORTALE CONTVLIT
ORNAMENTVM,
ORDO COMENSIS CONCIVI SVO
DESIDERABILI HONORE ACCEPTO,
MONVMENTVM POSVIT
M. CCCC LXXXVIII.
KAL. MAII
FVNCTVS ERAM SED TVM VETERI
PRAECLARVS HONORE
VIVEBAM. PERII: NVNC QVOQVE
VITA MIHI EST.

Il paroît par ces Inſcriptions que Pline prit ſoin en Italie des travaux du Tibre; &

& qu'étant Prefet ou Gouverneur de Rome, il eut la direction generale des aqueducs & des conduits souterrains qui ont passé de tout tems pour l'une des merveilles de cette grande ville.

Sans examiner plus au long tous les édifices dont nous avons parlé, contentons-nous de donner une idée generale de la magnificence des anciens; de marquer les differentes manieres de bâtir qui ont été les plus en usage; & de rendre cette dissertation convenable à ceux qui ne pouvant pas étudier les regles particulieres de l'Architecture, sont bien aise néanmoins de connoître ce qu'il y a de plus considerable & de plus noble dans cet Art.

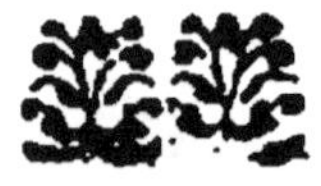

# DISSERTATION
## TOUCHANT
## L'ARCHITECTURE
## ANTIQUE
## ET L'ARCHITECTURE
## GOTHIQUE.

IL n'y a personne qui ne sçache combien l'amour des lettres, des sciences & des Arts a commencé de s'accroître parmi les peuples septentrionaux de l'Europe, depuis que les (1) Turcs se sont rendus maîtres de Constantinople, & de tout l'Empire d'Orient que Constantin Paleologue perdit avec la vie. Mahomet II. enorgueilli par cette conquête, fit sentir aux Vaincus les effets de la barbarie de sa nation. La Grece fut dépoüillée du reste de son ancienne splendeur. Les plus sçavans & les plus illustres personnages de ce païs allerent se refugier en Italie. Ils y porterent divers debris de bibliotheques fameuses, dont celle de Rome, de Florence &

(1) l'an 1453.

& de Venise ont été enrichies.

Bessarion Religieux de l'Ordre de Saint Basile, depuis Cardinal, & l'une des plus grandes lumieres de son siecle, fut du nombre de ces illustres Refugiez; & son Palais devint une école sçavante pour toute sorte de disciplines. Ce fut à Venise qu'un Grec nommé Sophianus lui dedia divers Traitez de machines de guerre, dont le manuscrit est encore dans la bibliotheque que le Cardinal Bessarion donna en 1469. à l'Eglise de Saint Marc. L'Architecture profita de ces nouveaux avantages. La lecture de Vitruve devenuë plus familiere, fit remettre en usage des regles & des principes qu'on avoit ignorez depuis la décadance de l'Empire Romain. Ensuite Angelo Politiano, Hermolao Barbero Patrirche d'Acquilée, & plusieurs autres sçavans hommes Italiens ne contribuerent pas peu par leurs Écrits & par leurs conseils à donner de l'émulation aux plus habiles Architectes, & à élever leur esprit à des connoissances qui rendent leur Art superieur à tant d'autres Arts.

Il est vrai toutefois que l'Architecture Gothique, du moins celle qu'on nomme Gothique moderne, a été encore longtems usitée en Italie; & il ne faut pas s'en étonner. Les Peuples s'étoient accoûtumez, depuis plusieurs siecles, à cette maniere de bâtir, qui faiſoit paroître les édifices legers, délicats, & d'une hardieſſe de travail capable de donner de l'étonnement. Entre un nombre conſiderable de grandes Egliſes conſtruites de cette maniere en divers endroits de l'Europe, il y en a d'anciennes qui ne manquent ni de ſolidité ni de beauté. On en voit qui ſe ſont conſervées juſqu'à nos jours, auſſi entieres que ſi l'on achevoit de les bâtir : & ces mêmes Egliſes ſont encore ſouvent admirées des plus habiles Architectes, non ſeulement par leur bonne conſtruction, mais auſſi par quelques proportions génerales qui s'y trouvent.

Si l'on conſidere même attentivement celles qui ont été conſtruites dans la plus pure maniere du goût Gothique, on connoîtra que ce qu'elles ſemblent d'abord offrir à la vûë de plus extraordinaire, & comme fort opposé à la nature, eſt fondé ſur des exemples de la nature même, d'où chaque maniere differente de bâtir a tiré ſa premiere origine. Car voici en peu de mots ce qui a pû produire les édifices les plus maſſifs & les plus groſſiers, & ceux qui ſont au contraire ſi legers & ſi delicats. Les uns ont retenu quelque choſe de la ruſticité des antres & des cavernes que des Peuples ſeptentrionaux habitoient autrefois ; & les autres participent de la legereté

reté de ces feüillées d'arbres qu'on rencontre dans les bois, ou que des habitans de climats temperez font eux-mêmes, pour se donner de l'ombre en rase campagne.

Delà vient que dans les derniers édifices dont nous venons de parler, on voit une infinité de colonnes fort menuës. Ce sont comme autant de rameaux & de tiges d'arbres. Il s'en éleve quelquefois plusieurs ensemble du haut d'un même pilier qui leur sert comme de souche. Quelquefois ces petites colonnes sont liées par faisseaux dès le bas de l'édifice. Elles cachent des massifs très hauts, qui portent les voûtes. Elles soûtiennent des Arcs doubleaux, semblables à d'autres branches fort deliées, & par consequent très-propres à se ployer de la maniere qu'on les voit. L'usage des Arcs surhaussez & des ogives, servoit à diminuer la poussée des voûtes, & donnoit lieu aussi d'en diminuer beaucoup la charge & l'épaisseur. Enfin les Architectes qui ont bâti ces édifices dans la meilleure maniere du goût dont nous parlons, justifioient les principes de leur Art par des raisons qu'il étoit impossible de combattre en des tems où l'ignorance des lettres, la difficulté de recouvrer un Livre unique de la bonne Architecture qui étoit celui de Vitruve, & plus que cela la destruction presque entiere de tous les bâtimens de l'Anl'Antiquité, empêchoit de rien opposer aux édifices modernes.

L'Architecture Gothique ne pouvoit plus se détruire qu'en se corrompant elle-même. Il faloit que ceux qui l'exerçoient, effaçassent dans leurs Ouvrages jusqu'à l'idée des premiers principes de leur Art: & c'est en effet ce qu'on a vû arriver, dès qu'ils ne l'ont plus fait consister que dans l'amas confus d'une multitude infinie d'ornemens, & dans une hardiesse de travail démesurée. Les derniers édifices Gothiques devinrent par ces excès, semblables, pour ainsi dire, à ces Ouvrages delicats qu'on appelle aujourd'hui filigrane, ne conservant presque plus rien de la simplicité, de l'ordonnance, ni de la solidité des anciennes Eglises qu'on a remarquées.

Les difficultez que les Florentins trouverent pendant plus d'un siécle à construire la coupole de *Sancta Maria del Fiore*, marquent bien que leurs Architectes ne sçavoient plus alors travailler qu'à des Ouvrages d'une grandeur mediocre; & c'est ce qui a commencé de donner lieu au renouvellement de la bonne Architecture.

On ne peut assez loüer l'application qu'un habile Architecte Florentin appellé Philippe Brunelleschi, eut durant plusieurs années à étudier & à rechercher le premier dans

dans Rome les Ouvrages qui restoient de l'Antiquité; mais on s'étonne de l'aveuglement de tant d'Architectes qui lui furent opposez à Florence, quand il s'agit d'y construire la coupole de *Sancta Maria del Fiore*. Cet édifice avoit été commencé suivant les regles de l'Architecture Gothique qu'ils professoient: ainsi pour peu qu'ils fussent rentrez dans les principes de leur Art, ils eussent sans doute trouvé plus de facilité à finir ce travail que Philippe Bruneleschi ne fit par toutes les regles des anciens Architectes Grecs & Romains.

Bruneleschi fut lui-même surpris, quand il s'apperçût d'une ignorance si grossiere: de sorte que des Architectes lui ayant demandé de quelle maniere il prétendoit finir la coupole, il ne pût s'empêcher de les railler hautement en pleine assemblée, par une question qui depuis ce tems-là est devenuë très-commune. Il proposa à quelqu'un de la compagnie de faire en sorte qu'un œuf pût se soûteni debout: comme personne n'en put trouver le moyen, il prit l'œuf, le cassa par le bout sur lequel il le fit porter, & dit ensuite aux Directeurs de l'Eglise de *Sancta Maria del Fiore* qu'il n'étoit pas à proportion plus mal-aisé de bâtir la coupole qu'ils proposoient, quoique tant d'autres Architectes regardassent cette entreprise comme impossible.

En

En effet il ne s'agissoit dans l'Ouvrage de la coupole que de ne pas affoiblir par des ornemens trop delicats les murs où toute la charge de la voûte devoit reposer. C'étoit la moindre connoissance que Bruneleschi eût acquise: mais elle lui fut d'une grande importance pour faire valoir ses autres talens, sur tout pour donner quelque authorité au goût de l'Architecture antique qu'il vouloit introduire.

La réputation qu'il se fit par beaucoup d'édifices qu'on le vit ordonner & construire durant sa vie; les Eleves sortis de son école après sa mort: tout cela dis-je, appuyé de la magnificence de la maison de Medicis, de celle des Ducs de Milan, & de quelques autres Princes & Seigneurs Italiens, fut cause que tous les hommes doctes dont l'Italie fut illustrée depuis l'arrivée de Bessarion & des autres Grecs, commencerent à communiquer les livres de Vitruve aux Architectes qui les consultoient, & à répandre même dans le public la doctrine de cet Autheur unique de l'ancienne Architecture.

Le progrès que la théorie de cet Art fit d'abord parmi les Sçavans, parut dans un livre que tout le monde connoît aujourd'hui sous le tître du songe de Poliphile. Le nom véritable de son autheur y est exprimé par les premieres lettres des chapitres en ces termes. *Poliam Franciscus Colomna peramavit* : c'est-à-dire, *François Colomne a parfaitement aimé Polia.* Laissons aux Sçavans à développer tant de doctes recherches qu'on voit dans ce livre touchant la religion des anciens, leurs loix, leurs coûtumes, toutes leurs céremonies, leurs Fêtes, leurs jeux, leurs exercices & leurs connoissances les plus merveilleuses.

Il faut se contenter ici de marquer combien le songe de Poliphile, quand il a paru, pouvoit élever l'esprit des Architectes de ce tems, & les engager à perfectionner l'Art & la science qu'ils professoient. Car quelque idée avantageuse que Vitruve aît donnée de l'Architecture ancienne, Poliphile semble encore la representer avec plus de Majesté & de grandeur : il la fait envisager comme la seule science qui regit tous les Arts, & qui embrasse elle-même les notions les plus sublimes. Il rapporte à cette science non-seulement l'ordonnance & la construction de toutes sortes d'édifices, mais encore l'intelligence parfaite de ce qui doit décorer & accompagner ces grands Ouvrages.

Si Vitruve a écrit fort au long les regles des anciens sur l'Architecture, s'il a montré la diversité de leurs bâtimens, s'il en a développé toute la méchanique, & s'il a

exposé

exposé dans un très-beau jour ce qui fait comme la matiere & le corps de l'Art dont il parle ; on peut ajoûter que Poliphile en a fait revivre tout l'esprit. Quelles sortes d'édifices n'a-t'-il point décrits ? Un Mausolée comparable en hauteur aux Pyramides d'Egypte, & plus richement orné ; des Colosses qui representent, l'un un cheval aîlé ; un autre la figure d'un élephant chargé d'un grand obelisque; & quelques-uns encore des Statuës d'hommes & de femmes: ces monumens, dis-je, renouvellent la memoire de ce que les anciens ont laissé de plus merveilleux dans ce genre d'Ouvrages.

Combien de nobles idées ne conçoit-on pas de l'Architecture sur ce que Poliphile dit ensuite à l'aspect des restes d'un grand bâtiment à demi-ruiné, qu'il juge avoir servi d'hippodrome ou de xyste, ou de quelqu'un de tant de lieux magnifiques destinez autrefois parmi les Grecs, ou pour les courses des chevaux, ou pour les exercices de la jeunesse, ou pour les promenades, les spectacles & les jeux publics.

A ces descriptions differentes l'on en voit succeder une qui regarde les bains les plus renommez de l'antiquité. Leur beauté, leur commodité & leur richesse se connoissent par un édifice semblable, figuré dans toutes ses parties. Des jardins délicieux l'acl'accompagnent & conduisent à un palais superbe, composé d'une longue suite d'appartemens ornez avec beaucoup d'Art, & remplis de meubles très-exquis & très-précieux.

Tant d'Ouvrages dignes d'une estime particuliere n'empêchent pas qu'on ne lise avec plaisir ce que Poliphile ajoûte au sujet des temples anciens, & autres sortes de bâtimens publics; & qu'après tout cela l'on n'admire la description pompeuse d'une espece d'Isle enchantée, où il acheve d'exposer l'idée excellente qu'il avoit conçûë de l'Architecture & des connoissances qu'il jugeoit être necessaires à son entiere perfection. Il feint que cette Isle consacrée à Venus & à l'Amour sous le nom de l'Isle de Cythere, est enrichie de tout ce que l'Art & la nature peuvent produire de plus beau. Il y a des bosquets, des vergers & un grand nombre d'autres jardins. Tous ces lieux sont enrichis de canaux, de fontaines, de balustrades, d'Ouvrages de sculpture, de colonnades ou peristiles faits de marbre précieux. L'on y voit aussi des berceaux couverts de fleurs & de verdure, des pallissades & des allées d'arbres ou d'arbrisseaux taillez de tant de manieres, que plusieurs representent même des figures d'hommes, & de divers animaux, des chars de triomphe & de grands navi-

navires. Enfin un temple & un amphiteatre d'une magnificence incomparable, sont placez au milieu de l'Isle de Cythere.

Comme il n'y a rien dans le songe de Poliphile à l'égard de l'Architecture, dont on n'ait trouvé des exemples considérables parmi les Ouvrages de l'antiquité, ou dans les descriptions qui en sont restées, il paroît qu'ajoûtant à cela ce que d'autres Auteurs ont dit des fortifications des Anciens, de leurs ponts, de leurs chemins, de leurs aqueducs, de leurs ports, de leurs bâtimens propres à naviger sur la mer, il n'en faut pas davantage pour faire comprendre combien les Architectes Grecs & Romains ont surpassé par la diversité des Ouvrages qu'ils avoient imaginez, tout ce qu'on a bâti depuis dans le goût gothique. Et pour ce qui concerne la difference de ce dernier goût d'Architecture, & de celui de l'Architecture des Anciens; on ne sçauroit en mieux juger que par les reflexions sçavantes de Poliphile sur chacun des édifices qu'il a décrits. Animé d'une juste indignation contre l'ignorance grossiére de la plûpart des Architectes de son siecle, il s'efforce de leur ouvrir les yeux, & d'éclairer leur esprit par les lumieres de cette intelligence sage, que ceux qui veulent faire profession de la bonne Architecture, doivent principalement tâcher d'acquerir. Il fait

voir

voir que les véritables regles de cet Art ne permettent jamais d'y rien produire, non seulement dont on ne puisse rendre raison: mais qui ne porte encore avec soi tous les caracteres sensibles de la raison. Ainsi il ne suffit pas qu'un édifice soit construit solidement : il faut que sa solidité paroisse à la vûë, d'une maniere conforme à la nature même de l'édifice. Il ne suffit pas non plus qu'un bâtiment soit orné d'Ouvrages très-exquis: il faut que ces ornemens s'y trouvent employez comme par necessité, & tels que le caractere, l'usage, & la dignité de ce même bâtiment semblent les exiger.

C'est sur ces principes de solidité & de beauté véritables & apparentes, que l'Architecture antique est fondée. Delà vient que les colonnes anciennes ont été taillées à l'imitation des troncs d'arbre, & non pas de ces branches flexibles ausquelles on compare les colonnes des Ouvrages gothiques, & qui ne semblent propres tout au plus qu'à soûtenir des feüillages & des fleurs pour des berceaux de jardin, ou des couvertures faites d'étofes legeres pour des tentes & des pavillons dont on se sert dans un camp.

L'on admire aujourd'hui l'invention des trois ordres d'Architecture Grecs, c'est-à-dire l'ordre Dorique, l'Ionique & le Corinrinthien. Leurs caracteres particuliers ont été imaginez si heureusement, que depuis plus de deux mille deux cens ans que le chapeau Corinthien a été trouvé par Callimachus, il n'a pas été possible de composer d'autre ordre qui n'ait ressemblé en beaucoup de parties à quelqu'un des trois que l'on vient de nommer : car même à l'égard du Toscan & du Composite qui achevent le nombre des cinq ordres reconnus pour les plus parfaits qu'on doive imiter de l'antiquité, l'on sçait le rapport qu'il y a du Toscan avec le Dorique, & que le chapiteau Composite est formé de l'Ionique & du Corinthien joints ensemble.

A peine quelques Architectes du tems de Poliphile ont sçû le nom & la difference de ces cinq ordres, bien loin qu'ils connûssent ni leurs proportions generales, ni l'Art de dessiner, de profiler & d'unir avec une harmonie parfaite dans un bâtiment tous les membres, ou toutes les parties differentes de chaque ordre. L'on pensoit encore beaucoup moins alors à cette intelligence sublime, par laquelle le genie des excellens Architectes de l'Antiquité s'élevoit au dessus des regles les plus ordinaires de leur Art : mais ces connoissances se peuvent remarquer avec beaucoup d'autres dans le songe de Poliphile.

Achevons seulement d'exprimer en general

neral combien l'Architecture Grecque & Romaine est au dessus de l'Architecture Gothique, tant de l'ancienne que de la moderne. Il suffit de faire reflexion sur un défaut très essentiel de l'une & de l'autre de ces deux dernieres manieres de bâtir. C'est en peu de mots que les colonnes Gothiques sont si disproportionnées, que la grossiereté des unes en a donné d'abord du dégoût, & que l'excessive foiblesse des autres fit enfin comprendre qu'il falloit entierement abandonner dans quelque édifice que ce fût, la progression de deux mesures qui se conviennent si peu. En même tems l'on a reconnu que les colonnes des cinq ordres de l'Architecture Grecque & Romaine, quoique fort eloignées de la grossiéreté & de la foiblesse extrême des Colonnes Gothiques, conservoient entre elles une autre progression très-agréable de cinq différentes proportions de grandeurs. En effets ces proportions donnent moyen d'élever tous les cinq ordres les uns sur les autres : sçavoir le Dorique sur le Toscan, l'Ionique sur le Dorique, & le Composite avec le Corinthien l'un sur l'autre au dessus de l'Ionique : de sorte que l'arrangement de ces ordres de colonnes embellis de cinq différentes maniéres, produit dans un édifice une varieté, une beauté & une magnificence

cence incomparable. Auſſi les bâtimens Gothiques ſeroient aujourd'hui peu eſtimez ſans la grandeur de pluſieurs de ces Ouvrages, & ſans quelque heureux choix de proportions générales qui ſe rencontre en certaines Egliſes, mais comme par hazard, & rarement avec toute la préciſion qui paroît leur convenir.

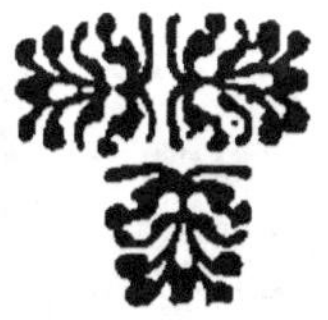

DESCRIPTION

HOSTEL
DES INVALIDES
22
EGLISE ANCIENNE
21 21
20
19 18 19
17 17
ET
16
13 9 8 9 12
11 11
9 9
NOUVELLE
7 5 6
9 9
11 11
14 9 4 9 15
3
2
1

# DESCRIPTION
## DE LA
## NOUVELLE EGLISE
## DE
## L'HÔTEL ROYAL
## DES INVALIDES.

### Avec un Plan de l'ancienne & de la nouvelle Eglise.

L'Hôtel des Invalides où le Roi a fondé des revenus suffisans pour faire subsister en divers lieux de son Royaume cinq à six mile Officiers ou Soldats, que leur vieillesse ou leurs blessûres ont mis hors d'état de servir, cette maison bâtie proche de Paris, & dans laquelle près de trois mille de ces Soldats & Officiers sont logez & entretenus, a deux grandes & magnifiques Eglises; l'une dans l'Hôtel avec les logemens duquel elle a été construite; & l'autre dehors que l'on ne vient que d'achever.

C'est cette nouvelle Eglise que nous

nous proposons particulierement de décrire ici. Elle contient dans un quarré parfait un Dome très spacieux situé au milieu de quatre Chapelles rondes, séparées les unes des autres par une croix grecque; dont les quatre parties à peu près égales, sont construites, l'une au midi où la principale entrée de l'Eglise est placée, deux à l'Orient & à l'Occident, & la quatriéme au septentrion; & proche de là, un sanctuaire ovale unit cette nouvelle Eglise à l'ancienne par deux Sacristies rondes qui y sont jointes de part & d'autre au dehors, & par une ouverture en dedans où un grand Autel est placé pour servir aux deux Eglises.

Il n'y a personne qui ne soit saisi d'admiration & d'étonnement au premier aspect de cet Auguste temple. Sa grandeur le rend recommendable; la beauté de son Architecture surpasse celle des Eglises les plus celebres : & ses ornemens sont employez avec une intelligence capable d'attirer l'atention la plus forte pour y faire considérer la Majesté & la toute-puissance de Dieu selon le véritable esprit de la Religion chrétienne; & pour y bien faire remarquer le culte saint que l'on rend à Jesus-Christ dans ce lieu sacré. Car dès que l'on aproche de la nouvelle Eglise de l'Hôtel Royal des Invalides, tout ce que l'on voit de plus apparent au dehors, apprend

que

que ce monument incomparable de la piété & de la Religion de Louïs le Grand doit servir à perpétuer l'hommage & les actions de graces que ce Monarque invincible rend au divin Sauveur le Dieu des armées, qu'il reconnoît pour le premier Auteur de ses victoires & de ses triomphes, & dont il s'éforce pour lui & pour son peuple, de conserver à jamais la protection toute-puissante par l'intercession de Saint Louïs & de Saint Charlemagne Roys de France, ses augustes Ancêtres & Prédecesseurs; mais encore plus par la pratique des vertus Chrétiennes & heroïques de ces deux grands Saints, dont Sa Majesté s'est fait un modéle digne du Fils aîné de l'Eglise.

La principale face de ce nouveau Temple du côté de l'entrée qui regarde le midi, a dans le milieu deux différens ordres d'Architecture ornez de colonnes & de pilastres; sçavoir un ordre Dorique en bas, & un ordre Corinthien audessus. Un simple Attique orné seulement de pilastres, est élevé sur l'ordre dorique aux extrémitez de la même face, & dans les deux faces des côtez: & un soubassement avec une plinte au dessus qui sert de socle aux pilastres & aux colonnes de ce grand ordre, regne autour de toute l'Eglise. Je laisse aux personnes intelligentes en Architecture à considérer combien de science & d'industrie

 l'on

l'on a employé dans la disposition & dans les ornemens, des colonnes & des pilastres doriques, pour y conserver toute la pureté qu'exige la régularité de ce même ordre.

Au milieu de la principale face un perron quarré de quinze marches, sert à monter presqu'à la hauteur du soubassement sous le portique de l'Eglise, qui est fort avancé en dehors & orné de six colonnes doriques, & d'un pareil nombre de pilastres derriere. Il y a quatre de ces colonnes de face sur le devant, & deux plus éloignées proche de la porte de l'Eglise pour faire simétrie sous le portique. Quatre autres colonnes de face moins avancées que les quatre précedentes, accompagnent de part & d'autre avec des pilastres engagez dans le mur, deux niches où des Statuës de marbre sont placées. L'une vers l'Occident est l'image de Saint Louïs vêtu de ses habits royaux; il s'appuye d'une main sur un bouclier, & il porte de l'autre main la figure de la couronne d'épine de Jesus-Christ. Et l'autre Statuë vers l'Orient, represente l'Empereur Charlemagne; son vêtement est un corps de cuirasse à la romaine, couvert d'un grand manteau; il y a un casque à ses pieds; une couronne de France est sur sa tête; & il tient en ses mains une épée nuë & un globe

globe ſurmonté d'une croix : pour déſigner l'Empire Romain qu'il tranſporta en Allemagne, laiſſant le Saint Siege joüir en pleine liberté dans l'Italie, de la ville de Rome & de tout le patrimoine de Saint Pierre.

L'ordre corinthien a un pareil nombre de dix colonnes élevées avec leurs pilaſtres au deſſus des colonnes & des pilaſtres doriques dont on vient de parler : car il y a encore dans cet ordre inférieur, aux côtez de tout le grand avant-corps du milieu, quatre colonnes doriques avec quatre pilaſtres derriere. Elles accompagnent deux fenêtres dans les deux parties des extrémitez de la même face ; & elles ſoûtiennent quatre Statuës de femmes au deſſus de l'entablement, & au devant de deux pilaſtres Attiques, entre leſquels ſont deux fenêtres un peu moins grandes que celles d'enbas. Des quatre Statuës, les deux plus proches des colonnes corinthiennes repréſentent la Juſtice & la Tempérance, & les deux plus éloignées la Prudence & la Force.

Dans l'ordre dorique l'on a orné le deſſus de la porte de l'Egliſe, de feſtons, de fleurs & de fruits attachez à trois conſoles qui ſoûtiennent la corniche de cette porte, ſur laquelle deux Anges aſſis ont en leurs mains quelques inſtrumens de la Paſſion de Jeſus-Chriſt. Il y a des amas de diverſes armes; comme des arcs, des carquois, des fléches, des caſques, des épées, des boucliers, & d'autres inſtrumens de guerre repréſentez en Bas-relief ſur les bandeaux des fenêtres. Une tête de Chérubin ſoûtient une eſpece de table d'attente ſur chacune des deux niches où les figures de S. Louïs & de Saint Charlemagne ſont placées. Et quantité d'armes & d'inſtrumens de guerre des Barbares entremélez avec des branches de palme, de laurier & d'olivier; & avec des couronnes propres à déſigner les victoires remportées ſur terre & ſur mer par les armées de France pour la defenſe des fidéles, & pour le progrès de la Religion chrêtienne: ces ornemens, dis je, rempliſſent dans la friſe de l'entablement entre les trigliphes, la plûpart des métopes de cette façade; n'y ayant que quelques métopes proche des angles où l'on n'ait point mis de ces ornemens, afin d'y faire paroître plus de ſimplicité & en même tems plus de ſolidité & de force pour tout l'édifice.

Dans l'ordre corinthien où la friſe de l'entablement eſt ornée de fleurs-de-lys cantonnées de langues de feu, l'on voit au deſſus des niches deux tables enfoncées. Là deux trophées d'armes Turques en Bas-relief, ſupportez chacun par deux Anges,

ges, ſont attachez à des mufles de Lion ; & plus haut deux tables d'attente de relief ont deux Anges aſſis ſur la corniche de chacune. Ils tiennent une palme d'une main, & de l'autre la figure de la couronne Royale de France. Dans l'intervalle du milieu au deſſus de la porte, il y a une grande ouverture de fenêtre en forme de niche : la partie d'enhaut eſt ornée d'un compartiment de cadres octogones remplis de roſes & de fleurs-de-lys : & des feſtons ornent le deſſus du bandeau, où deux Anges aſſis tiennent des inſtrumens de la Paſſion de Jeſus-Chriſt ; ſçavoir l'un la lance & le roſeau, & l'autre la couronne d'épines. Les deux fenêtres placées de part & d'autre aux côtez de l'avant-corps entre les pilaſtres attiques, ſont ornées de divers amas d'armes ainſi que les fenêtres de deſſous.

Mais c'eſt ſur le haut de cette principale façade que des figures & des Statuës déſignent plus particuliérement la piété & la Religion du Monarque qui a fait élever ce Temple. Un fronton porté par les quatre colonnes corinthiennes les plus avancées en dehors au milieu de la façade & ſur le portique, a dans ſon timpan l'écuſſon des armes de France, environné des coliers des ordres de Saint Michel & du Saint Eſprit & des autres ornemens qui lui conviennent, & ſur le ſommet de ſa corniche une croix accompagnée de deux figures de femmes aſſiſes. L'une par un cœur qu'elle tient en ſes mains, par un enfant qui eſt attaché à ſa mamelle, & par le flambeau allumé qui eſt proche d'elle entre les mains d'un autre enfant, repréſente la charité; & l'autre avec un voile ſur ſa tête, un livre ouvert en ſa main droite, & un calice qu'un enfant porte à côté d'elle, repréſente la foy.

Quatre Statuës de femmes ſont élevées de part & d'autre ſur des ſocles aux côtez du fronton, & audeſſus des quatre colonnes des extrémitez de l'avant-corps. L'une eſt la conſtance; un tronçon de colonne ſert à l'appuyer, & ſa tête eſt couronnée de fleurs. Une autre figure pour repréſenter l'humilité, eſt couverte d'une draperie, & foule du pieddroit des couronnes, en regardant un agneau qui eſt auprés d'elle de l'autre côté. La confiance exprimée par la troiſiéme figure, s'appuye d'une main ſur une ancre de vaiſſeau, & tient des fleurs de l'autre main: & la quatriéme marque la magnanimité par une maſſuë qui ſert à l'appuyer, & par une peau de Lion dont elle eſt couverte.

La baluſtrade du haut de l'Attique porte ſur les quatre angles du bâtiment quatre groupes, chacun de deux figures, qui repréſensentent les quatre Docteurs de l'Eglise latine & les quatre Docteurs de l'Eglise grecque pour faire une simétrie parfaite, tant dans la face de devant & dans celle des côtez, que dans ce qui paroît de la face de derriére dont le milieu est joint par le sanctuaire à l'ancienne Eglise. Ainsi des figures qui représentent Saint Augustin & Saint Ambroise chacun avec la mitre sur la tête, & le premier avec un cœur enflamé dans sa main, sont placées aux extrémitez de la principale face vers le midi. Une figure de Saint Basile qui ne compose qu'un même groupe avec celle de Saint Ambroise, est sur la face vers l'Occident, y ayant sur la même face à l'autre bout vers le septentrion une figure de Saint Jean Chrysostome jointe à une autre du Pape Saint Gregoire le grand qu'il est aîsé de distinguer par la tiare qu'il a sur sa tête. Celle-cy regarde le septentrion, ainsi que la figure de Saint Gregoire de Nazianzene qui est groupée à l'extrémité de la face Orientale avec celle de Saint Athanase autre Docteur grec, pour faire simétrie avec le groupe formé à l'autre extrémité de cette quatriéme face par une figure de Saint Jérôme jointe à celle de Saint Augustin que l'on a remarquée dans la principale face qui est vers le midi.

Tous ces ornemens disposez avec tant

d'ordre & d'intelligence au dehors de cette Eglise pour faire connoître dès le premier aspect la sainteté du lieu, n'empêchent pas qu'on ne remarque dans le corps principal de l'édifice, outre une élégance merveilleuse d'Architecture, toute la simplicité qui y convient. Car la même idée de force & de solidité qui paroît si avantageusement aux extrémitez de la face méridionale, est encore à considérer dans les autres faces où l'Eglise n'a ny entrée ny rien qui ait besoin d'embellissemens particuliers. Il n'y a ny colonnes ny pilastres dans l'ordre d'en bas, qui est le même ordre dorique qu'on a remarqué.

La face vers l'Orient, & celle qui regarde l'Occident, ont chacune un avant-corps au milieu du grand bâtiment équilateral. Là deux massifs, couverts chacun d'une table d'attente, & ornez de divers instrumens de guerre en bas-relief dans les métopes de la frise dorique, soûtiennent sur la corniche du même ordre & dans l'Attique, quatre pilastres qui servent à porter un grand fronton. Deux fenêtres, l'une en bas dans l'ordre dorique, & l'autre audessus entre les pilastres, ont pour ornement, la premiere, trois consoles & deux Anges assis sur le bandeau avec une couronne Royale de France en leurs mains; & celle de l'Attique, des festons de fleurs & de fruits

fruits attachez à une grande consôle lui sert de clef, & qui aide à soûtenir la corniche du même Attique sous le milieu du fronton. Quatre autres fenêtres moins grandes placées les unes audessus des autresavec une parfaite simétrie, & également distantes de l'avant-corps & des extrémitez de chaque face, ont chacune un double bandeau, & pour embellissemens dans les clefs, deux têtes de Chérubins aux fenêtres d'en bas, & un bouclier rond accompagné d'arcs, de carquois, de fléches, de javelots & de branches de laurier aux fenêtres de l'Attique. Un écussion des armes de France & divers ornemens de sculpture remplissent le milieu du fronton : & des piédestaux de même hauteur que la balustrade qui regne de part & d'autre du fronton sur toute la face, ont pour amortissement audessus des pilastres, quatre vases ornez de têtes de Cherubins & de festons, & terminez chacun par une fleur-de-lys.

Le même bâtiment équitéral dans la face septentrionale & à chaque côté du sanctuaire ovale qui unit la nouvelle Eglise à l'ancienne, fait voir deux fenêtres ornées de simples bandeaux, l'une dans l'Attique, & l'autre sous l'entablement dorique, où une distribution de métopes & de trigliphes regne dans la frise, de même qu'à l'entablement dorique des autres faces. Le tuaire a aussi deux fenêtres l'une sur l'autre vers l'Orient, & autant vers l'Occident où une autre petite fenêtre sert en chacune de ces expositions à donner du jour sous deux terrasses qui environnent le sanctuaire par dehors. Les terrasses s'etendent depuis la nouvelle Eglise jusqu'à deux petits bâtimens ronds presque isolez, qu'on a joints à l'ancienne Eglise & au sanctuaire pour servir de Sacristies. Ces édifices ont peu d'exhaussement; mais le sanctuaire n'est pas moins élevé que les deux Eglises; de sorte que la balustrade du haut de l'Attique qui regne dans toute l'étenduë de l'Eglise nouvelle, environne la coupole du sanctuaire proche du comble de l'ancienne Eglise.

C'est donc la principale face de la nouvelle Eglise qu'il faut davantage considérer pour la richesse & la somptuosité des ornemens qui l'embellissent audehors. L'avant-corps où l'on voit l'entrée de ce Temple auguste, est proportionné en toutes ses parties à la grandeur & à la beauté du Dome qui paroît répondre audessus; & qui s'éleve, comme nous avons dit, du milieu du grand bâtiment équilateral. Il y a peu d'édifices en Europe que ce Dome ne surpasse par son élevation, & l'on ne peut rien comparer à la beauté de sa forme ni à l'execellence de ses ornemens. Ils donnent de l'admiration d'aussi loin qu'on peut le decouvrir: car

car nul autre edifice n'est vû de plus loin, de quelque côté que l'on approche de Paris.

Un ordre de quarante colonnes composites décore le dehors du Dome audessus d'un soubassement qui sert à l'élever pour en faire mieux voir d'en bas toutes les parties. Mais l'Art & le sçavoir de l'Architecte paroît principalement dans la disposition & l'arrangement de ces colonnes, qui cachent avec une industrie merveilleuse tout ce qui sert à la solidité même du Dome. Elles ajoûtent de la force aux massifs dont elles sont le principal ornement, & répandent sur tout l'Ouvrage une aparence de délicatesse & de légereté. Car en effet trente deux de ces colonnes employées à cantonner huit forts massifs qui servent de piliers buttans audehors, augmentent la solidité & en même tems la beauté de tout l'édifice, Les huit autres colonnes sont accouplées audevant de quatre tremeaux de fenêtres dans le milieu des quatre faces de l'Eglise. Deux fenêtres sont séparées par ces tremeaux & par ces colonnes en chacune de ces quatre faces; & il y a une autre fenêtre semblable qui répond à chaque angle du bâtiment équilateral de la même Eglise entre deux des huit massifs ou piliers buttans ornez de colonnes. Je laisse a considérer avec quelle grace ces douze fenêtres ainsi distribuées, sont émbellies

lies de bandeaux & de corniches soutenuës chacune dans le milieu par une tête de Cherubin, & surmontées d'un vase aux côtez duquel deux Anges sont assis.

Un Attique audessus de l'ordre composite, a un pareil nombre de douze fenêtres terminées en cintre par le haut, au lieu que celles de dessous & toutes les fenêtres & la porte même sont bombées assez légérement. Des festons de fleurs attachez à des consoles qui servent de clefs aux fenêtres de l'Attique, pendent de part & d'autre sur leurs bandeaux. Mais ce qui l'embellit davantage, & ce qui en rend néanmoins la construction très-solide; ce sont huit enroulemens en forme de consoles ornez chacun dans le haut, d'une tête de Chérubin, & accompagnez de part & d'autre dans le bas, de deux grandes Statuës. Les huit têtes de Chérubins des enroulemens, & quatre autres têtes semblables qui répondent au milieu des quatre faces de l'Eglise dans l'Attique, ont des guirlandes de fleurs qui pendent audessous, & qui servent avec les corps de derriére, à soûtenir la corniche d'où la coupe du Dome s'éleve.

Les seize Statuës représentent les douze Apôtres avec S. Paul & S. Barnabé Apôtres des Gentils, S. Jean Baptiste, & un ancien Prophéte. Elles sont portées ainsi que les enroulemens, sur des piédestaux audessus

dessus des huit grands massifs ou piliers buttans de l'ordre composite : & une balustrade de pierre regne à la hauteur de ces piédestaux sur la corniche du même ordre, pour servir d'appui à un coridor qui environne l'Attique au dehors & sous les enroulemens.

Pour servir d'amortissement audessus de tous les massifs ornez de guirlandes & de têtes de Chérubins dans l'Attique, il y a sur la corniche des socles de pierre chargez de douze vases en façon de torcheres enflâmées. C'est derriére ces vases qu'un grand socle doré porte la couverture du Dome. Elle est faite en maniére de coupe, mais d'une forme si belle qu'elle ne surprend pas moins que la richesse des ornemens particuliers de cette vaste partie du Dome qui est presque toute couverte d'or. Car non seulement les douze côtes qui répondent aux massifs de dessous, sont entierement dorées avec les guirlandes de fleurs & les autres ornemens qui sont dessus : mais de grands trophées d'armes en Basrelief qui remplissent chaque intervalle de ces larges côtes, sont tous couverts de dorure. Il y a au milieu de ces trophées, des casques dont les visiéres servent de fenêtres pour donner du jour au dedans de la couverture du Dome. Au dessus du cordon où des trophées sont attachez, & où

les

les côtes se terminent, une maniére de campane s'étend jusqu'à un autre cordon & à des consoles qui portent une forme ronde, où la lanterne du Dome est élevée: toutes ces parties, la lanterne, la balustrade de fer qui l'environne, l'obélisque, la pomme & la croix, sont dorées entiérement. La lanterne toute à jour a quatre arcades, douze colonnes, & sur l'entablement quatre Statuës de femmes représentant des vertus, audessus des quatre colonnes les plus saillantes, & qui sont isolées. Enfin l'obélisque semée de fleur-de-lys & dressée au haut de la lanterne, porte la pomme & la croix jusqu'au sommet de laquelle il y a plus de trois cent pieds d'élevation depuis le bas de l'Eglise.

Si l'éclat de l'or dont tout le haut du Dome des Invalides est couvert, attire de loin les regards; & si la grandeur & la beauté de tous les dehors de cette nouvelle Eglise cause de l'étonnement à ceux qui la veulent voir de plus près; un ravissement qu'on ne peut exprimer, surprend en entrant dans cet auguste Temple. La vûë découvre dès le premier aspect au delà du sanctuaire par une ouverture très-spacieuse, toute l'étenduë de l'ancienne Eglise d'où la grande hauteur du Dome & tout ce qui forme l'Eglise nouvelle, produit encore un effet surprenant.

Par le bel ordre & par la noble ſimplicité des plus riches ornemens qui bien qu'en aſſez grand nombre dans la nouvelle Egliſe ſont néanmoins employez ſans confuſion & avec une ſage œconomie, on pourroit juger que rien n'eſt plus aiſé que d'en faire connoître toute l'excellence. Deux colonnes accompagnées de pilaſtres de part & d'autre de la porte qui ſert de principale entrée ; douze autres pilaſtres, quelques-uns pliez, & le reſte accouplez dans les deux côtez de chacune des quatre parties de la croix grecque, où il y a à chaque côté entre ces pilaſtres une porte particuliére pour les Chapelles ; huit colonnes iſolées accompagnées encore de pilaſtres ſous le Dome au milieu de la croix grecque, & aux côtez de quatre autres portes des Chapelles qui ont ainſi chacune trois entrées differentes : toutes ces colonnes & tous ces pilaſtres d'égale hauteur ſont d'ordre corinthien. Huit pilaſtres ſemblables ornent le ſanctuaire : & l'Egliſe ancienne que l'on découvre au delà vers le ſeptentrion, eſt auſſi décorée de pilaſtres corinthiens.

Très peu de perſonnes s'arrêtent d'abord à conſidérer cette diſpoſition d'ornemens d'Architecture qui ſeule néanmoins peut ſervir à faire voir avec facilité la belle ordonnance & le travail excellent de toutes les

les parties d'un édifice si somptueux. Le grand autel comme la partie la plus sainte du Temple, & en même tems la plus ornée attire en entrant tous les regards. On ne les détourne d'aucun côté jusqu'à ce qu'on soit arrivé sous le Dome : mais alors les différentes vûës & les nouveaux embellissemens qu'on découvre de toutes parts, & plus que le reste la hauteur extraordinaire du Dome même ôte à l'esprit toute la libe té qu'il faudroit pour considérer avec ordre tout ce que l'on voit d'éclatant dans un lieu si vaste, & qui imprime tout à la fois tant de surprise & tant de respect. Les yeux attirez par une infinité d'objets, s'élevent insensiblement & s'atachent bientôt à considérer les peintures qui ornent le haut du Dome, & par lesquelles on a principalement eu dessein d'instruire les vrais fidéles du culte saint que l'on doit offrir à Dieu dans ce Temple auguste, suivant les grands & les pieux sentimens du Monarque qui l'a fait élever.

On voit au plus haut de la coupe de ce Dome au milieu d'une gloire toute resplendissante de la lumiére la plus vive, le mystere ineffable de la très-Sainte Trinité un seul Dieu en trois personnes representées distinctement par les figures du Pére éternel, du divin Verbe son Fils unique Notre-Seigneur Jesus-Christ, & du très-

ado-

adorable Saint-Esprit. La très-sainte & très-sacrée Vierge Marie paroît figurée proche de son Fils notre divin Sauveur & Redempteur : & il semble que ce soit par l'intercession de cette Sainte Vierge Mere de Dieu, que la très-sainte Trinité benit du haut du Ciel un grand écusson des armes de France présenté par S. Louïs & soûtenu par des Anges.

Une grande multitude de ces esprits célestes & un nombre infini de Saints, de Saintes, de Prophétes, de Patriarches & de Bienheureux sont peints dans toute l'étenduë du bas de la même coupe audessus de l'ouverture de la voûte inférieure. Celle-ci portée par un grand ordre de vingt-quatre pilastres composites, accouplez dans les tremeaux de douze fenêtres, est ornée audessus de ces mêmes fenêtres, de douze tableaux où les Apôtres sont figurez chacun avec leurs attributs différens : & quatre autres grands tableaux, comme attachez aux pendentifs ou panaches du même Dome à la hauteur de quatre tribunes que les huit colonnes isolées du grand ordre corinthien élevent entre les quatre parties de la croix grecque, représentent les Evangelistes S. Mathieu, S. Marc, S. Luc & S. Jean.

Plus on regarde les ornemens du Dome, & plus on est surpris de leur beauté & de leur richesse. L'or brille de tous côtez dans la voûte inférieure. Le cordon de l'ouverture qui eſt orné de pampres de vignes, & qui ſert comme de bordure aux peintures de la ſeconde voûte, faite en forme de coupe, les bordures des tableaux des douze Apôtres, les bandes ornées de roſes qui les ſéparent & qui répondent aux pilaſtres compoſites; toutes ces parties ſont couvertes d'or. Mais leur éclat ni les riches baluſtrades des tribunes, ni les bordures dorées des tableaux des quatre Evangéliſtes faites en maniére de grands cartouches ornez de palmes & de têtes de Chérubins, n'empêchent point que dans l'Architecture de l'ordre compoſite on ne remarque la beauté des pilaſtres, les ornemens des fenêtres, l'entablement qui couronne cet ordre, & ſous ce même ordre une eſpéce de ſoubaſſement tout enrichi de ſculpture au deſſus d'une grande corniche inférieure.

C'eſt-là que ſous les fenêtres, douze médailles rondes, rangées autour du Dome ſur une large bande ſemée de fleur-de-lys, repreſentent en Bas-relief les portraits de douze des Rois de France les plus renommez par leur valeur & par leurs vertus; ſçavoir Clovis premier Roi Chrétien & le cinquiéme de nos Rois, Dagobert onziéme Roi, Childebert II. dix-ſeptiéme Roi, l'Empereur Charlemagne vingt-quatriéme Roi,

Louïs

Loüis le Débonnaire son fils vingt-cinquiéme Roi & Empereur, Charles le Chauve vingt-sixiéme Roi aussi Empereur, Philippe Auguste quarante-deuxiéme Roi ; S. Loüis IX. de ce nom, quarante-quatriéme Roi ; Loüis XII. cinquante-septiéme Roi ; Henri IV. soixante-deuxiéme Roi ; Loüis XIII. soixante-troisiéme Roi ; & Loüis XIV. soixante-quatriéme Roi : car les noms de tous ces Rois sont ainsi marquez autour de leur portraits. La derniére de ces douze médailles qu'on reconnoît pour le portrait de Sa Majesté, est placée à côté de celle du Roi Clovis, au-dessus de la grande arcade que le Dome a du côté du septentrion.

Aprés avoir long-tems arrêté les yeux sur tant d'objets considérables, & particuliérement sur l'image du sacré mistére de l'adorable Trinité qui est le fondement principal de la religion Chrétienne, l'on ne regarde qu'avec plus d'attention dans le sanctuaire, d'autres peintures qui remplissent une place trés-distinguée audessus d'une grande arcade toute ouverte, par où l'on découvre l'étenduë entiére de l'ancienne Eglise des Invalides. La trés-sainte Mere de Jesus-Christ est representée par ces peintures ; des nuages la portent ; des Anges l'élevent jusqu'au plus haut des Cieux : & Dieu lui donnant audessus des Anges

&

& des Saints un rang qu'elle a mérité par la grace singuliére d'avoir été trouvée digne d'enfanter le Sauveur du monde, la place proche de son trône. On ne pouvoit pas mieux faire connoître la dévotion qui est dûë par tous les Chrêtiens à la sacrée Vierge. La France l'a toûjours reverée & invoquée très-particuliérement : & le Roi par des sentimens dignes de la Religion & de la pieté de ses augustes Ancêtres a voûé comme eux à cette Reine du Ciel sa personne sacrée & son Royaume, n'y ayant pas de plus puissante protection auprès de Dieu, ni qui aide davantage à sanctifier les Princes & les peuples.

Divers mistéres de notre sainte Religion sont représentez en Bas-relief dans l'épaisseur de la même arcade qui unit les deux Eglises. Il y a sous la clef en une bordure ronde pour Symbole de l'adorable Trinité un Triangle équilateral resplendissant de lumiére. Le mot *Jéhova* en Hebreu, ce Saint nom de Dieu que les Israëlites ne prononçoient jamais par un respect & par une crainte Religieuse, est marqué au milieu du triangle, & plusieurs Anges sont prosternez aux côtez. Dans deux autres bordures rondes proche des impostes de l'arcade, l'on voit d'un côté le chandelier à sept branches qui ornoit le tabernacle, & qui fut mis depuis dans le Temple de Jérusarusalem, & de l'autre côté des Fonts Baptismaux. Deux bordures plus hautes que larges, contiennent entre les trois précedentes, l'une la figure de l'Arche-d'Alliance, & l'autre la figure du très-saint Sacrement de l'Eucharistie. Quatre grands chandeliers d'autel sont représentez aux côtez de l'un & de l'autre de ces Bas-reliefs dans des bordures particuliéres: & un compartiment de cadres remplis de roses, sert de fond à tous ces ornemens.

C'est devant le milieu de l'ouverture de cette arcade que le grand Autel est placé. Outre sept marches qui élevent autour du Dome le pavé de toutes les Chapelles & de trois des quatre parties de la croix grecque qui sont de plein-pied avec le sanctuaire; il y a dans le sanctuaire même six autres marches qu'il faut monter entre les piédestaux de six grandes colonnes torses, pour arriver jusqu'au marchepied de l'Autel. Les colonnes servent à soûtenir un dais, dont l'élevation quoique fort haute du côté de la nouvelle Eglise, paroît beaucoup davantage du côté de l'Eglise ancienne, à cause que non seulement cette Eglise a moins d'exhaussement que la nouvelle; mais aussi parce que son pavé est plus bas, & presque au plein-pied de toute la maison des Invalides, où elle sert de Chapelle.

Com-

Comme il eſt à propos que l'on ſçache quelque choſe de la grandeur & de la diſpoſition génerale de cette ancienne Egliſe, je dirai que du midi au ſeptentrion où elle a ſa principale entrée par la grande Cour Royale de l'Hôtel des Invalides, elle contient à peu près autant d'étenduë que l'Egliſe nouvelle en a du ſeptentrion au midi, où nous avons remarqué que l'entrée de dehors de celle-ci eſt ſituée : auſſi les deux Egliſes ont enſemble quatre cent vingt pieds de longueur, & environ quarante pieds dans leur moindre largeur. L'ancienne Egliſe ou Chapelle intérieure de la maiſon a ſoixante-ſix pieds d'exhauſſement depuis ſon pavé juſque ſous la clef de ſa voûte. Une grande tribune auſſi longue que cette Chapelle eſt large, eſt audeſſus de la principale entrée vers le ſeptentrion : & d'autres tribunes encore plus ſpacieuſes & toutes voûtées, regnent ſur les aîles qui ſont auſſi voûtées ; & qui forment de part & d'autre de la même Chapelle ou ancienne Egliſe, une décoration de dix-huit arcades accompagnées de vingt-pilaſtres d'ordre corinthien. Ces pilaſtres s'élevent juſqu'au haut des tribunes, dont les ouvertures particuliéres par où elles ont vûë ſur l'Egliſe, répondent audeſſus des arcades des aîles : & d'autres pilaſtres corinthiens de ſemblable hauteur, ſont accouplez dans une

une partie faite en demi-cercle qui termine vers le midi l'extrémité de la même Eglise, & qui lui sert comme d'un sanctuaire particulier au devant du grand Autel.

Voilà en peu de mots quelle est l'ancienne Eglise ou Chapelle intérieure des Invalides. Comme sa plus grande largeur en comprenant celle des aîles ou bas-côtez, a près de soixante & douze pieds, il y a un espace plus que suffisant pour contenir les trois mille Officiers & Soldats qui sont logez & entretenus dans la maison ; & toutes les personnes commises, ou pour les gouverner & les maintenir dans la discipline, ou pour administrer leurs revenus, ou pour les servir & prendre soin des malades ; sans parler d'une Communauté nombreuse de Missionnaires qui célebrent continuellement l'Office divin dans les deux Eglises, qui administrent les Sacremens dans la maison, & qui y veillent à l'instruction Chrétienne & au salut de tant de personnes dont la conduite spirituelle leur est confiée.

Trente-six fenêtres donnent de part & d'autre de l'Eglise ancienne ou Chapelle intérieure, un fort grand jour aux aîles & aux tribunes de dessus : & il y a dix-huit autres fenêtres dans les lunettes de la grande voute sur l'entablement corinthien. Les bandeaux de cette voute portez par les pilastres audessus de la corniche, & un autre bandeau qui regne sous la clef tout le long de l'Eglise, sont ornez de roses, de fleur-de-lys & de couronnes. Enfin la grande arcade où l'autel est placé, est ouverte entre les pilastres accouplez; & son arc a pour imposte le même entablement corinthien qui porte la voute, desorte qu'elle contient soixante pieds de hauteur sur vingt-quatre pieds de largeur ou environ.

Je ne m'arrêterai point à marquer davantage les beautez de ces diverses parties, qui surpassent ce que l'on voit dans la plûpart des Eglises modernes; mais qui n'égalent pas en richesse d'ornemens tout ce qui nous reste à observer dans la nouvelle Eglise des Invalides. Il faut seulement ajouter que le pavé du sanctuaire particulier de l'ancienne Eglise ou Chapelle intérieure est élevé de six marches; & que trois autres marches servent à monter au marche-pied d'une table sacrée du grand Autel: car le même Autel a une autre table plus elevée pour la nouvelle Eglise, & cette table haute, sert par derriére de contretable à celle d'enbas. Il n'est point de structure plus belle; tout l'Autel est de marbre & enrichi de bronze doré; deux escaliers de dix marches aussi de marbre servent de part & d'autre à monter du sanctuaire de l'ancienne Eglise ou chapelle intérieure

des

des Invalides au ſanctuaire de l'Egliſe nouvelle. C'eſt d'ici que l'on peut conſidérer plus facilement tout l'Art qui a été employé dans la conſtruction de cet Autel pour le rendre plus propre à y célebrer le ſaint Sacrifice de la Meſſe avec toute la dignité qui convient à un myſtére ſi auguſte.

Les deux tables ſacrées diſpoſées de la maniére que nous avons remarqué, donnent moyen d'y dire deux Meſſes baſſes en un même tems : & de quelque côté qu'une Meſſe haute ſoit chantée à ce grand Autel, elle eſt entenduë également dans les deux Egliſes où elle peut être celebrée en différens tems avec toute la pompe & toute la Majeſté des céremonies Chrétiennes.

Les ſix colonnes torſes, élevées, comme il a été dit, aux côtez & au devant du même Autel, ſont toutes de bronze enrichies de pampres de vigne & d'épics de bled pour ſignifier le pain & le vin qui ſont les eſpéces ſous leſquelles le Corps & le Sang de Jeſus-Chriſt ſont donnez aux Chrétiens dans le ſaint Sacrement de l'Euchariſtie. Les colonnes portent un entablement ſur leurs chapiteaux qui ſont d'ordre compoſite; plus haut, quatre grands enroulemens, ornez d'un compartiment de roſes & de fleur-de-lys au-deſſous & aux côtez, & de palmes par-deſſus, s'élevent pour ſoutenir enſemble audeſſus de la table la plus haute de l'Autel un riche dais orné de campanes: & toute cette ſtructure magnifique qui forme ce que l'on appelle un *Baldaquin* dans les Egliſes de Rome, eſt de bronze. Pluſieurs figures d'Anges & de Chérubins auſſi de bronze ſont autour, & audeſſus du dais: & l'une des plus petites de ces figures éleve une croix que les autres figures d'Anges & de Chérubins qui l'accompagnent, ſemblent adorer, pendant que les plus grandes figures placées ſur le bas des enroulemens audeſſus des colonnes, marquent par leurs attitudes & par leurs expreſſions différentes, le reſpect & la crainte avec laquelle on doit approcher d'un lieu ſi ſaint.

Il ne reſte plus à obſerver dans le ſanctuaire que ſa grandeur. Il a cinquante-quatre pieds de longueur de l'Orient à l'Occident, ſur trente-ſix pieds de largeur du ſeptentrion au midi; & ſoixante & douze pieds de hauteur juſque ſous la clef de ſa voute. Deux figures de femmes en Bas-relief ſont aſſiſes ſur les bandeaux de chaque fenêtre baſſe du ſanctuaire aux côtez d'une conſole d'où pendent des feſtons de fleurs. Les figures de la fenêtre vers l'Occident répreſentent, l'une la charité par des enfans qu'elle a auprès d'elle; & l'autre, qui a des aîles au dos, la liberalité chrétienne par une corne d'abondance pleine d'ard'argent monnoyé qu'elle répand : & celles de l'autre fenêtre expriment, l'une la foi, & l'autre l'espérance. Deux fenêtres ornées de bandeaux sont ouvertes dans la voute audessus de celles-ci.

Après le sanctuaire & le grand Autel où l'on adore la présence réelle du Corps & du Sang de Jesus-Christ dans le Sacrement inéfable de l'Eucharistie, les Eglises n'ont rien de plus saint que la chapelle de la Vierge sa très-sacrée & très-sainte Mére, dont l'intercession est la plus éficace auprès de son divin Fils: c'est pourquoi cette chapelle occupe ici la partie de la croix grecque qui est terminée en portion de cercle vers l'Orient. Il y a sur l'Autel un tabernacle accompagné de deux Anges, & audessus une Statuë de marbre de l'image de la sainte Vierge. L'autre partie de la croix grecque terminée en portion de cercle vers l'Occident, est une chapelle dediée à sainte Thérese qu'on a figurée aussi par une Statuë de marbre sur une Autel semblable à celui de la chapelle de la Vierge. Les deux Autels sont placez l'un vis-à-vis de l'autre, chacun sous une fenêtre dans une arcade surbaissée qui audessus de son bandeau a deux figures de femmes en Bas-relief. Celles de la chapelle de la Vierge representent, l'une la prudence, & l'autre la tempérance ; & celles de la chapelle de sainte Thérese expriment, l'une la force, & l'autre la justice: & chacune de ces deux chapelles a trente-huit pieds de profondeur sur quarante pieds de largeur & sur soixante & dix pieds de hauteur. Les deux autres parties de la croix grecque ont la même largeur & un même exhaussement sous les voutes qui toutes sont faites en berceau & fortifiées d'Arcs-doubleaux ou bandeaux richement ornez. Il y a une grande fenêtre sur l'entablement audessus de la porte de l'Eglise, & audessus des arcades où les Autels de la Vierge & de sainte Thérese sont placez.

Mais combien d'autres ornemens également capables d'inspirer des sentimens de vertu, de piété & de religion, attirent encore les yeux de divers côtez dans la même Eglise nouvelle des Invalides ? C'est l'Histoire de France, & particuliérement la vie du Roi S. Louis principal Patron de cette Eglise, qui a fourni la plûpart des sujets de ces ornemens. Quatre grands Bas-reliefs sous les tribunes du Dôme & audessus des portes que les Chapelles rondes ont de ce côté, représentent plusieurs Anges sur des nuages. Les uns sous la tribune qui est entre la chapelle de la Vierge & la partie de la croix grecque du côté du sanctuaire, semblent apporter du Ciel l'écu des Armes de France à trois fleur-de-lys. D'autres sous la tribune entre la partie de la croix grecque

que du côté du sanctuaire & la chapelle de sainte Thérese, tiennent la figure de la sainte Ampoule envoyée du Ciel à Clovis avec la couronne & le sceptre Royal. Un troisiéme groupe d'Anges representez aussi sur des nuages sous la tribune entre la chapelle de sainte Thérese & la partie de la croix grecque, du côté de l'entrée de l'Eglise, tiennent la figure de l'Oriflame, ce fameux étendard que la France a si souvent déployé dans les guerres qu'elle a entreprises pour la Religion contre les Infidéles. Et d'autres figures d'Anges sous la quatriéme tribune du Dome, semblent aussi apporter du Ciel une épée, un casque & un corps de cuirasse. Il seroit trop long de vouloir marquer ici toutes les mesures des différentes parties intérieures du Dome, ainsi que la forme & les proportions avantageuses de toutes ces parties. Il est octogone dans le bas, ce qui a donné lieu à huit différens aspects: car il en reste quatre à considérer par les portes que les Chapelles rondes ont sous les tribunes dans les étenduës diagonales du grand bâtiment équilatéral, dont nous avons dit d'abord que la nouvelle Eglise des Invalides est formée. Les marches qui environnent tout le Dome en dedans, excepté du côté de l'entrée, sont circulaires; & non seulement les piédestaux des colonnes qui portent les tribunes, suivent cette même figure; mais le

Dome devient aussi rond, depuis le dessus des tribunes jusqu'à la plus haute voute dont la clef est élevée de cent quatre-vingts pieds audessus du pavé : ce Dome si magnifique ayant près de quatre-vingt-dix pieds de diamétre.

Avant que d'entrer dans les chapelles rondes, il est à propos que l'on s'arrête quelque tems à considérer les ornemens des huit portes qu'elles ont, comme il a été dit, entre les pilastres qui décorent de part & d'autre les quatre parties de la croix grecque. Ces portes sont cintrées & ornées chacune d'un bandeau. Deux têtes de Chérubins soutiennent audessus un Bas-relief, dont la corniche sert à porter un autre ornement de sculpture, composé d'armes & d'instrumens de guerre avec des branches de palme & de laurier, ou d'instrumens d'Arts & de sciences ; & sur tout des instrumens necessaires à la construction des édifices sacrez & à la célebration de l'Office divin dans les Eglises, ces instrumens accompagnez aussi de branches de palme, de laurier & d'olivier entremêlées de tiges de roses, de lys & d'autres fleurs selon le sujet que le Bas-relief de dessous représente. Car il y a un sujet différent exprimé dans le Bas-relief de chacune de ces portes : & tous ces huit sujets avec huit autres que l'on verra dans les chapelles, désignent

ſignent autant d'actions mémorables de la vie du Roi ſaint Loüis.

Les ſujets des deux Bas-reliefs qui ſont au deſſus des prémiéres portes dans la partie de la croix grecque vers le midi, font voir d'un côté ſaint Loüis qui reçoit la bénediction du Pape en paſſant à Lyon pour aller au voyage d'outremer; & de l'autre côté le même ſaint Roi recevant le Sacrement de l'extrême-Onction. Des deux Bas-reliefs des portes qui ſont dans la chapelle de la Vierge, l'un repréſente ſaint Loüis lorſqu'il combatit en perſonne contre les infidéles devant la ville de Damiete, qu'il conquit peu de jours après y être débarqué: & l'autre fait voir comme ce ſaint Roi, parmi pluſieurs Egliſes & Hôpitaux qu'il a fondez en France, ordonna de bâtir l'Hôpital & l'Egliſe des quinze-vingts aveugles de Paris. Dans les Bas-reliefs des portes de la chapelle de ſainte Thérese, on voit d'une côté ſaint Loüis qui porte en proceſſion la couronne d'épines, & les autres ſaintes reliques de la paſſion de notre Seigneur Jeſus-Chriſt qu'il acheta de l'Empereur Baudoüin. Il les mit dans la ſainte chapelle qu'il fit conſtruire pour ce ſujet à Paris dans le Palais où il faiſoit alors ſon ſejour ordinaire; & de l'autre côté le St. Roi touche & guerit les malades. Quant aux deux Bas reliefs des portes qui ſont dans la partie de la croix grecque entre le Dome & le sanctuaire; l'un fait voir la charité du Roi saint Loüis pour les pauvres qu'il servoit à table fort souvent; & l'autre exprime son zéle pour la propagation de la foi chrétienne par les Missionnaires qu'il envoya en des païs éloignez pour prêcher & annoncer l'Evangile aux infidéles.

Les quatre chapelles rondes, comme on vient de remarquer, ont chacune trois entrées. L'une ouverte en forme de niche sous une des tribunes & dans l'un des massifs qui porte le Dome, a au fond de cette sorte de niche une porte de huit pieds de largeur, & de dix-huit pieds de hauteur: & au travers de l'épaisseur du massif un passage est fait en berceau, & orné d'un compartiment de cadres remplis de roses & de fleur-de-lys. Pour les deux autres entrées que chacune des mêmes chapelles a dans deux des quatre parties de la croix greeque, leurs portes ne sont pas plus larges ny plus hautes que celles de l'entrée vers le Dome: mais leurs passages ont quinze pieds d'étenduë jusque dans la chapelle, & dix pieds dans leur plus grande largeur sur vingt-deux pieds de hauteur sous les clefs des voutes qui sont faites en maniére de petites coupes rondes, toutes enrichies de compartimens de cadres aussi remplis de fleur-de-lys & de roses.

Sous

Sous ces deux passages il y a une porte à côté de chacune, & six de ces portes servent aux quatre chapelles pour aller à six escaliers ronds. Ils sont pratiquez dans l'épaisseur des massifs des avant-corps que nous avons remarquez aux faces extérieures de l'Eglise, tant au milieu de la principale face vers le midi où la porte de cette Eglise est ouverte & où deux de ces escaliers ont chacun douze pieds de diamétre, qu'au milieu des deux faces qui regardent l'Orient & l'Occident derriére les chapelles de la Vierge & de sainte Thérese, où les quatre autres escaliers occupent chacun par leur diamétre un espace de neuf pieds.

L'on peut si l'on veut, par ces six escaliers, descendre Aux caves qui sont sous l'Eglise. Je laisse à y considérer la construction solide des fondemens de ce grand édifice, & toutes les précautions dont on s'est servi pour le rendre de plus longue durée qu'aucun autre. La partie de ces escaliers que l'on nomme le noyau, est percée dans le milieu depuis le bas des fondemens où il y a sous les caves des acqueducs ou conduits souterrains, jusqu'au haut de l'Eglise; & sert de descente aux eaux qui tombent du Ciel sur la couverture dont l'artifice ingenieux mérite d'être remarqué. Pour cela je dirai en peu de mots que toute l'Eglise, sur les voutes des quatre parties de la croix grecque & des quatre chapelles rondes, eſt couverte de grands quartiers de pierre de taille. Ils ſont poſez à joints recouverts & comme par degrez avec beaucoup de pente : de ſorte que les eaux de pluye s'écoulent auſſi-tôt par des conduites différentes faites auſſi de pierre, & ſe précipitent par les ſix deſcentes du milieu du noyau des eſcaliers dans les acqueducs ou conduits ſouterrains.

L'entrée que les chapelles rondes les plus proches du ſanctuaire, ont chacune dans la partie ſeptentrionale de la croix grecque, conduit par la porte qui eſt à côté du paſſage, ſous la terraſſe attachée au dehors du même ſanctuaire, & de là à l'un des deux bâtimens ronds qui ſervent de ſacriſties aux deux Egliſes ; ayant chacun une autre entrée ſous les aîles ou bas côtez de l'Egliſe ancienne ou chapelle intérieure des Invalides. Mais il ne s'agit plus ici que de décrire ſommairement ce qu'il reſte à conſidérer dans les quatre chapelles rondes de la nouvelle Egliſe. Elles ſont ſemblables entre elles par leur grandeur, par leur forme & par la diſpoſition de leurs ornemens. Leur plus grande élevation eſt d'environ ſoixante & quatorze pieds ſur trente-ſix pieds de diamétre : huit colonnes d'ordre corinthien également diſtantes l'une de l'autre & élevées ſur des piédeſ-

daux

taux, ſoutiennent autour de chacune de ces chapelles un entablement. Audeſſus une eſpece de ſoubaſſement où la voute prend ſa naiſſance, a devant ſoi des groupes de figures en Bas-relief, un à l'Orient, un autre au midi, un à l'Occident, & un quatriéme au ſeptentrion; tous placez entre quatre avant-corps ou piédeſtaux, ornez auſſi en Bas-relief chacun dans le milieu de leur face, d'un bouclier accompagné de pluſieurs branches d'olivier, de laurier & de palme entremêlées de tiges de lys, de roſes, ou d'autres fleurs ſelon les différens qui ſont exprimez par d'autres Bas-reliefs plus conſidérables dans chaque chapelle. Des eſpéces de grandes tables ſaillantes plus larges par le bas que par le haut, s'élevent dans la voute depuis le deſſus de cës piédeſtaux juſqu'à une corniche qui ſert de bordure ſous une autre petite voute plus exhauſſée en forme de coupe: une riche bordure de tableaux faite en cartouche audevant de chacune des tables de la voute inférieure, porte des coquilles & en haut des feüillages, & paroît ſoutenuë par des figures d'Anges de relief qui la parent de feſtons: & de quatre ouvertures de fenêtres qui ſont entre ces bordures de tableaux, il y en a deux qui ſervent à donner du jour à la chapelle; les deux autres ouvertures ſont feintes & remplies de peintures

tures, de même que la petite voute en forme de coupe : & toutes les quatre ouvertures ont chacune un chambranle, & audessus une tête de Chérubin avec des festons de fleurs. Quant aux groupes de figures en Bas-relief qui sont sous les chambranles de ces fenêtres devant le soubassement, ils représentent dans les deux chapelles les plus proches du sanctuaire, plusieurs Anges assis sur des nuages qui chantent des Cantiques à la loüange de Dieu, & qui accompagnent leurs chants de l'harmonie de divers instrumens de Musique : & dans les deux autres chapelles proche de l'entrée de l'Eglise, ces quatre groupes sont composez des figures des anciens Prophétes qui ont annoncé la venuë de Jesus-Christ plusieurs siécles avant sa naissance, & relevé les principaux mistéres de la Religion chrétienne. D'autres Bas-reliefs sont placez entre les colonnes audessus des trois portes & d'un pareil nombre de niches, separées par deux grandes fenêtres qui donnent du jour à chaque chapelle sous les deux autres fenêtres qui sont ouvertes dans la voute.

Il faut ajoûter à l'égard des ornemens de peinture & de sculpture qui sont particuliers dans chacune des quatre chapelles rondes, qu'à la petite coupe qui termine la voute de la chapelle située entre le sanc-

tuaire

tuaire & la grande chapelle de la Vierge, l'on a peint dans le Ciel le Pape saint Grégoire le grand, l'un des quatre Docteurs de l'Eglise latine. Six des sujets les plus considérables de l'Histoire de sa vie, sont exprimez par les quatre tableaux en forme de cartouche, & par les peintures qui remplissent les deux fenêtres feintes. Des figures d'Anges groupées audessus des bandeaux des niches, portent, les unes des chandeliers d'Autel, d'autres une châsse, & sur la troisiéme niche d'autres ornemens d'Eglise. Audessus de la porte qui est vers le Dome, un Bas-relief plus large que haut, represente l'humilité par une femme assise. Il y a sur la corniche de ce Bas-relief un vase orné de festons. Deux Anges figurez sur chacune des deux portes opposées aux fenêtres, tiennent en leurs mains des branches de palme & de laurier, & soutiennent une médaille ronde, où l'on a figuré sur la porte vers le sanctuaire, le miracle qui suivit le témoignage que saint Loüis rendit de sa foi touchant la présence réelle du Corps de Jesus-Christ dans le saint Sacrement de l'Eucharistie; & sur la porte vers la chapelle de la Vierge, le même Roi saint Loüis qui lave les pieds à des pauvres.

Saint Ambroise dans le Ciel, & six sujets mémorables de la vie de ce saint Docteur

teur de l'Eglise & Evêque de Milan, sont représentez par les peintures de la chapelle qui est proche du sanctuaire & de la chapelle de sainte Thérese. Les Anges figurez audessus des bandeaux des niches, semblent adorer, les uns la sainte Hostie dont une image paroît s'élever toute environnée de lumiére sur un calice, d'autres une figure de l'agneau sans tache immolé dès le commencement du monde : & ceux de la troisiéme niche le livre sacré de l'Evangile. Dans cette même chapelle, le Bas-relief de la porte qui est vers le Dome, marque l'esperance : & des deux médailles rondes, celle qui est sur la porte vers le sanctuaire, représente saint Loüis lorsque le Legat lui donna la croix pour le voyage de la terre sainte qu'il entreprit après avoir été gueri comme par miracle d'une grande maladie : & celle qui est vers la chapelle de sainte Thérese, exprime la célebration du mariage de ce même Saint avec la Reine Marguerite de Provence.

La chapelle située proche de l'entrée de l'Eglise & proche de la chapelle de la très-sainte Vierge, fait voir dans la coupole peinte saint Augustin, autre Docteur de l'Eglise porté aussi dans le Ciel par des Anges : & les tableaux de la même chapelle représentent six des particularitez les plus mémorables de sa vie. Parmi les groupes de dessus les niches, des Anges tiennent dans l'un une lampe & y allument un cierge; dans l'autre ils portent une crosse & une mitre: & le troisiéme groupe fait voir dans les mains des diverses figures d'Anges qui le composent, une tige de lys, un chapeau de fleurs, & un vase. Le Bas-relief de la porte du milieu marque la Religion par une femme assise qui tient une croix, & qui a un modéle d'Eglise auprès d'elle. Dans l'une des deux médailles rondes des autres portes, saint Loüis assis sous un arbre, juge des habitans de la campagne à qui souvent ce saint Roi donnoit ainsi lui-même audience sur leurs différends; & dans l'autre médaille le même Saint montre le culte que l'on doit au bois de la vraye croix de J. C.

Enfin dans la quatrieme chapelle dediée à S. Jerôme, on a peint ce saint Docteur de l'Eglise comme enlevé au Ciel par des Anges dans la petite coupe; & dans les tableaux de la voute inférieure six sujets de la vie du même Saint. Plus bas les trois groupes d'Anges de dessus les niches portent plusieurs ornemens consacrez au service des Autels. Le Bas-relief de la porte qui est vers la Tribune, représente la charité; & les médailles rondes des autres portes font voir St. Loüis qui d'un côté panse les playes des malades, & qui aide de l'autre

côté

côté à ensevelir les morts. L'or brille de toutes parts dans les voutes de ces quatre chapelles rondes, & leurs Autels tous de marbre sont enrichis d'ornemens de bronze doré, de même que l'Autel de la chapelle de la très-sainte Vierge & que celui de la chapelle de sainte Therese.

Quelque idée qu'on ait tâché de donner ici de la nouvelle Eglise de l'Hôtel Royal des Invalides; & quoiqu'on pût ajouter pour en faire connoître la somptuosité plus particuliérement, n'ayant point été parlé ni des riches compartimens du pavé qui est fait des marbres les plus précieux dans toute l'étenduë de cette Eglise nouvelle, ni du travail exquis de tous les ornemens de peinture & de sculpture, ni de l'exécution merveilleuse des ornemens d'Architecture jusque dans les moindres parties, ni de l'harmonie que l'Architecture fait voir encore dans l'assemblage & dans la disposition de tant de divers ornemens qui conviennent si parfaitement les uns aux autres au dehors & au dedans de la même Eglise: l'on jugera en regardant cet auguste Temple qu'il n'est point de discours qui exprime assez la richesse, la beauté, la Majesté, & en même tems la sainteté de ce monument auquel nul autre édifice n'est comparable. Car il est veritablement digne de la pieté de Louïs le Grand & de

toute

toute la ſplendeur de ſon regne ſi recommendable par le ſoin que ce Monarque le plus ſage & le plus puiſſant Roi de la terre, daigne prendre des Arts & des ſciences qu'il a déjà élevez au plus haut degré de perfection; par l'attention que Sa Majeſté a ſur toute choſe au culte de Dieu & au progrès de la Religion & des vertus chrétiennes; & enfin par tant de victoires & de triomphes qui l'ont rendu redoutable: mais encore plus par ſa modération au milieu des plus grandes proſpéritez, & par la Paix qu'il a tant de fois forcé ſes ennemis d'accepter, afin de procurer à ſes Sujets la félicité & l'abondance, d'aſſûrer le repos de l'Europe, & d'aſſiſter en tous lieux les chrétiens de ſa protection formidable, ſi connuë & ſi reſpectée parmi toutes les puiſſances de la terre.

*J. F. FELIBIEN.*

PLAN

# PLAN
# DE L'EGLISE

## Nouvelle & de l'Eglise ancienne de l'Hôtel Royal des Invalides.

---

1. LE Perron.
2. Le Portique.
3. La Porte principale.
4. 5. 6. 7. 8. La Croix grecque.
4. La partie de la Croix grecque qui sert de principale entrée à l'Eglise nouvelle vers le midi.
5. Le Dome.
6. La chapelle de la Vierge ou la partie de la Croix grecque vers l'Orient.
7. La chapelle de sainte Therese ou la partie de la Croix grecque ver l'Occident.
8. La partie de la Croix grecque vers le septentrion servant d'entrée au sanctuaire de la nouvelle Eglise.
9. Entrées des quatre chapelles rondes.
10. Escaliers.
11. Autres entrées des quatre chapelles rondes sous les tribunes du Dome.

12.

12. La chapelle de ſaint Grégoire.
13. La chapelle de ſaint Ambroiſe.
14. La chapelle de ſaint Auguſtin.
15. La chapelle de ſaint Jerôme.
16. Le ſanctuaire de la nouvelle Egliſe.
17. Les paſſages ſous les deux petites terraſſes.
18. La grande arcade qui ſert de communication aux deux Egliſes, & ſous laquelle le grand Autel eſt placé.
19. Les deux Sacriſties rondes.
10. Le ſanctuaire de l'ancienne Egliſe ou chapelle interieure.
11. Les aîles ou bas-côtez ſous les tribunes.
12. Le veſtibule ou la principale entrée de l'ancienne Egliſe du côté de l'Hôtel des Invalides ſous une autre tribune.

Les grands & les petits Autels.

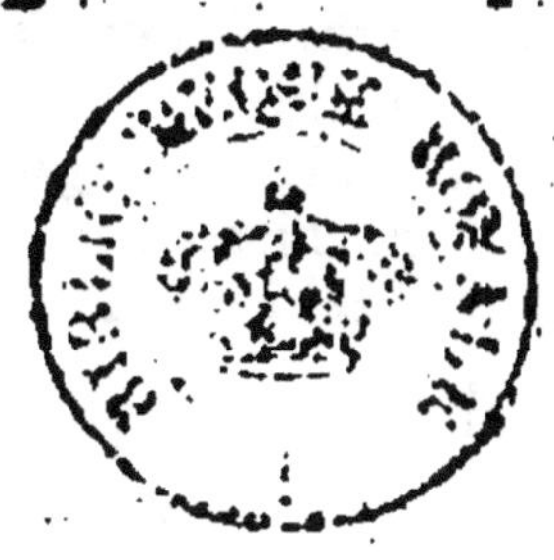

TABLE

# TABLE

## DES MATIERES, CONTENUËS en ce Tome Sixiéme.

*Un* A *au lieu de* la page *envoye à l'Avertissement.*

A.



*Atrium*,

Chemin

Cu-

Ju-

## Q.



## R.



## S.

*Fin de la Table du Tome sixiéme.*

# TRAITE
## DE LA
# MINIATURE.

*Dedié à Madame la Princeſſe de Guimenée.*

Par Mademoiſelle PERROT, de l'Académie Roïale.

M. DCXXV.

(2)

A TRES-HAUTE
ET TRES-PUISSANTE
PRINCESSE
MADAME
LA PRINCESSE
DE GUIMENÉ.

MADAME,

*Comme la Cour est un Parterre de Fleurs, qui partage le regard de tout le monde, & que Votre Altesse en est une des plus belles; ce petit Ouvrage,* MADAME, *qui enseigne à peindre les Fleurs dans leur Naturel, vous est dû d'autant plus qu'il ne renferme que des Leçons que Votre Altesse m'a*

 *fait*

*fait l'honneur de recevoir de moi, qui ſont les mêmes que j'ai eu l'avantage d'enſeigner à la feuë Reine d'Eſpagne.*

*L'inclination ſinguliere,* MADAME, *que vous avez pour le noble Art de la Peinture, & l'eſtime que vous faites des perſonnes qui le profeſſent, m'ont engagé à vous l'offrir.*

*Mon pinceau eſt trop foible pour entreprendre de faire le portrait de Votre Alteſſe, & ma plume n'eſt pas aſſez delicate pour en décrire les perfections; puiſqu'en Votre Alteſſe la beauté du corps ſe trouve jointe à celle de l'ame; que toutes les graces ſont ſur vôtre front, comme dans leur Trône;*

*ne ; que la beauté, la modeſtie & la ſageſſe ſont chez vous un concert, dont l'alliance eſt inſeparable ; que la douceur & la bonté ont toûjours accompagnées ces premiers avantages, & votre preſence d'eſprit qui les a rehauſſez, fait regarder Votre Alteſſe comme un Chef-d'œuvre, qu'il ſeroit auſſi difficile de peindre, comme il eſt rare de trouver ſon pareil.*

*C'eſt en avoüant en cela ma foibleſſe, que j'aime mieux cacher ſous les ombres ce qu'une plume plus éloquente que la mienne, pourroit repreſenter.*

*Agréez donc,* MADAME, *que je me tienne dans les bornes*

 *de*

*de l'admiration & du respect que je vous dois, & que je vous assûre que je suis,*

*De Votre Altesse,*

*MADAME,*

La très-humble, & très-obéïssante servante,
CATHERINE PERROT.

AVIS.

# AVIS.

CE Livre doit être d'une ſinguliere eſtime, ſi l'on fait reflexion, qu'il contient les deux raiſons principales qui font pour l'ordinaire eſtimer & rechercher un Livre, & le rendent conſiderable, loſqu'elles ſe trouvent jointes enſemble; ſçavoir, la commodité & l'utilité.

Son volume en fait connoître la commodité, puiſque ſa petiteſſe le rend portatif.

L'utilité s'en connoîtra par ſon uſage; & je peux m'aſſûrer de ſon progrès, puiſqu'il renferme une maniere aiſée, & une pratique facile pour apprendre le mélange des couleurs, & à peindre ſans peine toutes ſortes de ſujets.

Le long exercice que j'ai fait de la Peinture en Miniature, m'a procuré ces belles connoiſſances, & l'honneur de les avoir communiquées à la défunte Reine d'Eſpagne d'heureuſe memoire, & à pluſieurs perſonnes de la premiere qualité, & encore l'avantage d'être reçûë Académiſte par feu Monſieur le Brun & Meſſieurs de l'Académie Roïale de la Peinture & Sculpture.

Quoique Monſieur Robert, dont je

 ſuis

ſuis l'Eleve, ne ſoit pas le ſeul Fleuriſte qui ait excellé, neanmoins j'ai toûjours preferé ſes Ouvrages à ceux des autres Fleuriſtes, parce qu'il a le mieux repreſenté le naturel des Fleurs & des Oiſeaux; & c'eſt pour cette raiſon que dans ce Livre, je me ſuis ſervie de ſes Livres pour enſeigner la maniere de peindre toutes ſortes de Fleurs, & d'Oiſeaux & autres ſujets.

Ce petit Livre donc renfermant en lui tout ce qu'on peut dire de plus conſiderable du noble Art de la Peinture; je me promets qu'il ſera reçû favorablement de toutes les perſonnes qui ont de l'inclination & de l'amitié pour ſes productions.

# LES LEÇONS ROYALES,

## CONTENANT LA PRATIQUE universelle de la Peinture en Miniature ;

*Par l'explication des Livres de Fleurs & d'Oiseaux de feu Nicolas Robert, Fleuriste.*

COmme tous les Arts ont été fort grossiers, & fort rudes dans leurs commencemens, & ne se sont perfectionnez que peu à peu, il ne faut pas douter que celui de la Peinture, aussi bien que tous les autres, n'ait eu un commencement très-foible, & ne se soit perfectionné que dans la suite des tems. Aujourd'hui elle est montée à un si haut degré de perfection, que l'on la peut nommer la Reine des Arts. La Peinture en Miniature peut avec justice, prétendre le même titre d'honneur ; puisque dans son racourci, elle renferme autant de choses que la Peinture en huile, qu'elle surpasse par l'éclat & vivacité de ses couleurs ; & la delicatesse & mignardise qui se trouve dans ses Ouvrages, lui ont don-

 née

né le nom de Miniature. Cette Peinture est chérie de toutes les Personnes de qualité, parce que ses couleurs qui se détrempent avec de l'eau gommée seulement, ne salissent point, & n'ont aucune mauvaise odeur.

Les fameux Peintres à qui la Peinture doit sa perfection, observoient dans leurs Ouvrages cinq parties : sçavoir, l'invention ou histoire; la proportion ou la simetrie; la couleur qui comprend la juste dispensation des lumieres & des ombres; les mouvemens où sont exprimez les actions & les passions; & enfin la collocation ou position réguliere des figures en tout l'Ouvrage.

La Peinture en Miniature se sert des mêmes parties, qui sont les principes fondamentaux de l'Art de Peindre.

1°. L'invention n'est autre chose que le feu de l'esprit, lequel excite l'imagination, & la fait agir pour peindre le sujet que l'on a formé dans son idée.

2°. La proportion ou simétrie est la correspondance du tout avec ses parties.

3°. La couleur ne s'entend pas seulement du coloris, mais aussi de la science des ombres & des lumieres, lesquelles étant dispersées avec justesse, expriment précisément le vrai contour & la forme même du corps éclairé.

Giges

Giges l'Indien, ſelon Pollidore, en ſon vingt-deuxiéme Chapitre du ſecond Livre des Inventeurs des choſes, a trouvé l'invention des couleurs, & Glicera trouva la maniere de les mêler enſemble.

4°. L'expreſſion qui conſiſte à repreſenter naturellement les figures, leurs geſtes & leurs paſſions, doit ſe faire avec précaution; c'eſt-à-dire, que l'on doit dans les ſujets que l'on veut peindre, avoir égard à la bien-ſéance, & ne pas permettre qu'aucune action indécente, & qui puiſſe bleſſer la modeſtie & la pudeur, s'y rencontre.

5°. La poſition reguliere des figures eſt la baze de tout l'édifice de la Peinture, & le lien & l'aſſemblage des quatre premieres, puiſqu'il eſt inutile d'avoir inventé un ſujet, de s'être étudié à rechercher la beauté & la juſte proportion de chaque figure, d'être excellent coloriſte, & de ſçavoir donner les ombres & les lumieres à tous les corps, avec leurs teintes & leurs couleurs naturelles, & de poſſeder le divin talent de l'expreſſion des mouvemens de l'eſprit & des paſſions (qui eſt comme l'ame de la Peinture), ſi après toutes ces nobles parties, on ſe trouve dépourvû d'intelligence au fait de la poſition réguliere des figures dans le tableau. L'ordre étant la ſource & le vrai principe des Sciences, pour le regard des Arts, il a cela de particulier & de merveilleux, qu'il eſt le pere de la beauté, & qu'il donne même la grace aux choſes les plus médiocres, & les rend conſiderables.

Toutes ces belles parties doivent être recherchées par les perſonnes qui ont une parfaite connoiſſance du deſſein, & veulent exceller. Quant aux perſonnes qui n'ont que fort peu, ou point de connoiſſance de ce bel Art, elles obſerveront les Inſtructions ſuivantes pour ſatisfaire leur inclination.

Quoique le deſſein, ou plûtôt ſçavoir deſſiner, ſoit le fondement de la Peinture, l'on ne laiſſe pas néanmoins de bien peindre un tableau dont on a calqué ou poncé le deſſein, ne l'ayant pû tracer ſur le vêlin pour n'en avoir pas la connoiſſance.

Pour peindre en Miniature, l'on ſe ſert ordinairement de vêlin, que l'on doit choiſir bien blanc, bien uni, bien doux à la main, & qui ne ſoit point velu. Il le faut tendre ſur un fond de bois dur & ſec, & bien uni, qui ſoit blanchi, & ſi l'on n'en peut avoir aiſément de blanchi, il faut mettre entre votre vêlin & votre fond un papier blanc, qui ſoit juſte à votre fond, afin que quand il ſera colé, votre vêlin ne faſſe point de rides, & ſe trouve tendu uniment.

Afin

Afin que votre vêlin ſoit bien tendu, & ne perde point ſa fleur, vous prendrez un linge blanc bien ſec, que vous étendrez uniment ſur une table, ſur lequel vous poſerez votre vêlin par le bel endroit, après avoir frotté l'envers de votre vêlin avec une éponge ou linge trempé dans l'eau. Vous couperez votre vêlin un doigt plus large tout au tour, que le fond ſur lequel vous le voulez poſer, & colerez par le derriere de votre fond le doigt de vêlin, qui débordera votre fond tout au tour : il ne faut mettre votre colle ou empois que ſur ce doigt de bord que vous aurez reſervé.

Pour que votre vêlin ſoit tendu bien uni ſur votre fond, il faut couper votre vêlin dans les coins, afin qu'ils ſe puiſſent coler les uns ſur les autres.

Votre vêlin ainſi tendu, après qu'il ſera ſec, vous prendrez le deſſein ou eſtempe que vous voulez peindre, pour la calquer ou poncer.

Pour calquer, vous frotterez l'envers de votre eſtempe ou deſſein, de Mine de Plomb, de Sanguine ou de Fuſin, & après qu'elle ſera frottée, vous y paſſerez legerement une mie de pain, pour ôter la poudre noire ou rouge qui pourroit ſalir votre vêlin, après quoi vous poſerez l'envers de votre eſtempe ſur votre vêlin ; & afin

que

que l'estempe ou dessein ne varie point, vous l'attacherez par derriere votre fond avec des épingles ; ensuite dequoi vous tirerez avec la pointe d'argent, tous les principaux traits de votre estempe ou dessein, & après que vous l'aurez ôté de dessus votre vêlin, vous repasserez la pointe d'argent sur tous vos traits, crainte qu'ils ne s'effacent.

Pour poncer, il faut piquer les principaux traits de votre estempe ou dessein, avec une pointe d'aiguille fort fine, que l'on emmanche dans un morceau de bois de fusin que l'on arondit.

Pour conserver votre dessein ou estempe, il faut coudre à votre estempe ou dessein, deux papiers de même grandeur avant que le piquer, parce que vous passerez votre ponce sur l'un de ces papiers, & votre dessein ou estempe vous servira pour corriger les fautes qui se seroient faites sur votre vêlin, pour les traits ni être pas entierement.

La Ponce se fait de charbon bien sec, réduit en poudre, que l'on enferme dans un linge un peu fin ; votre ponce ainsi faite, vous la passerez sur votre poncif. Après que l'on a poncé, il faut tirer à la pointe d'argent tous les traits qui sont marquez sur votre vêlin, & après passer doucement par-dessus votre vêlin, une mie

mie de pain, pour empêcher que votre vêlin ne ſoit noirci par cette poudre de charbon.

Si vous voulez conſerver votre ouvrage propre, il le faut couvrir de papier blanc, que vous colerez par le derriere de votre fond, & ne laiſſer découvert que l'endroit où vous travaillerez.

En peignant, ſi vos couleurs ne prennent pas ſur votre vêlin, parce qu'il s'engraiſſe, vous mettrez avec votre pinceau un peu d'amer de carpe dans l'eau, dont vous vous ſervez pour détremper vos couleurs. Pour cet effet, il faut avoir de l'amer de carpe dans un petit godet, que l'on laiſſe ſecher, afin d'en avoir dans l'occaſion : l'amer de volailles peut auſſi ſervir.

*L'on ſe ſert dans la Miniature des couleurs ſuivantes :*

Du beau Carmin.
Du Carmin brun.
De Loutre-mer du plus beau.
Du Vermillon.
De la Pierre de Fiel.
De la Laque liquide.
De la Mine.
Du Stil du Grain jaune.
Du Stil du Grain pâle, ou de Troyes.

Du

Du Brun rouge.
Du Blanc de plomb très-fin.
De la Terre d'ombre brûlée.
De la Terre d'ombre.
Des Cendres vertes d'Angleterre.
Des Cendres bleuës d'Angleterre.
De la Gomme gutte.
De l'Ocre jaune.
De l'Inde.
De Loutre-mer d'Hollande.
Du Macicot jaune.
Du Macicot pâle.
Du Verd d'Iris.
Du Verd de vessie.
Du Verd de Montagne.
Du Bistre.
De l'Encre de la Chine.
De la Terre de Cologne.
Du Tournesol.
De Coquille d'or fin.
De Coquille de faux.
Et de l'Argent en Coquille.

Pour conserver la Laque liquide, il faut remplir de tems en tems la petite fiole où elle sera, d'eau claire pardessus le mare, parce qu'on ne peut se servir de cette couleur lorsqu'elle est seche.

Toutes ces couleurs se délayent avec de la Gomme Arabique qui se trouve chez les Epiciers, & dont il faut choisir la plus claire & la plus blanche, à l'exception

du

du verd d'Iris, Gomme gutte, & de l'Encre de la Chine qui se délaye avec de l'eau pure non gommée.

L'on trouve toutes ces couleurs bien préparées ruë Greneta, proche Saint Nicolas des Champs, & ruë du Petit-Lyon, aussi-bien que des coquilles de mer dans lesquelles il les faut délayer; on peut aussi se servir de coquilles d'yvoire, qui se font par les Tabletiers.

Pour faire votre Eau de Gomme, vous mettrez dans un verre d'Eau, gros comme deux pouces de Gomme Arabique pulverisée, que vous laisserez jusques à ce qu'elle soit fonduë; après quoi vous la mettrez dans une bouteille de verre que vous couvrirez d'un parchemin, au milieu duquel vous ferez un trou pour passer un tuyau de plume, avec lequel vous prendrez votre Eau de Gomme, lorsque vous voudrez délayer vos couleurs: il n'en faut mettre que deux ou trois gouttes avec un peu d'eau claire pour délayer chaque couleur. L'on délaye les couleurs avec le doigt, & ce jusques à ce que la couleur soit entiérement affinée & pulverifiée, & en état de servir, après qu'elle sera seche.

Il faut prendre garde de trop gommer sa couleur, parce qu'outre qu'elle feroit trop brun, c'est qu'elle se cailleroit: l'experience

perience & l'usage font plus que les préceptes en cette rencontre.

Il faut aussi observer que si la couleur n'est pas assez gommée, il faut mettre de l'Eau de Gomme dans l'eau avec laquelle on la détrempe : il vous faut encore un petit pot de fayance rempli d'Eau claire pour délayer vos couleurs, les mélanger, & laver vos pinceaux.

Pour connoître un bon pinceau, il faut qu'il ne fasse qu'une pointe, lorsqu'on le détrempe dans l'eau.

Les fleurs & les oiseaux peuvent se peindre sans blanc : dans le Païsage l'on ne peut se passer de blanc.

Pour travailler proprement il faut avoir un papier blanc, pour empêcher que la main ne pose sur l'ouvrage, sur lequel vous essayerez votre pinceau, afin d'ôter le trop de couleur qui y pourroit être.

Votre ouvrage fini, pour le conserver, il faut l'embordurer, & y mettre un verre blanc dessus.

La Peinture se doit mettre à son jour, surquoi il faut sçavoir que tout Peintre suppose d'ordinaire que le jour vient du côté droit vers la gauche, & le contre-jour de la gauche à la droite ; c'est-à-dire, que toutes les ombres sont du côté opposé à celui dont le jour vient ; de maniere que mettre une Peinture en son jour, c'est la

tourner

tourner vers le jour, du côté que le Peintre suppose devoir être le jour.

Il n'y a peut-être rien d'ingenieux entre les hommes dont la connoissance soit plus sublime, & la perfection plus difficile à atteindre, que celle de la Peinture, qui est le plus noble échantillon dont l'esprit humain puisse faire montre.

Ce noble Art à ses termes particuliers, dont l'intelligence est necessaire pour en bien parler; les suivans sont les plus utiles.

*Eleve*, pour dire disciple : ce mot est particuliérement affecté aux apprentifs ou disciples des Peintres fameux ; comme Raphaël a eu pour éleve Jules Romain, Hannibal Carache a eu le Guide, le Dominiquin, & plusieurs autres : le mot Italien est Allievo, & même en François on dit assez ordinairement qu'une jeune Damoiselle a été bien élevée, pour dire qu'elle a été bien instruite.

*Esquisse* est un premier crayon, ou une legere ébauche d'un Ouvrage que l'on médite, les Italiens disent Schizzo.

*Estempe* est un dessein gravé & imprimé, que le vulgaire & les Marchands appellent communément des Tailles-douces ou des Images ; mais il y a cette difference néanmoins, que les Estempes sont des choses plus considérables, & des desseins de réputation : il s'en trouve de plusieurs

ſieurs maniéres, les unes gravées en cuivre avec le burin ou à l'eau-forte, & les autres en Taille de bois, on en voit de ces trois ſortes de la main d'Albert Duret, Peintre Allemand, qui a été un très-excellent Graveur. L'origine du mot d'Eſtempe vient de l'Italien *Stampare*, qui ſignifie imprimer.

*Tramontains*, les Italiens appellent ainſi les Peintres Etrangers, & principalement ceux d'Allemagne & de Flandres qui habitent les Païs du Septentrion, parce que le vent du Nord qui leur vient de ces quartiers-là, ſe nomme en Langue Italienne, *la Tramontana.*

*Pellegrin*, c'eſt un terme dont les Italiens ſe ſervent ordinairement pour exprimer une choſe rare, excellente & ſinguliere; mais ils l'appliquent particuliérement à l'eſprit, & diſent *Ingeno Pellegrino.*

*Attitude, action, & poſture* different, parce qu'un corps mort n'a plus d'action; ainſi le mot d'Attitude lui convient, & non celui d'action, non plus que celui de poſture qui eſt trop groſſier; & pour parler en Peintre, il ne faut pas dire, cette figure eſt une belle poſture; mais il faut dire, cette figure eſt une belle Attitude; l'Italien dit *Attitudine*, qui veut dire l'action & la poſture où l'on met les figures que l'on repreſente.

*Figure*,

*Figure*, quoique ce terme ſoit fort général, & qu'il ſignifie tout ce qui peut être décrit par pluſieurs lignes, néanmoins en Peinture il ſe prend ordinairement pour des figures humaines.

*Clair-obſcur*, eſt la ſcience de placer les jours & les ombres, ce ſont deux mots que l'on prononce comme un ſeul, & au lieu de dire le clair & l'obſcur, l'on dit, le clair-obſcur à l'imitation des Italiens, qui diſent *chiaro ſcuro* : & pour dire qu'un Peintre donne à ſes figures un grand relief & une grande force, qu'il débroüille & qu'il fait connoître diſtinctement tous les objets du Tableau, pour avoir choiſi ſa lumiere avantageuſe, & pour avoir ſçû diſpoſer les corps, enſorte que recevant de grandes lumiéres, ils ſoient ſuivis de grandes ombres, on dit : cet homme-là entend fort bien l'artifice du clair-obſcur.

*Contours*, ſont les ſuperficies des corps, & les lignes qui les entourent.

*Champ du Tableau* : le champ, le fond, & le derriere du Tableau ne ſignifient qu'une même choſe, ſinon que l'on appelle plus ordinairement fond, ce qui eſt derriere les objets en particulier, & l'on dit : une telle choſe fait fond à telle autre, une draperie, par exemple, fait fond à un bras, une terraſſe fait fond à une figure, une figure à une autre, un Ciel à un arbre,

arbre, ou à une autre chose, & ainsi du reste.

*Invention*, c'est le dessein que l'on a fait.

*Disposition*, c'est chercher les Attitudes, prévoir l'effet & l'harmonie des lumieres & des ombres, avec les couleurs qui doivent entrer dans le tout, prenant des unes & des autres, ce qui doit contribuer davantage à produire une bel effet.

Que vos compositions soient conformes aux coûtumes & aux tems; donnez-vous de garde que ce qui ne fait rien au sujet, & qui n'y est que peu convenable, entre dans votre Tableau, & en occupe la principale place; mais imitez en ceci la Tragedie, sœur de la Peinture, qui déploye toutes les forces de son Art où le fort de l'action se passe: le sujet doit être fidelle, c'est-à-dire, il ne faut point mêler les Fables avec les Histoires saintes.

La forme des visages, l'âge, ni la couleur ne doivent pas se ressembler dans toutes les figures, non plus que les cheveux, parceque les hommes sont aussi differens, que les regions sont dissemblables.

Que chaque membre soit fait pour sa tête & s'accorde avec elle, & que tous ensemble ne composent qu'un corps avec les draperies qui lui sont propres & convenables,

nables, & sur tout que les figures a qui on n'a pû donner la voix, imitent les muets dans leurs actions, que les muscles soient bien liez, & qu'ils ne paroissent que peu, qu'il y ait enfin un entier accord des parties avec leur tour.

Que la principale figure du sujet paroisse au milieu du Tableau sous la principale lumiére, qu'elle ait quelque chose qui la fasse remarquer pardessus les autres, & que les figures qui l'accompagnent, ne la dérobent point à la vûë.

Que les membres soient agroupez de même que les figures, c'est-à-dire, accouplez & ramassez ensemble, & que les groupes soient séparez d'un vuide, pour éviter un papillotage confus, qui venant des parties dispersées mal-à-propos, fourmillantes & embarrassées les unes dans les autres, divise la vûë en plusieurs rayons, & lui cause une confusion desagreable.

Il ne faut pas que dans les groupes les figures se ressemblent dans leurs mouvemens, non plus que dans leurs membres, ni qu'elles se portent toutes de même côté; mais qu'elles se contrastent & se portent d'un côté tout contraire à celles qui les traverseront.

Que parmi plusieurs figures qui montrent le devant, il y en ait quelqu'une qui se fasse voir par derriere, opposant les épaules

épaules à l'estomach, & le côté droit au gauche: *contraster* se dit de figures qui font des postures differentes.

Que le Tableau soit rempli également; que les extremitez des jointures soient rarement cachées, & les pieds jamais; que le mouvement des mains accompagne celui de la tête.

Fuyez les vûës difficiles à trouver, & qui sont peu naturelles, les mouvemens & les actions forcées, avec toutes les parties desagreables à voir, comme sont les racourcis.

Que les drapperies soient jettées noblement; que les plis en soient amples, & qu'ils suivent l'ordre des parties, les faisant voir dessous par le moyen des lumiéres & des ombres, nonobstant que ces parties soient souvent traversées par le coulant des plis qui flottent à l'entour, sans y être trop adherans & colez, mais qui les marquent en les flattant par la dispensation juste des ombres & des clairs. La beauté des draperies ne consiste pas dans la quantité des plis, mais dans un ordre simple & naturel. Il faut observer la qualité des personnes; aux Rois, Princes, Prelats & Magistrats, il faut leur en donner d'amples; aux païsans & aux esclaves, de grosses & retroussées, & aux filles de tendres & de legeres. Il ne faut pas que l'ouvrage

soit

ſoit trop enrichi d'or ny de pierreries, parce que les plus rares ſont plus cheres & plus précieuſes, & celles qui ſont le grand nombre, ſont des plus communes, & ſe donnent pour un prix très-mediocre.

*Grouppes* eſt un amas de pluſieurs corps aſſemblez en un peloton, & l'on dit Grouppe de figures, grouppe d'animaux, grouppe de fruits, &c. il y en peut auſſi avoir de corps de diverſe nature, & l'on dit, telle & telle choſe font *grouppe* avec telle autre, les Italiens diſent *groppo*, qu'ils ont pris du mot Latin *Globus*.

*Goût* en Peinture eſt une idée qui ſuit l'inclination que les Peintres ont pour certaines choſes: l'on dit voilà un ouvrage de grand goût, pour dire que tout y eſt grand & noble, que les parties ſont deſſinées librement, que les airs de tête n'ont rien de bas, chacune dans ſon eſpece, que les plis des draperies ſont amples, & que les jours & les ombres y ſont largement étendus: dans cette ſignification l'on confond ſouvent goût avec maniere, & l'on dit tout de même, voilà un ouvrage de grande maniére.

*Maniére* eſt l'habitude que les Peintres ont priſe, non-ſeulement dans le manîment du pinceau, mais encore dans les trois principales parties de la Peinture, invention, deſſein & coloris, & ſelon que

 cette

cette habitude aura été contractée avec plus ou moins d'étude & de connoissance du beau naturel, & des belles choses qui se voyent de Peinture & Sculpture, on l'appelle bonne ou mauvaise maniére; c'est par cette maniére dont il est ici question, que l'on reconnoît l'ouvrage d'un Peintre, dont on a déjà vû quelque Tableau, de même que l'on reconnoît l'écriture & style d'un homme de qui on a déjà reçû quelque lettre: l'on dit même connoître les maniéres, pour dire connoître de plusieurs Tableaux, & l'ouvrage de chaque Peintre en particulier.

*Prononcer* se dit en Peinture des parties du corps comme dans l'expression ordinaire il se dit des paroles; le langage de la Peinture est le langage des muets; elle ne se fait entendre que lorsque certaines parties s'accordent ensemble, & sont disposées de maniére qu'elles expriment les sentimens du cœur, de même que font les paroles quand elles sont jointes; & l'on dit prononcer une main, un bras, une épaule, un genou, ou quelque autre partie, pour dire, la marquer, la specifier, la débrouïller, la donner à connoître parfaitement, comme l'on dit, prononcer une telle parole; pour dire la donner à entendre distinctement & sans begayer.

*Suelte*, c'est-à-dire agile & de taille dégagée,

gagée, nous l'avons de l'Italien *Suelto*.

Ces termes expliquez, avant qu'entrer en l'explica ion des figures, draperies & autres choses qui font partie du païsagè, que j'expliquerai dans le Livre d'oiseaux de feu Nicolas Robert Fleuriste mon Maître, qui se vend & celui de Fleurs, chez François Poilly fameux Graveur ruë Saint Jacques, je commencerai à donner à connoître les observations necessaires pour peindre les fleurs au naturel.

Pour bien peindre une fleur il ne faut pas seulement que le dessein & sa figure soit fait regulierement; il faut encore que le coloris qui lui convient, soit donné. L'explication suivante servira pour l'intelligence entiere de ce fait.

Le Livre de Fleurs est composé de trente-une feüilles, dans l'explication de chacune desquelles il est aisé de connoître la maniére de peindre au naturel les Fleurs.

Dans la premiere feüille est une couronne de Fleurs, à la tête de laquelle est une Imperiale: cette fleur est de couleur orangé, il faut l'ébaucher d'une eau de gomme-gutte fort claire, & l'ombrer par dessus avec de la mine partraits, du sens qu'ils sont marquez dans cette Fleur, & pour finir cette Fleur dans les ombres les plus fortes, prendre du carmin pur. La graine de cette Fleur est feüille-morte, elle s'ébauche d'une eau de gomme-gutte fort claire ; & se rembrunit avec un peu de gomme-gutte & de pierre de fiel mêlées ensemble : les autres Fleurs dont cette couronne est composée, sont expliquées dans les feüilles suivantes.

La deuxiéme renferme deux Fleurs, sçavoir, un œüillet & son bouton couleur de feu panaché, & une fleur de guimauve avec ses boutons couleur de gridelin.

*Vous observerez pour peindre ces Fleurs* comme toutes les suivantes, le sens des traits de vos Fleurs pour les imiter, les jours & les ombres d'icelles ; & pour réüssir, il faut que dans les jours ou clairs de vos Fleurs, votre coloris soit plus tendre que dans les ombres : la pratique vous rendra cet avis palpable & sensible.

Pour peindre votre œüillet panaché, vous en ébaucherez les panaches d'une eau de carmin fort claire, & les rembrunirez petit à petit d'une eau un peu plus forte par traits; le surplus de votre œüillet se peint d'une eau d'encre de la Chine fort claire, mêlée d'un peu d'Inde ; & pour les blancs, il faut observer la blancheur de votre vêlin.

Vous ébaucherez le verd de votre œüillet avec du Stil de grain mêlé avec un peu d'outremer d'Hollande, le finirez de verd d'Iris.

La fleur de Guimauve, vous l'ébaucherez

rez avec du carmin, de la laque, & un peu de blanc de plomb mêlé ensemble, ce qui fait un gridelin pâle; & finirez avec du carmin & de la laque aussi mêlez ensemble, qui font un gridelin vif; les boutons s'ébauchent & se finissent de la même maniere.

La graîne de cette Fleur est verte, & s'ébauche & se finit comme le verd de sa tige & de ses feüilles; sçavoir pour l'ébauche, de verd de Montagne tout pur, & pour finir, de verd d'iris.

La troisiéme contient trois Anemones simples de couleur gridelin à graines noires: vous les ébaucherez avec un peu de laque d'outremer & très-peu de blanc, & les finirez avec la laque & l'outremer mêlez ensemble. Pour la graine vous prendrez une eau d'encre de la Chine mêlée avec de l'Inde fort claire, & rembrunirez avec de l'encre de la Chine pure.

Les queüës sont de couleur gridelin sale; vous les ébaucherez de laque & de verd mêlez ensemble, & les finirez de la même couleur.

Le verd, vous l'ébaucherez de verd de Montagne, mêlé avec un peu de blanc de plomb, & le finirez de verd d'iris.

La quatriéme renferme deux Fleurs; sçavoir l'Anemone dite la larmoyée, Fleur panachée couleur de feu, & le lys de montagne couleur orangé.

L'Anemone s'ébauche d'une eau de carmin fort claire dans les panaches, & se rembrunit de carmin petit à petit ; dans les jours de vos panaches vous reserverez la blancheur de votre vêlin sans y mettre aucun blanc : pour les coups tendres, vous les devez faire avec une eau d'encre de la Chine fort claire, mêlée d'un peu d'inde comme à l'œüillet, expliqué en la seconde feüille, page 28.

La graine est d'un gridelin vif, elle s'ébauche de laque d'outre-mer, & de fort peu de blanc, & se finit de laque & de carmin mêlé ensemble ; la graine du milieu est de carmin clair, elle s'ébauche d'une eau de carmin fort claire, & se rembrunit de carmin pur : la queuë de cette Anemone, & ses feüilles se peignent comme celles des Anemones simples, expliquées dans la feüille 3. page 29.

Pour conserver la laque liquide, il faut remplir de tems en tems la petite fiole où elle sera, d'eau claire par dessus le mare, parce qu'on ne peut se servir de cette couleur lorsqu'elle est seche.

Le Lys de montagne s'ébauche d'une eau de gomme-gutte fort claire & s'ombre de mine, & dans les ombres les plus fortes, de carmin pur ; les petits points qui sont sur les feüilles, se font de carmin brun : la graine

graine eſt de même couleur que la fleur: le verd de cette fleur ſe peint comme celui de l'œillet, expliqué dans la 2. feüille, page 28.

La cinquiéme renferme l'oreille d'Ours.

Cette fleur eſt gridelin, & le milieu d'icelle qui eſt une étoile, eſt jaune. Pour l'ébaucher, il faut prendre un peu de blanc mêlé de laque, & pour la finir, la laque ſeule: l'étoile du milieu s'ébauche de gomme-gutte fort pâle, & ſe rembrunit de la même couleur plus forte.

La queuë & les feüilles s'ébauchent de verd de Montagne, & ſe finiſſent de verd d'iris.

Il y a de ces Fleurs de trois couleurs differentes dont celle cy-deſſus eſt la premiere.

La ſeconde, de couleur de citron, qui s'ébauche de Macicot pâle, & ſe rembrunit de gomme-gutte fort claire.

La troiſiéme eſt blanche, elle s'ébauche d'une eau d'encre de la Chine mêlée avec un peu d'inde, qui doit être ſi claire, qu'à peine on la puiſſe voir dans les plus grands jours de la Fleur, où il faut obſerver la blancheur de votre vélin, ſans y mettre aucun blanc, & pour rembrunir de l'eau de l'encre de la Chine mêlée avec peu d'inde, comme cy-devant, un peu plus forte.

Vous remarquerez qu'à toutes ces Fleurs l'étoile du milieu est toûjours jaune, & se peint comme il est marqué cy-dessus.

Sur cette Fleur est ûn papillon, dont le fond est d'argent, les marques noires, & celles qui sont sur les aîles, de couleur feüille morte, & le corps de terre d'ombre. Pour le fond du Papillon, il faut prendre de l'argent en coquille; pour le noir, de l'encre de la Chine, & pour l'ébauche de la couleur de feüille morte, prendre de la gomme-gutte & pierre de fiel mêlez ensemble, & pour finir de la pierre de fiel seule.

La sixiéme contient deux sortes de campanelles.

La premiere à feüille d'Ortie est gridelin; elle s'ébauche de laque & d'outremer mêlez ensemble, fort clair, plus de laque que d'outremer pour faire le mélange, & se finit de la même couleur plus forte que pour l'ébauche.

La seconde est d'un gridelin different du premier, étant plus clair: dans le mélange il faut mettre plus d'outremer que de laque.

La graine de ces Fleurs est d'un jaune vif; elle s'ébauche de gomme-gutte un peu épaisse, & se finit de pierre de fiel & un peu de carmin mêlez ensemble.

Les queûës & les feüilles sont vertes; elles

les s'ébauchent de verd de montagne, & se finissent de verd d'iris : il faut observer tous les traits qui sont sur les feüilles, & les marquer d'un verd foncé.

La septiéme contient trois Fleurs ; L'Aubifoin autrement Barbeau, le Colchique & le Crocus.

L'Aubifoin ou Barbeau est bleu pour l'ébauche de l'outremer pâle, & pour finir, de l'outremer un peu plus foncé. La graine est jaune ; elle s'ébauche de gomme-gutte, & se finit de pierre de fiel mêlée de gomme-gutte.

Le Colchique tire sur le gridelin ; il s'ébauche avec de la laque, du carmin & du blanc mêlez ensemble, & se finit de laque & de carmin aussi mêlez ensemble.

Le Crocus est blanc ; il s'ébauche avec une eau d'encre de la Chine fort claire, & se finit d'encre de la Chine un peu plus forte.

Le verd de ces trois Fleurs s'ébauche de verd de montagne, & se finit de verd d'iris.

La Sauterelle s'ébauche d'or en coquille, se rembrunit de verd d'iris, dans les plus forts traits, de verd un peu plus foncé. Les pieds s'ébauchent de terre d'ombre avec un peu de blanc, & s'ombrent avec de l'encre de la Chine & de la terre d'ombre mêlez ensemble.

La Chenille s'ébauche de verd jaune, qui se fait avec un peu de cendres bleûës, & du Stil de grain. Les ombres du corps & des rayons dessus le dos se font avec de l'outremer pur, l'œil se fait d'encre de la Chine, & le point de l'œil avec de l'argent en coquille.

La huitiéme renferme deux Fleurs & un bouton ; sçavoir, le Soucy sauvage, & une Tulippe panachée.

Le Soucy sauvage est blanc, la graine jaune, & se peint comme l'oreille d'Ours blanche, contenuë dans la feüille cinquiéme, page 31. Le bouton est de même couleur que la fleur, à l'exception des trois petites feüilles de dessous qui sont vertes ; il y en a aussi de jaunes.

La Tulippe est panachée, le milieu des panaches est gridelin; elle s'ébauche d'outremer, de laque, & un peu de blanc mêlez ensemble & se finit avec d'outremer & laque seule mêlez ensemble. Le tour des panaches est de carmin pur, le verd s'ébauche de verd de montagne, & se finit de verd d'iris.

La Sauterelle est de couleur feüille-morte; elle s'ébauche de gomme-gutte fort claire, & se rembrunit de pierre de fiel & de terre d'ombre mêlez ensemble. Les cornes sont d'outremer & les petites bouteilles jaunes. Les pieds sont de même couleur que le corps. La terrasse s'ébauche de de verd de montagne, & s'ombre avec un peu d'inde & Stil de grain mêlez ensemble.

La neuviéme contient la fleur d'Hellebore noire.

L'extremité des feüilles de cette Fleur est noir, & le milieu est verd, la graine jaune; quand la feüille est ouverte, elle est blanche: elle s'ébauche de Stil de grain, avec un peu de verd d'iris mêlez ensemble, & s'ombre de verd d'iris. Le noir se fait d'encre de la Chine, la graine s'ébauche de gomme-gutte & de pierre de fiel mêlez ensemble, & se finit de verd d'iris.

La dixiéme contient une branche d'Hellebore blanc; la graine noire; elle s'ébauche d'une eau d'encre de la Chine fort claire pour teindre un peu le vêlin, en observant la blancheur de votre vêlin pour les jours, & se rembrunit d'une eau d'encre de la Chine un peu plus forte, la graine d'encre de la Chine pure; le verd s'ébauche de verd de montagne, & s'ombre de verd d'iris.

L'onziéme contient une Fleur d'Hellebore, de Pavot, & des Fleurs de Bourroche.

La Fleur d'Hellebore est noire; elle s'ébauche d'encre de la Chine, & se finit avec la même couleur pure.

Le Pavot est jaune, s'ébauche de gomme-gutte fort claire, s'ombre de gomme-gutte plus forte, dans les plus bruns se rembrunit avec de la pierre de fiel: le gros de la graine s'ébauche aussi de gomme-gutte, & s'ombre avec un peu de verd d'iris, & l'autre petite graine est violette, & s'ébauche de laque & d'outremer mêlez ensemble fort claire, & se rembrunit avec la même couleur plus foncée.

Les Pavots doubles sont couleur de feu, violet & gridelin; les couleurs de feu s'ébauchent d'une eau de carmin mêlée de vermillon, & se finissent de carmin pur: pour le violet, mettez dans le mélange plus d'outremer que de laque, & pour le gridelin plus de laque que d'outremer.

La fleur de Bourroche est bleüë, s'ébauche d'eau d'outremer fort claire, & se rembrunit par traits petit à petit avec l'outremer pur; la graine la plus longue qui est faite en pointe, est noire; elle s'ébauche d'encre de la Chine, & se rembrunit avec la même couleur pure: celle qui est pardessus est rouge, s'ébauche d'eau de carmin fort claire, & se rembrunit avec le carmin pur.

Le verd de toutes ces Fleurs s'ébauche avec du verd de montagne, & s'ombre de verd d'iris.

La douziéme contient une branche d'Hyacinte blanche, s'ébauche d'une eau de gomme-gutte fort claire, qui ne sert qu'à teindre le vêlin, & se rembrunit avec

de

de l'eau d'encre de la Chine aussi très-claire, observant votre vêlin pour les grands jours sans y mettre de blanc.

La queûë est d'une couleur rougeâtre; elle s'ébauche d'une eau de verd de montagne fort claire, & se rembrunit avec un peu de verd d'iris mêlé avec un peu de carmin.

Le verd des feüilles s'ébauche de verd de montagne mêlé avec un peu de gomme-gutte très-claire, & se rembrunit d'une eau de verd d'iris.

Le verd d'iris étant le principal verd qui s'employe dans la Miniature, & le plus cher : pour vous le rendre commode & sans beaucoup de dépense, vous aurez soin au commencement du mois de Mai, d'acheter des fleurs d'iris à la Vallée où à la Halle pour tel prix que vous vous voudrez, suivant la quantité que vous voudrez avoir de coquilles : vous choisirez un tems sec pour exposer vos coquilles remplies à l'air.

Pour faire votre verd d'iris, il faut prendre seulement les feüilles de toutes les fleurs, & les piler dans un mortier de pierre, marbre ou de fonte, mettre dans un linge neuf les fleurs pilées, & les presser dans les mains pour en faire sortir l'eau, pour laquelle recevoir vous avez un bassin de fayance, & dans cette eau mêler, s'il y a la quan-

quantité d'une pinte, gros comme une noix d'alun en poudre; & aussi-tôt que l'alun sera fondu, vous mettrez cette eau dans des coquilles neuves que vous emplirez toutes pleines, & les exposerez au Soleil, & les remuerez de tems en tems à mesure qu'elles secheront. Vous les pouvez remplir jusques à trois fois, & les remuërez aussi de tems à autre, & quand elles seront bien seches, vous les laisserez dans un lieu bien sec, & à l'air pendant un mois, pour empêcher qu'elles ne moisissent, & après ce tems vous les pourrez serrer. Si quelque tems après, elles venoient à moisir, pour ôter la moisissure & les empêcher de se gâter entierement, vous les frotterez avec le doigt en prenant un peu de votre salive, & les laisserez à l'air un jour ou deux. Si-tôt que votre verd sera sec, vous pourrez vous en servir.

La treiziéme feüille renferme une branche d'Hyacinte double, & la Poivrette nommée en Latin *Nigella*.

La fleur d'Hyacinte est bleûë, elle s'ébauche d'une eau d'outremer extrémement claire, & se rembrunit petit à petit avec l'outremer pur, la queûë se peint comme celle de l'Hyacinte blanche, p. 36.

La Poivrette dite en Latin *Nigella* est blanche; elle se peint comme l'Hyacinte blanche, page 36. La graine est jaune

&

& s'ébauche de gomme-gutte, se rembrunit de piere de fiel, les petites feüilles vertes qui sont autour & la queüe sont vertes, elles s'ébauchent d'une eau de verd d'iris fort claire, & se rembrunissent d'une eau de même verd un peu plus forte.

La quatorziéme contient une Fleur d'iris & une Tulippe panachée.

Les trois grosses feüilles de cette fleur d'iris sont bleüës, & s'ébauchent d'outremer fort clair, se rembrunissent d'outremer pur. Dans les plus fortes ombres, on peut mêler un peu d'inde avec l'outremer. Les trois feüilles pointuës qui sont dans le milieu, sont de couleur de chair, & s'ébauchent d'une eau de carmin mêlée avec un peu de laque fort claire, & se finissent d'un peu de carmin pur fort doux. Les deux grandes feüilles d'en-bas sont de couleur cramoisy, autrement colombin; elles s'ébauchent d'une eau de laque fort claire, & se finissent de laque & de carmin mélez ensemble. Les filets qui sont dessus, se font de la même couleur un peu plus brune, la graine est janne; elle s'ébauche de gomme-gutte bien foncée & se pointille de carmin, la pointe du bouton est bleuâtre, s'ébauche & se finit comme les trois premieres feüilles de la fleur.

Les feüilles qui en ferment la queüe, tant de la fleur que du bouton, sont comme une

une petite toile de ſoye rouſsâtre; elles s'ébauchent de gomme-gutte fort claire, & ſe finiſſent d'un peu de terre d'ombre. Le verd des feüilles eſt d'un verd gay; il s'ébauche d'un verd de montagne fort clair, & ſe rembrunit de verd d'iris tout le plus vif, c'eſt-àdire, qu'il ne ſoit point jaune.

La Tulippe eſt panachée; elle s'ébauche dans les panaches d'une eau de carmin, & ſe rembrunit peu à peu de carmin un peu plus fort: dans les plus grands bruns, ſe donnent des coups de carmin brun un peu plus forts aux endroits les plus foncez, tout le reſte de la Tulippe ſe fait par traits fors fins, avec une eau d'encre de la Chine fort claire, obſervant la blancheur de votre vêlin, où il n'y a point de petits traits.

La queûë eſt d'un verd jaune, elle s'ébauche de gomme-gutte mêlée avec un peu de verd de montagne; & ſe rembrunit d'une eau de verd d'iris fort tendre, les feüilles s'ébauchent d'un verd de montagne fort clair, & ſe finiſſent avec un peu de verd d'iris.

La quinziéme feüille contient une tige de Lys de Perſe.

Cette Fleur eſt orangé; elle s'ébauche de gomme-gutte fort claire, & s'adoucit avec de la mine par traits & ſe rembrunit auſſi par traits dans les endroits les plus forts avec du carmin pur, ſur les feüil-

les

les les plus éclairées avec une eau de carmin.

La tige eſt gridelin, elle s'ébauche d'outremer & de laque mêlez enſemble fort clair, & ſe finit de la même couleur plus forte.

Les petites queûës des fleurs ſont de même que les fleurs, les feüilles ſont de verd pâle; elles s'ébauchent d'une eau de verd de montagne, & ſe finiſſent d'un peu de verd d'iris mêlé avec le verd de montagne.

Le Gladieul qui eſt une fleur des Indes, ſe peint comme le Lys de Perſe, page 40.

La ſeiziéme contient une branche de lys de Montagne, couleur de pourpre, une branche de campanelles gridelin, & une branche de violettes de montagne.

Le Lys de montagne couleur de pourpre, s'ébauche d'une eau de laque, de carmin, & un peu de terre d'ombre mêlez enſemble fort claire, & ſe rembrunit des trois mêmes couleurs mélangées; les petits points de deſſus ſe font du plus brun de ce mélange, le bouton du Lys ſe fait comme la fleur.

La queûë s'ébauche de verd de montagne, & s'ombre de la même couleur que la fleur, & les petits points qui ſont deſſus ſe font comme ceux de la fleur, les feüilles ſont d'un verd fort brun, l'ébauche ſe fait de verd de montagne, & ſe rembrunit de verd d'iris un peu brun.

Les

Les campanelles qui ſont de couleur gridelin, s'ébauchent d'une eau de laque & d'outremer mêlez enſemble fort claire, & ſe finiſſent de la même couleur un peu plus forte.

La graine de la fleur eſt jaune, s'ébauche d'eau de gomme-gutte, & ſe finit de la même couleur. La queüë eſt d'un verd jaune, elle s'ébauche de ſtil de grain & d'outremer d'Hollande mêlez enſemble fort claire, & ſe rembrunit de verd d'iris.

La Violette s'ébauche de même que les campanelles, en y mettant plus d'outremer que de laque, & ſe finit du même mélange.

Le verd des Violettes & des campanelles eſt ſemblable.

Le petit ruban qui nouë ces fleurs, ſe peut faire de quelle couleur l'on veut; ſi vous le faites bleû, vous l'ébaucherez d'eau d'outremer, & le finirez petit-à-petit de la même couleur un peu plus forte, dans les ombres de l'outremer pur.

Si vous le faites rouge, vous l'ébaucherez d'eau de carmin, & le finirez de la même couleur un peu plus foncée, dans les ombres de carmin pur.

Si vous le faites jaune, vous l'ébaucherez de Macicot, & l'ombrerez de gomme-gutte, & dans les plus grandes ombres y ajoûterez de la piere de fiel.

Si

Si gridelin, vous l'ébaucherez d'une eau de laque & d'outremer mêlez ensemble & le finirez de la même couleur un peu plus forte, & dans les ombres les plus fortes, de l'inde.

La dix-septiéme contient trois tiges; sçavoir, une dite *Digitalis*, un Lys orangé, & une tige de fleurs de Pensée.

La fleur *Digitalis* est jaune, elle s'ébauche de gomme-gutte, & se finit de pierre de fiel mêlée avec de la gomme-gutte.

La queuë & les boutons se font de verd jaune, l'ébauche se fait avec un peu de stil de grain mêlé avec du verd de montagne, & s'ombre de verd d'iris.

De cette fleur il y en a encore de deux couleurs; sçavoir gridelin & blanche.

La premiere se peint comme les campanelles de la feüille seiziéme, page 41. & la seconde se peint comme la fleur d'Hyacinte blanche de la feüille douziéme page 36.

Les queuës sont de même couleur que celle de la fleur jaune.

Le Lys orangé s'ébauche de mine, & s'ombre de carmin, les petits points qui sont dessus les feüilles de dedans se font de carmin brun.

La graine est jaune, s'ébauche de gomme-gutte, & se rembrunit de piere de fiel & gomme-gutte mêlez ensemble.

La queuë s'ébauche de verd de montagne,

gne, & se finit de verd d'iris.

Les fleurs de pensée ont cinq feüilles; les deux d'enhaut sont toutes violettes, elles s'ébauchent d'outremer & de laque mêlez ensemble, plus d'outremer que de laque, & se finissent de la même couleur. Les trois autres feüilles sont jaunes dans le milieu, elles s'ébauchent de gomme-gutte, & se finissent de la même couleur, elles sont bordées de violet, les petits filets qui sont dessus, sont noirs, & se font d'encre de la Chine.

Le verd de la queüe & des feüilles s'ébauche de verd de montagne, & se finit de verd d'iris.

La dix-huitiéme contient deux lys avec leurs boutons.

Ces fleurs s'ébauchent d'une eau d'encre de la Chine, avec fort peu d'inde trés-claire pour teindre seulement votre vêlin, & se finit du même mélange un peu plus fort par traits, en observant le sens des traits de ces fleurs. Il faut observer le même pour les fleurs suivantes & les précedentes; c'est-à-dire, qu'aprés que vous aurez fait votre ébauche qui se fait ordinairement d'une couleur fort claire, pour rembrunir vous vous servirez de votre mélange par traits, du sens qu'ils sont formez & gravez dans l'estempe que vous copiez, observant les jours & les bruns qui sont marquez dans

votre

votre estempe, & dans les jours vous servant d'une couleur plus claire, & dans vos ombres d'une couleur un peu plus foncée.

La graine des lys se fait comme celle du lys orangé,&le verd de la queüë aussi comme le verd du lys orangé, expliqué dans la feüille dix-sept dudit livre, page 43.

La dix-neuviéme renferme une tige de fleurs de Mauves qui sont de couleur colombine, autrement de pourpre. Ces fleurs s'ébauchent de carmin & de laque mêlez ensemble, se finissent des mêmes couleurs ainsi mélangées, les boutons se font de la même couleur un peu plus tendre.

Le verd est fort pâle, il s'ébauche de verd de montagne fort clair, se rembrunit avec un peu de verd d'iris mêlé avec un peu de carmin, & de ces deux couleurs se font les petits points qui sont dessus les queüës & les boutons.

La vingtiéme contient trois tiges de Narcisses de differentes especes.

Celui qui a le godet long, & les deux petits qui sont au dessous, sont de couleur jaune clair, les godets s'ébauchent de gomme-gutte fort claire, & s'ombrent de gomme-gutte un peu plus forte, & se rembrunissent de pierre de Fiel, les grandes feüilles s'ébauchent aussi de gomme-gutte fort claire,

claire, & se finissent de gomme-gutte mêlée avec de la terre d'ombre & un peu de pierre de fiel, le tout fort clair.

La petite peau qui enclos ces grandes feüilles, se fait d'une eau de terre d'ombre fort claire, & se rembrunit d'une eau de la même couleur un peu plus forte.

Le Narcisse incomparable qui est épanoüi, est blanc, & se peint comme les lys blancs, le verd des queûës & des feüilles de même, comme il est expliqué à la feüille dix-huitiéme, page 44.

La vingt-uniéme contient une tige de Narcisse simple, les feüilles sont blanches, & le petit godet de dedans est jaune, & la graine, & les feüilles se peignent comme les lys blancs de la feüille dix-huitiéme, page 44. & la graine s'ébauche de gomme-gutte fort tendre, & se rembrunit de même couleur.

La queûë & les feüilles sont d'un verd guay fort clair, elles s'ébauchent d'un verd de montagne, & se finissent d'un verd d'iris.

La vingt-deuxiéme contient une tige de Narcisse d'Afrique de couleur jaune, le godet blanc bordé de rouge, & la graine jaune; les feüilles de la fleur s'ébauchent de Macicot pâle, & se finissent de gomme-gutte mêlée avec un peu de pierre de fiel; le petit godet blanc s'ébauche d'une eau d'encre

cre de la Chine fort claire, & se finit d'une eau de la même couleur un peu plus forte, observant votre vêlin pour vos jours; le bord dudit godet se fait de carmin pur, la graine s'ébauche & se finit comme les feüilles.

Le verd est semblable au verd des Narcisses, expliqué dans les feüilles vingt & vingt-une, des pages 46.

La vingt-troisiéme contient encore des Narcisses d'Espagne qui sont aussi jaunes, & les godets blancs bordez de rouge, & se peignent comme ceux de la feüille precedente.

La vingt-quatriéme renferme une branche de roses & deux boutons, ces Roses sont couleur cramoisy, & s'appellent Roses de Provins.

Les deux Roses s'ébauchent de laque mêlée de carmin fort claire, plus de carmin que de laque, & se finissent de la même couleur, la graine est jaune & le milieu de la fleur, elle se peint comme le Narcisse d'Afrique, feüille vingt deux, page 46.

Les boutons, les feüilles & les queües sont verds, il s'ébauchent d'un peu d'outremer d'Hollande mêlé avec du stil de Grain, & s'ombrent de verd d'iris, les petites veines des feüilles se font avec du verd d'iris fort brun, les petits piquans se

font

ſont de carmin mêlé avec un peu de verd d'iris.

La vingt-cinquiéme contient une branche de Roſes & deux boutons.

La Roſe & le gros bouton s'ébauchent d'une eau de carmin fort claire, & ſe finiſſent par traits d'une eau de carmin plus forte, obſervant votre vêlin pour vos jours.

Le verd eſt different de l'autre Roſe & eſt plus tendre; pour l'ébaucher vous prendrez une ſimple eau de verd de montagne, & pour le finir vous vous ſervirez de verd d'iris fort doux.

Le petit bouton eſt verd, & ſe peint comme les feüilles & les branches, les piquans ſe font comme aux autres Roſes de carmin mêlé avec un peu de verd d'iris.

La vingt-ſixiéme, contient quatre ſortes de Fleurs; ſçavoir la Fleur de Renoncule qui eſt de couleur de feu, deux Ancolies, & la Fleur de Fretillaire.

Le Renoncule s'ébauche de mine mêlée avec un peu de Vermillon & de carmin, & ſe finit de carmin pur, la graine eſt noire, elle s'ébauche d'encre de la Chine fort claire, & ſe finit de la même couleur.

Vous obſerverez que l'encre de la Chine ſe délaye avec l'eau pure non gommée.

Plus une Fleur de Renoncule de bois, dont les feüilles ſont étroites qui eſt épanoüie.

Cette

Cette Fleur est de couleur rouge, elle s'ébauche de Vermillion fort clair, & se rembrunit de carmin pur, la graine est jaune, elle s'ébauche de Macicot, & se rembrunit de gomme-gutte mêlée avec un peu de pierre de fiel.

Le verd de ces deux fleurs est semblable, il s'ébauche du même verd que la Rose de Provins, feüille vingt-quatre, page 42.

Les deux Ancolies sont colombines, elles s'ébauchent de laque claire, & se finissent de la même couleur fort tendre, la graine est jaune, la queuë & les feüilles de verd jaune, le bouton se fait d'une couleur un peu plus pâle que la fleur; ce verd se fait de stil de grain mêlé avec du verd de montagne, & se finit de verd d'iris.

La Fleur de Fretillaire qui est dans la même feüille marquée par petits quarreaux, est violet & blanc.

Les petits quarreaux violets s'ébauchent de laque & d'outremer mêlez ensemble, & se finissent de même couleur. Et les petits quarreaux blancs s'ébauchent d'une eau d'encre de la Chine fort claire, & se finissent d'une eau de la même encre un peu plus forte.

La queuë & les deux feüilles pointuës sont d'un verd bleu; elles s'ébauchent de verd de montagne mêlé avec de l'outremer d'Hollande, & se finissent de verd d'iris seul.

La vinge-septiéme contient trois Fleurs; sçavoir, l'Aubifoin, une Renoncule, & un iris.

L'Aubifoin est bleu, & s'ébauche d'outremer fort clair, & se finit petit-à-petit & par traits de la même couleur.

La queuë & les feüilles sont d'un verd pâle; elles s'ébauchent d'une eau de verd de montagne, & se finissent d'une eau de verd d'iris.

La Renoncule est couleur de feu & verd; elle s'ébauche de carmin & de Vermillon mêlez ensemble, dans les clairs; & dans les ombres s'ébauche d'un peu de gomme-gutte, & se finit de verd d'iris, & par tout également passer une eau de carmin sans cacher le verd des clairs, la graine est comme la queuë ci-aprés expliquée.

La queuë est d'un verd jaune; elle s'ébauche d'une eau de gomme-gutte & de verd d'iris mêlez ensemble, & s'ombre d'une eau de verd d'iris.

L'iris a les feüilles d'enhaut violettes; elles s'ébauchent de laque & d'outremer mêlez ensemble fort claire, & se finissent de la même couleur, le dedans des feüilles d'enbas est d'un jaune fort pâle, s'ébauche de macicot jaune, & se finit de gomme-gutte mêlée avec un peu de pierre de fiel, le dessus de ses feüilles s'ébauche de terre d'ombre fort claire, & se finit de la même couleur un peu plus brune.

La

La queuë s'ébauche de verd de montagne, & se finit de verd d'iris.

La vingt-huitiéme contient une branche de la Fleur dite *Solanum Indicum*, en plusieurs boutons.

Ces Fleurs sont bleuës ; elles s'ébauchent d'une eau d'outremer fort claire, & se finissent petit-à-petit d'outremer un peu plus fort, & dans les grandes ombres d'outremer pur : la graine est rouge, elle s'ébauche d'une eau de carmin, & se finit de carmin pur.

Les petits boutons se font de la même couleur que la fleur, un peu plus tendre, les branches & les feüilles sont d'un foncé ; elles s'ébauchent d'un verd de montagne, & s'ombrent de verd d'iris bien foncé.

Les piquans qui sont sur les branches & les feüilles, se peignent comme la graine, les côtes & les filets sont de même verd que les branches & les feüilles. Il faut observer les jours où le verd doit être plus tendre.

La vingt-neuviéme renferme deux œüillets d'Inde, une Tulippe panachée, & une Anemone simple avec son bouton.

Les Oeüillets d'Inde sont jaunes, s'ébauchent de gomme-gutte, & se finissent dans les bruns de gomme-gutte, carmin & pierre de fiel mêlez ensemble, la graine de même, en observant les jours & les ombres, c'est-à-dire, dans les jours y mettre de la gomme-gutte seule, & dans les ombres du mélange ci-dessus.

La queuë & les petites feüilles sont d'un verd jaune, s'ébauchent de stil de grain & d'outremer d'Hollande mêlez ensemble, & se finissent de verd d'iris.

La Tulippe est violette, les panaches s'ébauchent de laque & d'outremer mêlez ensemble, & se finissent de la même couleur: dans ce mélange il faut plus d'outremer que de laque, & ne se servir pour l'ébauche que de l'eau de ces couleurs: les jours de cette Tulippe sont gris, & se font par traits d'une eau d'encre de la Chine fort claire. Le verd de la queuë & des feüilles s'ébauche d'une eau de gomme-gutte mêlée avec un peu de verd de montagne & se finit de verd d'iris.

Si vous voulez faire une feüille qui se fane, au bout de la feüille du verd de votre Tulippe vous y mettrez une eau de pierre de fiel seule.

L'Anemone simple est colombine, & s'ébauche d'une eau de laque claire, & se finit de la même couleur plus foncée par traits, fort tendre, en observant le sens qu'ils ont.

Le bouton se fait comme la Fleur.

La graine est d'un violet fort brun; elle se fait de laque & d'inde mêlez ensemble, & se rembrunit de la même couleur.

La queuë & les feüilles s'ébauchent de verd de montagne, & se finissent de verd d'iris.

La trentiéme contient un Narcisse simple blanc, dont le godet est jaune & rembruni de rouge, deux Tulippes, une commune & une panachée, & deux Fleurs & deux boutons de Giroflée simple.

Le Narcisse s'ébauche d'une eau d'encre de la Chine très-claire, & s'ombre d'une eau de la même encre un peu plus forte; pour les jours vous observerez le blanc de votre vêlin; le godet jaune s'ébauche de gomme-gutte, & se finit par dedans & pardessus d'une eau de carmin: la graine est de jaune foncé, elle s'ébauche de gomme-gutte, & se finit de pierre de fiel, le surplus de la fleur se peint comme les autres Narcisses expliquez feüilles vingt & vingt-une des pages 46.

La Tulippe commune ou simple est rouge; elle s'ébauche d'une eau de carmin claire, & se finit petit-à-petit & par traits de la même couleur, un peu plus forte dans les ombres de carmin brun.

La Tulippe panachée est jaune; elle s'ébauche d'une eau de gomme-gutte fort claire, & se finit de la même couleur mêlée avec un peu de terre d'ombre, les panaches sont couleur de feu, s'ébauchent de vermillon mêlez avec du carmin, & s'ombrent de carmin pur.

Le verd se fait comme le verd des autres Tulippes, feüilles quatorze & vingt-neuf, pages 39 & 52.

Les fleurs de Giroflées sont de laque pure; elles s'ébauchent d'une eau de cette couleur fort claire, & se finissent d'une eau de la même couleur plus foncée, les boutons se font de même.

Le verd est d'un jaune pâle; il s'ébauche de macicot pâle mêlé avec un peu de verd de montagne, & se finit de verd d'iris.

La trente-uniéme & derniére contient plusieurs Violettes ensemble; elles s'ébauchent d'une eau de laque & d'outremer mêlez ensemble, plus d'outremer que de laque, & se finissent du même mélange.

Le verd s'ébauche de verd de montagne, & s'ombre de verd d'iris.

Si l'on veut representer un Vase rempli de fleurs, l'on peut faire le Vase d'or, d'argent, d'émail, de bronze, de cuivre, de fayance, pourcelaine, cristal ou verre.

Les Vases d'or se couchent d'or en coquille, & s'ombrent de pierre de fiel, & dans les plus bruns, de terre d'ombre mêlé avec un peu de carmin.

Les Vases d'argent se couchent d'argent & s'ombrent d'inde & d'encre de la Chine mêlez ensemble, & sur les plus bruns d'encre de la Chine & de terre d'ombre aussi mêlez ensemble; les façons, figures,

res, feüillages & autres ornemens qui se trouveront dessus, se forment & se finissent du mélange dont on s'est servi pour ombrer.

Les Vases d'émail s'ébauchent de blanc pur, & s'ombrent d'encre de la Chine & de blanc mêlez ensemble, & les dernieres ombres se font d'encre de la Chine pure fort legerement.

Les Vases de bronze & de cuivre se couchent de bronzes differentes, ou plus claires, ou plus brunes selon l'inclination que l'on a, & s'ombrent du même mélange que les Vases d'or ci-dessus expliqué, page 54.

Les Vases & pots de fayance s'ébauchent de blanc, & s'ombrent d'une eau d'encre de la Chine fort claire, les façons que l'on veut faire dessus se font d'outremer, de blanc, & un peu d'inde mêlez ensemble.

Les Vases & pots de porcelaine, s'ébauchent de blanc; s'ombrent d'une eau d'encre de la Chine mêlée de terre d'ombre & d'ocre jaune; pour faire des façons & ornemens dessus, il faut se servir du même mélange dont on se sert pour les faire sur la fayance.

Les Vases de cristal s'ébauchent d'encre de la Chine & de blanc fort clair, s'ombrent d'encre de la Chine mêlée avec un peu de terre d'ombre, & se rehaussent de blanc mêlé avec la couleur de l'ébauche, & sur les plus vifs reflets du jour, de blanc pur.

Le Vase ou fiole de verre s'ébauche de verd de montagne mêlé avec de l'encre de la Chine. un peu de blanc, & un peu d'inde, & s'ombre avec l'encre de la Chine, & un peu d'inde mêlé avec la couleur de l'ébauche, se rehausse de blanc mêlé avec la couleur de l'ébauche, & sur les plus vifs reflets du jour, de blanc pur.

L'on fait aussi des Paniers de Fleurs qui se font de trois manieres d'ozier; sçavoir, cordé, passé & en croix, & ces Paniers se peignent de deux couleurs differentes; sçavoir, brun & blanc.

L'ozier blanc s'ébauche de blanc mêlé avec un peu de pierre de fiel, & s'ombre de terre d'ombre mêlé avec la couleur de l'ébauche, & sur les plus grands bruns de terre d'ombre pure, & se rehausse avec dublanc pur.

L'ozier brun s'ébauche de terre d'ombre mêlé avec un peu de brun rouge, & s'ombre de terre de Cologne, & se rehausse de pierre de fiel, & de macicot mêlez ensemble.

*Fin du Livre de Fleurs.*

LIVRE

# LIVRE
# D'OYSEAUX.

DAns la plus grande partie de ce Livre, vous trouverez les oyseaux dans des Païsages bien ordonnez & agreables, dont l'explication & la maniere de les peindre est d'une grande utilité, puisque le païsage est une des plus belles parties de la Peinture.

La premiere feüille de ce Livre qui contient l'Aigle Royal, peut vous servir d'exemple pour pouvoir peindre des Païsages, en observant la place de l'oyseau qui peut se peindre sans blanc, au lieu que dans le Païsage le blanc est absolument necessaire.

Quand vous aurez poncé ou calqué cette premiere feüille sur votre vêlin, & que vous aurez marqué les principaux traits à la pointe d'argent, ainsi que je l'ai dit au commencement de ce Livre, vous coucherez le Ciel de votre Païsage avec un gros pinceau & à grands coups, d'outremer & de blanc mêlez ensemble uniment, & s'il n'est uni à la premiere couche, vous le coucherez une seconde fois.

L'horizon qui descend jusques sur les montagnes, se fait de la même teinte, en y ajoûtant plus de blanc mêlé avec du carmin ; l'on le peint aussi de pierre de fiel, mêlé avec de la mine de plomb, du blanc, & de la couleur du Ciel, il faut noyer la couleur de l'orizon avec celle du Ciel imperceptiblement, en telle sorte que l'on n'y puisse remarquer de separation.

Les nuées qui se font sur le Ciel, se font avec la couleur de la couche du Ciel, mêlée avec un peu de celle de l'horison, & un peu de laque, & se rehaussent avec la couleur de l'horison sur les extremitez des jours.

On les peut encore faire avec la teinte de l'horison, & les rehausser avec un peu d'ocre jaune, de blanc, & de vermillon mêlez ensemble, qui feront un coloris de chair fort delicat.

Les premiers loingtains se font avec la teinte du Ciel, en y ajoûtant plus d'outremer & du carmin ; & si vous voulez faire un Païs bien éloigné, dans la premiere teinte des premiers loingtains, vous ajoûterez tant-soit-peu d'inde & de tournesol, & ferez des montagnes, & pour les éclairer, vous vous servirez de la teinte des nuées.

Pour faire les terrasses éloignées, vous prendrez du verd de montagne, de l'outremer, & un peu de vermillon mêlez ensemble, & pour les ombrer, vous ajoûterez

terez dans le mélange plus de vermillon, & un peu d'inde.

S'il y a des touffes d'arbres éloignez, vous les ébaucherez de verd de montagne, d'outremer, & un peu de verd d'iris mêlez ensemble, & pour les ombrer vous mettrez dans le mélange, un peu d'inde, & un peu plus de verd d'iris.

Pour les terrasses d'après, vous prendrez du stil de grain clair, de la terre d'ombre, & du blanc mêlez ensemble, & pour les ombres vous ajoûterez dans la teinte un peu de verd de vessie, & de terre d'ombre.

Les montagnes plus proches se font de la couche du Ciel, & s'ombrent d'outremer, de laque, & un peu de tournesol mêlez ensemble, selon comme elles sont claires, ou brunes, se rehaussent avec la couleur de l'horison, en y ajoûtant un peu de macicot.

Les Maisons qui se trouvent entre les montagnes, s'ébauchent & se couchent de laque & d'outremer mêlez ensemble, qui font couleur gridelin, & s'ombrent de tournesol.

Les Prairies qui se rencontrent au bas des Maisons, s'ébauchent sur les jours de verd de montagne, avec un peu de macicot mêlez ensemble, en adoucissant sur les bruns de terre d'ombre, de blanc & de verd de montagne aussi mêlez ensemble, & s'ombrent de verd d'iris, & sur les bruns, il faut y mêler un peu de terre d'ombre.

La riviere qui se rencontre au pied, se fait avec de l'inde & du blanc, & s'ombre d'un peu de verd de vessie, se rehausse sur les extremitez des jours avec du blanc pur.

Les Roseaux qui sont dans les Rivieres, Etangs & aux bords, sont ou de verd vif, ou de verd jaune.

Les verds vifs s'ébauchent de verd d'iris, mêlé avec du blanc, & s'ombrent de verd d'iris seul.

Les Roseaux de verd jaune, s'ébauchent de verd de vessie, stil de grain, & de blanc mêlez ensemble, & s'ombrent de verd de vessie seul, & se rehaussent de macicot dans les grands jours.

La Terrasse du milieu se peut faire jusques derriere l'oiseau; pour l'ébauche il faut prendre du verd de montagne & du macicot mêlez ensemble; & pour ombrer, du verd d'iris, mêlé avec un peu de verd de montagne.

Les épaisseurs de terre se couchent & s'ombrent de terre d'ombre clair, & de la couleur de l'ébauche de la terrasse.

Le chemin qui passe au milieu, se fait de pierre de fiel, de terre d'ombre, & de

blanc

blanc mêlez ensemble, & pour faire paroître ce chemin, il faut marquer la separation par une ligne de terre d'ombre, & de verd d'iris mêlez ensemble.

Comme le Païsage de la premiere feüille est un des moins considerables, & que l'explication de tous les autres demande un trop grand tems, outre que dans les Païsages toutes les mêmes couleurs se rencontrent, ou plus brunes ou plus claires, je me suis proposé pour garder un milieu, de vous donner une idée generale de toutes les parties qui composent le Païsage, & de vous en donner une explication exacte.

Le Ciel d'un Païsage se peut peindre de plusieurs manieres, ainsi qu'il est marqué ci-après.

Pour faire un Ciel serain, qui est couleur d'un bleu blanchâtre, il faut prendre de l'outremer mêlé avec du blanc, plus de blanc que d'outremer, coucher sa couleur uniment à grands coups de pinceau, & si du premier coup il n'est fini, il faut donner une seconde couche plus claire que la premiere.

Pour l'horison, prendre de la mine de plomb, mêlé avec un peu de stil de grain & du blanc, plus de blanc que des autres couleurs, lequel mélange fait une couleur rougeâtre ; il faut que ce second mélange ſe noye imperceptiblement avec le premier, & pour les nuées que l'on fait dans le Ciel, faut prendre des deux mélanges & y mêler un peu de laque : ce troiſiéme mélange fait une couleur griſâtre, & pour faire les clairs, prendre de la couleur de l'horiſon.

Pour faire un Ciel bien net, il faut prendre du blanc de l'outremer, & un peu d'ocre jaune mêlez enſemble.

Pour faire un Ciel nebuleux, il faut le coucher d'outremer & de blanc mêlez enſemble ; les nuées ſe font d'outremer, de laque, de blanc, d'encre de la Chine, mêlez enſemble; l'ébauche ſe fait d'une eau de ce mélange, & pour finir l'on ſe ſert de la même teinte un peu plus forte, & dans les rehauts & clairs, il faut donner quelques coups de blanc & d'ocre jaune, mêlez enſemble.

Pour faire un Ciel pluvieux pris par tout, il faut prendre du blanc de l'outremer, de la laque, de l'ocre jaune, & de l'encre de la Chine, mêlez enſemble.

Pour faire un Ciel de tonnerre, il faut pour la nuée pluvieuſe, du blanc, de l'outremer, de la laque, & de l'encre de la Chine, mêlez enſemble ; à l'endroit où s'ouvre la nuée, du blanc, du vermillon, & un peu d'ocre jaune, mêlez enſemble, & dans le coup un peu plus de vermillon.

Pour

Pour faire un Ciel de nuit, prendre de l'inde, fort peu d'encre de la Chine, de la laque & du blanc.

Pour les loingtains, les coucher du premier mélange du Ciel, les plus éloignez les ombrer d'outremer clair, & les plus proches, d'outremer mêlé avec la couleur des nuées un peu plus brun, les rehausser avec la couleur de l'horison, & pour former des especes de prairies dans les éloignemens, noyer les jours avec un peu de macicot aux pieds des montagnes.

Pour les terrasses éloignées, faut prendre de la terre d'ombre, mêlée avec de la mine de plomb, ou du vermillon, du stil de grain, & du blanc, se servir de ce mélange, qui fait une couleur grise, rougeâtre; pour les ébaucher & pour les ombrer, prendre du verd de montagne, de la cendre bleuë, & un peu d'inde mêlez ensemble.

Pour les terrasses du devant, les ébaucher de terre d'ombre, de brun, rouge, de blanc, & d'un peu d'encre de la Chine, mêlez ensemble, & pour les ombrer prendre du verd de vessie, de la cendre bleuë, du stil de grain, & un peu de blanc mêlez ensemble, & pour les dernieres ombres de ces terrasses, vous prendrez du verd de vessie & de l'inde mêlez ensemble.

On

On les peut faire aussi d'ocre jaune, de brun rouge, & un peu de verd de vessie, si l'on veut qu'elles tirent sur le verd; si on les veut jaunâtres, au lieu de verd de vessie, il faut mettre dans le mélange de la pierre de fiel; si un peu rougeâtres, un peu de carmin; si bleuâtres, un peu d'inde, & les ombrer de terre d'ombre brune, & d'un peu de carmin mêlez dans l'une des teintes ci-dessus.

Les terrasses brunes se font avec du stil de grain brun, du verd de vessie, du carmin, & un peu de pierre de fiel melez ensemble: pour l'ébauche & pour les ombrer, on ajoûte dans ce mélange un peu d'encre de la Chine & du carmin.

Les arbres se peuvent peindre de differentes façons; sçavoir, de verd bleuâtre, de verd gai, de verd jaune, couleur de feüille-morte, & de verd mourant, ainsi que j'expliquerai après avoir enseigné la maniere de peindre leurs corps ou troncs.

Pour les corps ou troncs d'arbres, l'on se sert pour l'ébauche de brun rouge, de blanc, & d'un peu d'encre de la Chine mêlez ensemble, pour les premieres ombres, de terre d'ombre, & pour les dernieres de bistre, & sur les jours par échappez, il faut passer une petite eau verdâtre, qui se fait de verd de vessie avec un peu de blanc.

On

On les fait encore de brun rouge, d'ocre jaune, & un peu d'inde mêlez ensemble; pour l'ébauche & pour les ombrer, il faut prendre du carmin & de la terre d'ombre mêlez ensemble, & pour les rehauts ou clairs, prendre un peu d'inde & de blanc mêlez ensemble, ou de l'ocre jaune & du blanc, ou du vermillon & du blanc.

Pour faire des arbres éloignez, vous prendrez du verd de vessie, du blanc, & un peu de stil de grain clair, mêlez ensemble pour l'ébauche; & pour ombrer, vous ajoûterez dans le mélange, de l'inde, & un peu de verd de vessie.

Les arbres de verd bleuâtre, se font de verd de montagne & de verd d'iris, mêlez ensemble pour l'ébauche, & s'ombrent de verd de vessie, & de verd d'iris aussi mêlez ensemble.

Pour faire des arbres d'un beau verd, au lieu de verd de montagne, prendre du stil de grain clair & du verd d'iris mêlez ensemble pour l'ébauche, & pour ombrer dans la teinte de l'ébauche, y mêler du verd de vessie & un peu d'inde.

Pour faire des arbres jaunes, prendre du stil de grain clair, du stil de grain brun, & du verd de vessie, melez ensemble pour l'ébauche, & pour ombrer du verd de vessie & du stil de grain brun.

Les

Les arbres de couleur de feüille-morte s'ébauchent de ſtil de grain clair, de pierre de fiel, & de carmin mêlez enſemble, & s'ombrent du même mélange, en y ajoûtant plus de pierre de fiel, de carmin, & un peu de terre d'ombre.

Pour faire des arbres bruns en branches ſur des devant de terraſſes, vous prendrez du verd d'iris & de la pierre de fiel mêlez enſemble, on les couche & ébauche de verd de veſſie, de cendre bleuë, & de ſtil de grain mêlez enſemble, lequel mélange fait un verd brun, & pour les ombrer on ſe ſert de verd de veſſie & d'inde fort claire mêlez enſemble.

Pour les feüiller ſur l'ombre, faut prendre du verd de la couche avec un peu de blanc; pour feüiller les clairs, faut prendre de la couleur de la couche, & y ajoûter du blanc & du ſtil de grain, & pour les derniers feüillages qui doivent être les plus clairs, faut prendre du verd de montagne, du ſtil de grain, & du blanc mêlez enſemble.

Pour l'ébauche ou couche des arbres plus éloignez, faut prendre de la cendre bleuë, du verd de montagne, & un peu de ſtil de grain & de verd de veſſie mêlez enſemble, & pour ombrer, ajoûter dans le mélange ci-deſſus de l'inde & du verd de veſſie.

Pour

Pour les feüiller sur l'ombre, faut prendre de la couleur de la couche, mêlée avec un peu de verd de montagne.

Pour faire les arbres d'un verd jaune, il les faut ébaucher de gomme-gutte, cendre bleuë, & un peu de verd de vessie mêlez ensemble, plus de gomme-gutte que des autres couleurs; & pour ombrer, prendre du verd de vessie & du stil de grain, & pour les feüiller du stil de grain avec du blanc, en y ajoûtant plus de blanc pour les derniers rehauts que pour les premiers.

Les arbres mourans s'ébauchent de pierre de fiel & d'ocre jaune mêlez ensemble, & s'ombrent de pierre de fiel, mêlée avec un peu de terre d'ombre; pour les feüiller sur l'ombre, se servir de la couleur de l'ébauche, y mêlant un peu d'ocre jaune; pour les premiers feüillages clairs de la pierre de fiel avec du macicot, & pour les derniers clairs du macicot pur.

Le verd des arbres loingtains se fait de cendre bleuë, de stil de grain, de verd de montagne, & d'inde mêlez ensemble pour l'ébauche, & s'ombre d'inde avec la couleur de l'ébauche; pour feüiller sur l'ombre, prendre de la cendre bleuë, du blanc, & un peu de verd de montagne, & pour le clair, prendre du verd de montagne, de la cendre bleuë & du blanc mêlez ensemble

ſemble, & pour les derniers rehauts ſur les plus clairs, du verd de montagne & du blanc mêlez enſemble.

Le Palmier s'ébauche de verd de veſſie avec du ſtil de grain, & s'ombre de verd de veſſie, & ſe rehauſſe avec du ſtil de grain & du blanc dans les grands jours; les graines qui s'y rencontrent, ſe font de carmin non gommé, & s'ombrent de carmin gommé.

Le tronc de l'arbre eſt en maniere de feüilles de Laurier, s'ébauche comme les feüilles, & s'ombre de verd de veſſie & de terre d'ombre, & ſe rehauſſe de ſtil de grain & de blanc.

Les mottes de terre qui ſe rencontrent dans le Païſage, s'ébauchent de terre d'ombre, de blanc, & d'un peu de brun rouge mêlez enſemble, & s'ombrent de terre d'ombre avec la couleur de l'ébauche, & dans les plus bruns, de biſtre.

Les roches qui ſont ordinairement de couleur gris ſale, s'ébauchent de biſtre, de ſtil de grain, de blanc, & un peu de vermillon mêlez enſemble, & s'ombrent de terre d'ombre fort claire mêlée avec un peu de ſtil de grain; & pour les dernieres ombres, de biſtre mêlé avec un peu de verd de veſſie; & pour le rehauſſer ſur les extremitez des jours, prendre de l'ocre, du blanc, & un peu d'inde. Pour faire un gris

gris plus tendre & les salir par échappées, suivant la verdure qui sera dessus, se servir de verd de vessie mêlé avec de la cendre bleuë & du stil de grain, & aux places où le verd ne donne point, donner quelques coups de couleur rougeâtre qui se fait avec du vermillon, ou du brun rouge clair, & quelques coups de gris, qui se fait d'inde & de blanc mêlez ensemble, sans toutefois trop offusquer les jours.

Les rivieres se font avec la même teinte du Ciel serain; sçavoir d'outremer mêlé avec du blanc, plus de blanc que d'outremer, & y ajoûtant un peu de verd de vessie, & un peu d'inde dans les bruns.

S'il y a quelque reflexion d'arbres à faire paroître, elles se font en mêlant un peu de verd de vessie, & un peu d'encre de la Chine dans la teinte de la riviere.

Les rivieres éloignées se font de la teinte du Ciel, & de la teinte de l'horison, noyant les deux teintes ensemble.

Les rivieres sur le devant où il y a de la verdure à l'opposite, il les faut ébaucher de terre d'ombre mêlée avec du blanc, de l'inde, & du verd de vessie, les ombrer avec du verd de vessie, & de l'inde mêlez ensemble, les rehausser sur les jours avec de la cendre bleuë pure, & sur les plus clairs, donner quelques coups legers d'un mélange de cendre bleuë & de blanc.

Les

Les rivieres qui coulent sur le sable, ébauchent d'inde & de blanc mêlez ensemble, s'ombrent d'inde mêlé avec de la terre d'ombre fort claire, & se rehaussent de blanc pur.

Les bâtimens ou maisons qui se trouvent dans les Païsages, sont ou couleur gris de perle, de gris roussâtre, ou de gris sale: celles qui sont fort éloignées, se font de la même teinte des montagnes.

Le gris de perle s'ébauche de blanc mêlé avec de l'encre de la Chine & un peu d'inde, & s'ombre du même mélange, en y ajoûtant un peu de terre d'ombre & de l'encre de la Chine, se rehausse sur les extremitez des jours pour faire paroître les moulures & ornemens, avec du blanc mêlé avec la couleur de l'ébauche.

Le gris rousâtre s'ébauche de terre d'ombre, d'ocré jaune, & de blanc mêlez ensemble, s'ombre de même mélange en y ajoûtant de la terre d'ombre, & sur les plus bruns, de bistre, & pour les rehauts, il faut prendre de la couleur de l'ébauche mêlée avec du stil de grain & du blanc.

Le gris sale s'ébauche de blanc, d'encre de la Chine, & de bistre mêlez ensemble, & s'ombre de la même couleur, & sur les plus bruns de bistre pur.

Le fer s'ébauche avec de l'inde, de l'encre de la Chine & du blanc, & s'ombre

bre avec de l'inde pur, les rehauts ſe font de blanc.

Les couvertures ſe peuvent faire de couleur d'or, de plomb, d'ardoiſe, de tuile, & de chaume.

La couleur d'or s'ébauche de pierre de fiel, & s'ombre de pierre de fiel mêlée avec un peu de laque & de terre d'ombre.

La couleur de plomb s'ébauche d'inde & de blanc mêlez avec un peu d'encre de la Chine, & s'ombre avec de l'encre de la Chine mêlée avec un peu d'inde.

La couleur d'ardoiſe ſe fait d'inde & de blanc mêlez enſemble pour l'ébauche, & s'ombre de tourneſol.

La couleur de tuile s'ébauche de brun rouge & de blanc, ou de vermillon mêlé avec du brun rouge & du blanc, & ſe finit de laque mêlée avec un peu de terre d'ombre.

La couleur de chaûme ſe fait de ſtil de grain brun, ou verd mêlé avec du blanc pour l'ébauche, & s'ombre de ſtil de grain de Troyes mêlé avec du blanc & un peu de pierre de fiel, & ſur les plus grands jours, ſe rehauſſe de ſtil de grain de Troyes mêlé avec du blanc.

Pour les Bâtimens qui ſe trouveront dans les loins, prendre du carmin, du blanc, & de l'outremer, plus de blanc

que

que des autres couleurs, lequel mélange fait gridelin pâle; pour les ombrer prendre du carmin, de l'outremer, & un peu de terre d'ombre; & pour les rehauts ou clairs, du blanc pur.

Pour faire du feu & des flammes pour l'ébauche, prendre du macicot, de la gomme-gutte & du blanc mêlez ensemble, & pour ombrer du même mélange, en y ajoûtant un peu de carmin & de vermillon.

La fumée se fait d'encre de la Chine, de blanc & d'inde mêlez ensemble, elle se peut encore faire de terre d'ombre avec le mélange ci-dessus, en y ajoûtant du vermillon ou du stil de grain, selon la couleur dont on veut qu'elle soit.

Les ruines qui se mettent dans les Païsages, sont ou Edifices de consequence, qui sont ou de marbre, ou de pierre de taille, ou Maisons particulieres qui sont de charpente ou de plâtre.

Il y a plusieurs sortes de marbres, ou blanc, ou noir, ou de blanc & noir mêlé, ou jaspé de differentes couleurs, ou rouge, ou verd.

Le marbre blanc se couche de blanc pur, & s'ombre de terre d'ombre, d'encre de la Chine, & de blanc mêlez ensemble, & sur les plus grands bruns, d'encre de la Chine pure.

Le

Le marbre noir s'ébauche d'encre de la Chine & de bistre mêlez ensemble, s'ombre d'encre de la Chine, & dans les plus bruns de bistre pur ; & pour faire les filets qui marquent les moulures & servent de rehauts, il faut prendre du blanc mêlé avec de l'encre de la Chine.

Le marbre rouge s'ébauche de brun rouge & de vermillon, & s'ombre de terre de Cologne mêlée avec de la laque, & les filets sur les jours qui marquent les moulures, se font de blanc & de vermillon mêlez ensemble.

Le marbre verd s'ébauche d'inde, de stil de grain, cendre bleuë, & blanc mêlez ensemble, moins de blanc que des autres couleurs, & s'ombre de ce mélange, en y ajoûtant un peu d'encre de la Chine ; & sur les dernieres ombres du bistre, de l'inde & du verd de vessie mêlez ensemble : & pour faire les filets qui marquent les moulures, & servent de rehauts, prendre du verd de vessie mêlé avec du blanc & un peu de macicot.

Pour jasper, l'ont peut prendre toutes sortes de couleurs.

Il faut observer que pour bien faire le marbre jaspé, il faut le jasper lorsque la couleur de l'ébauche est à moitié seche, & que tout le jaspe doit être placé avant d'ombrer & rehausser, afin que les couleurs s'unissent & soient tendres.

La pierre de taille est couleur gris sale qui se fait avec l'encre de la Chine, du blanc & de la terre d'ombre mêlez ensemble pour l'ébauche, & pour ombrer, du même mélange, en y ajoûtant plus d'encre de la Chine & de terre d'ombre, les plus fortes ombres se font de bistre.

Les masures de plâtre sont couleur de gris jaunâtre, s'ébauchent de blanc mêlé de pierre de fiel, de mine & de terre d'ombre, & s'ombrent de la couleur de l'ébauche mêlée avec de la terre d'ombre.

Le bois s'ébauche avec de la terre d'ombre, du blanc, & du brun rouge mêlez ensemble, s'ombre de terre d'ombre pure; les derniers bruns se font de bistre.

Il faut remarquer que dans les ruïnes, il faut qu'il s'y rencontre du verdâtre par échappées, qui fasse comme une espece de mousse: ce verd se fait de verd de vessie.

## *LA FIGURE.*

Dans le Païsage, la figure y tient le premier rang; pour pouvoir la peindre au naturel, il faut sçavoir les carnations, parce que les teintes de visages se trouvent differentes, même les chairs; ce qui m'oblige de vous les distinguer.

Pour

Pour faire les chairs ordinaires, prenez un peu de vermillon & de carmin avec beaucoup d'eau, dont vous ferez une teinte fort claire, enſorte que cette teinte étant ſeche après l'avoir couchée ſur le vêlin dans l'endroit des chairs ſeulement, il n'y paroiſſe preſque point : cette teinte ſe doit coucher avec un gros pinceau, excepté dans le blanc de l'œil où il ne faut rien ; enſuite prenez un peu plus de carmin & de vermillion dans la même teinte pour commencer à travailler le vermillon des jouës ; & ſur le rouge du front vous le travaillerez de carmin pur, mais fort clair, à cauſe que ce rouge doit être plus clair, la peau étant plus près des os : pour le rouge qui eſt autour des narines, il doit être de la même teinte que celui des jouës : pour la bouche, la lêvre d'enbas doit être ébauchée d'une eau de mine un peu forte, & finie avec du carmin & & du vermillon mêlez enſemble, & la lêvre d'enhaut doit être ébauchée avec du carmin & du vermillon, & finie avec du carmin pur.

Les teintes d'un bleu verdâtre, qui ſont par exemple à l'entour de la bouche, du bas des jouës, du col, & de la gorge, ſe font avec de l'outremer, de l'ocre jaune, & un peu de vermillion mêlez enſemble pour l'ébauche ; & pour ombrer, il faut ajoûter dans ce mélange un peu de carmin & de verd de vessie ; & pour former les contours des parties, il faut mettre dans cette derniere teinte ou mélange un peu de carmin & de pierre de fiel, & un peu de verd de vessie.

Les mains & tout le reste de la carnation se font du même coloris que le visage, en observant que le bout des doigts soit un peu plus rouge que le reste.

Pour les prunelles des yeux, les bleus s'ébauchent avec de l'outremer, & s'ombrent avec de l'inde.

Les yeux bruns s'ébauchent de terre d'ombre & de pierre de fiel mêlées ensemble, & s'ombrent de ce mélange, en y ajoûtant un peu d'encre de la Chine & du carmin.

Les gris se couchent & s'ébauchent d'outremer & d'encre de la Chine mêlez avec un peu de vermillon, & s'ombrent de la même teinte.

Pour faire une teinte de chairs plus delicates, il faut faire une eau de carmin fort claire ; & la coucher par toutes les chairs & dans les demi-teintes, de carmin plus fort ; dans les jouës, du vermillon avec du carmin ; pour les narines, se servir du même coloris; la bouche, la lêvre d'en-bas doit être ébauchée de carmin & de vermillon mêlez ensemble, & ombrée

avec

avec le même mélange; la lèvre d'enhaut, doit être ébauchée & finie de carmin pur: pour le tour de la bouche, des joües, du col & de la gorge qui ſont bleuâtres, il faut prendre une eau d'outremer: l'ombre du viſage ſe fait de vermillon & d'outremer mêlez enſemble, qui font une teinte griſe; & dans les plus bruns, il faut ajoûter dans le mélange ci-deſſus de la pierre de fiel du carmin.

Pour peindre avec le blanc, il faut prendre pour l'ébauche du blanc, de la mine, & un peu de carmin mêlez enſemble; & pour ombrer, ajoûter dans le mélange, du carmin & du verd de veſſie; & pour les plus fortes ombres, du carmin & du verd de veſſie mêlez enſemble.

Pour faire jaunâtre, il faut prendre du blanc, de la mine, du carmin, & de la gomme-gutte mêlez enſemble; & pour ombrer, ajoûter dans ce mélange un peu de pierre de fiel.

Pour faire une teinte de vieillard bazané & un peu jaunâtre, faut prendre une eau de vermillon & d'ocre jaune, que vous paſſerez pardeſſus les chairs; les joües & les narines, ſe font de la même teinte, mais plus forte, en y ajoûtant un peu de carmin; les teintes du bas des joües, de la bouche, de la gorge & du col, ſe font d'ocre jaune, d'outremer &

tant-soit-peu de vermillon mêlez ensemble pour l'ébauche, & s'ombrent du même mélange, en y ajoûtant de la pierre de fiel & du verd de vessie; la bouche se fait avec un peu de carmin & de brun rouge.

Les cheveux gris se font d'outremer, d'encre de la Chine, & d'un peu d'ocre jaune mêlez ensemble; & dans les endroits que les cheveux paroissent jaunes, il faut un peu de pierre de fiel, mais fort claire.

Les cheveux blonds se font d'ocre jaune, de blanc, de vermillon, & un peu d'encre de la Chine mêlez ensemble pour l'ébauche, & s'ombrent du même mélange.

Les bruns s'ébauchent de terre d'ombre, de blanc, & un peu de carmin mêlez ensemble, & s'ombrent du même mêlange, en y ajoûtant un peu d'encre de la Chine.

Les cheveux noirs s'ébauchent & se finissent d'encre de la Chine, de blanc, & un peu de carmin mêlez ensemble.

Les cheveux blancs se font d'encre de la Chine, de blanc & d'outremer mêlez ensemble.

Pour faire un Christ mourant, il faut prendre de l'outremer, du carmin, & un peu d'ocre jaune, duquel mélange mis dans beaucoup d'eau vous glacerez tout le corps;

corps ; vous ferez les narrines & la bouche d'outremer & de carmin mêlez ensemble, lequel mélange fait une teinte violette ; les demi-teintes se font de pierre de fiel, de carmin, & d'un peu d'outremer mêlez ensemble ; les bruns se font avec du carmin, du verd de vessie, & un peu d'encre de la Chine mêlez ensemble.

La Couronne d'épines s'ébauche d'une eau de verd de montagne, & s'ombre de terre d'ombre mêlée avec du verd de montagne, & dans les plus forts bruns de terre d'ombre, & de verd d'iris mêlez ensemble.

Pour faire la gloire qui est autour de la tête, prendre de la pierre de fiel & du blanc mêlez ensemble, & pour faire mourir la couleur avec le fond, hacher à grands traits avec de la pierre de fiel mêlée avec un peu de terre d'ombre, en observant que les deux coloris se perdent l'un dans l'autre d'une maniere imperceptible, & qui ne fasse paroître aucune séparation qui coupe.

Pour faire un Christ vivant, il faut observer ce qui a été dit pour faire les plus belles chairs, page 76. La draperie se fait d'outremer, & la robbe de laque mêlée avec un peu d'outremer.

D'une Vierge, les chairs doivent être des plus belles ; la draperie est semblable à celle du Christ; la robbe se fait de carmin.

Le coloris d'un Saint Pierre doit être jaunâtre, & bazané, sa draperie se fait de pierre de fiel, & sa robbe ou habit d'outremer.

La draperie d'un Saint Paul se fait de vermillon mêlé avec de la laque pour l'ébauche, s'ombre de carmin, & sur les jours ou clairs de vermillon; son habit se fait de stil de grain & de verd d'iris mêlez ensemble; & pour les bruns, l'on ajoûte dans ce mélange de l'inde & du verd d'iris.

La draperie d'un Saint Jean Evangeliste s'ébauche de carmin & de vermillon mêlez ensemble, & se finit du même mélange; la robbe s'ébauche de verd de montagne, & s'ombre de verd d'iris.

La draperie de Saint Jacques se fait d'outremer & de laque, & les clairs de stil de grain mêlé avec un peu de vermillon; la robbe qui est grise se fait avec du blanc & de l'encre de la Chine, & de la terre d'ombre mêlées ensemble pour l'ébauche, & s'ombre de bistre.

La draperie de Saint Thomas, qui est d'un jaune rougeâtre, s'ébauche de stil de grain & de vermillon mêlez ensemble, & s'ombre de pierre de fiel, de carmin, & d'un peu de terre d'ombre mêlez ensemble,

& l'habit ou robbe ſe fait de brun rouge, & d'encre de la Chine mêlez enſemble.

La draperie de Saint Barthelemi s'ébauche de carmin & de vermillon mêlez enſemble, & s'ombre avec plus de carmin mêlé avec un peu d'encre de la Chine ; la robbe s'ébauche de ſtil de grain & cendre bleuë mêlez enſemble, & s'ombre de verd de veſſie.

Le manteau ou draperie de Saint Marc, Evangeliſte, s'ébauche d'inde, de laque, avec un peu d'outremer mêlez enſemble, & ſe finit du même mélange, en ajoûtant pour les clairs un peu de blanc ; la robbe ſe fait de laque & de blanc mêlez enſemble, & les jours ſe font de ſtil de grain clair.

La draperie de Saint Mathieu ſe couche de gomme-gutte, & s'ombre de pierre de fiel & de terre d'ombre mêlez enſemble, l'habit ſe fait d'encre de la Chine, de blanc, & d'un peu de laque mêlez enſemble, & les clairs ſe font de cendre bleuë mêlée avec du blanc ; la draperie de l'Ange qu'il a ſe fait de couleur changeante.

Le manteau ou draperie de Saint Barnabé ſe fait de gomme-gutte & de vermillon mêlez enſemble pour l'ébauche, & s'ombre de laque & de terre d'ombre mêlées dans le mélange ci-deſſus ; l'habit ſe fait de bistre & de blanc, & les clairs de vermillon mêlé avec un peu de blanc.

La draperie de Saint Jacques le Mineur se fait de carmin & de vermillon mêlez ensemble, & l'habit qui est violet, d'outremer & de laque, plus d'outremer que de laque.

Le manteau de Saint Simon qui est d'un blanc jaunâtre, se fait de gomme-gutte, de terre d'ombre, & de pierre de fiel mêlez ensemble ; l'habit se fait de verd de mer, & de verd d'iris mêlez ensemble.

La draperie de Saint Jude s'ébauche & se finit de laque & de blanc mêlez ensemble ; l'habit se fait d'inde & de blanc mêlez avec fort peu de laque, dans les clairs d'un peu de carmin & de blanc mêlez ensemble.

Le manteau de Saint Philippe s'ébauche de laque & d'outremer mêlez ensemble & s'ombre d'outremer ; pour l'habit ou robbe, s'ébauche de stil de grain & d'inde mêlez ensemble & s'ombre de pierre de fiel & de bistre mêlez ensemble.

La draperie de Saint Luc se fait de stil de grain de cendre bleuë, & sur les jours de laque & de blanc mêlez ensemble, la robbe s'ébauche de blanc, d'encre de la Chine & d'Inde aussi mêlez ensemble & s'ombre de même mélange plus brun.

La draperie de Saint Michel, s'ébauche

che de laque & de blanc, & s'ombre d'outremer & de laque mêlez ensemble, les jours se font de stil de grain & de blanc mêlez ensemble.

Le Corcelet se fait de pierre de fiel, les aîles qui sont blanches, s'ébauchent d'une eau d'encre de la Chine fort claire, & s'ombrent d'encre de la Chine, d'inde & de bistre mêlez ensemble.

Le Manteau Royal de Saint Loüis s'ébauche d'outremer & s'ombre d'outremer mêlé avec un peu d'inde, les fleurs-de-lis qui sont couleur d'or, s'ébauchent de pierre de fiel mêlé avec un peu de terre d'ombre, & s'ombrent de pierre de fiel mêlé avec un peu du carmin, se rehaussent sur l'extremité des jours de macicot jaune, ou d'or.

La doublure du Manteau qui est d'hermine, se fait d'encre de la Chine, d'inde, & un peu de bistre mêlez ensemble, l'habit de dessous qui est d'un satin blanc, s'ébauche d'une eau d'encre de la Chine fort claire, & se finit de la même couleur aussi fort claire, parce que cette draperie doit être fort tendre, les bas sont couleur de gris de perle un peu bleuâtre, se font d'une encre de la Chine mêlée d'un peu d'inde.

La draperie de Saint Charles, le Camail se fait de carmin & de vermillon mêlez enſemble, & le Surplis, de blanc, d'encre de la Chine & d'inde mêlez enſemble.

La draperie de Saint Claude, la Chappe ſe fait de pierre de fiel, la doublure qui eſt rouge, ſe fait de carmin, la Soûtanne qui eſt violette, ſe fait d'outremer & de laque & le Surplis comme à Saint Charles.

La draperie de Sainte Catherine, ſe fait d'outremer, & l'habit qui eſt blanc comme le ſurplis.

La draperie de la Magdelaine, ſe fait de pierre de fiel, & la robbe de laque, ſa natte ſe fait de blanc de terre d'ombre, & d'ocre jaune mêlez enſemble, s'ombre de biſtre.

Pour faire toutes ſortes de draperies.

*Draperies changeantes.*

Pour faire des draperies changeantes.

Pour la bleuë, prendre de l'outremer pour les bruns, & de la pierre de fiel pour les clairs.

Pour la verte, prendre du verd d'Iris pour les bruns, & d'une eau de carmin pour les clairs.

Pour la rouge, prendre du carmin pour les bruns, & pour les clairs de la pierre de fiel.

Pour la violette, prendre de l'outremer

mer & de la laque liquide mêlez ensemble ; pour les bruns & pour les clairs, du verd d'Iris mêlé avec du verd de montagne, ou de macicot mêlé avec la gomme-gutte pour la rendre jaune.

Pour la blanche, de l'outremer & de l'encre de la Chine.

Ces draperies sont ainsi nommées, parce que les jours sont d'une autre couleur que les ombres.

Ces vêtemens sont propres aux Anges & pour des personnes sueltes, c'est-à-dire, agiles & de taille degagée.

Les écharpes & les habillemens qui doivent aller au gré du vent, se font aussi de couleur changeante.

Ces draperies aussi-bien que les carnations se pointillent. Pour bien pointiller, il faut faire les points ronds, & pour ce, travailler de la petite pointe du pinceau; pour faire des points longs, il faut appuyer le pinceau en couchant ; les fleurs, les oiseaux & les païsages ne se pointillent point; l'on peut faire les carnations sans pointiller par hachures, & les draperies aussi; & pour ce, il faut croiser les hachures ou traits ; quant aux fleurs, elles se font par hachures ou traits de même sens de chaque feüille de fleurs, ainsi qu'il est aisé de connoître, en examinant le naturel & les fleurs de Robert, le plus excellent Fleuriste.

Les

Les draperies ordinaires se font aussi de plusieurs manieres.

La blanche s'ébauche d'une eau de gomme-gutte fort claire: pour ôter la grande blancheur du vélin, il faut par dessus coucher une eau d'encre de la Chine fort claire & finir dans les ombres avec l'encre de la Chine mêlée avec un peu d'inde.

La draperie noire s'ébauche d'une eau d'encre de la Chine, le vélin doit servir de blanc, & s'ombre de la même couleur plus forte dans les plus bruns, on y peut mêler un peu d'inde.

La draperie brune ou couleur de musc s'ébauche d'une eau de terre d'ombre, s'ombre de la même couleur, & dans les plus bruns il faut mêler avec la terre d'ombre un peu d'encre de la Chine.

La draperie couleur de chair s'ébauche d'une eau de vermillon & de carmin mêlez ensemble, & s'ombre de même mélange plus fort.

La draperie rouge s'ébauche d'une eau de carmin, s'ombre de la même couleur plus forte, & dans les plus bruns l'on se sert de carmin brun & de laque mêlez ensemble.

La draperie couleur de feu s'ébauche d'une eau de carmin, vermillon & de mine mêlez ensemble, & s'ombre du même mélange en y ajoûtant plus de carmin;

dans

dans les plus fortes ombres, prendre du carmin brun mêlé avec un peu d'encre de la Chine.

La draperie violette s'ébauche de laque & d'outremer mêlez ensemble, s'ombre de la même couleur : si vous voulez que le violet soit colombin, il faut mettre dans votre mélange plus de laque que d'outremer ; si plus bleu que colombin, plus d'outremer que de laque.

La draperie bleuë s'ébauche d'une eau d'outremer, s'ombre de la même couleur, & pour les plus bruns, mêler dans l'outremer un peu d'inde.

La draperie jaune s'ébauche d'une eau de gomme-gutte, & s'ombre de gomme-gutte mêlées ensemble avec de la pierre de fiel ; dans les plus bruns de la pierre, de fiel pur.

La draperie verte s'ébauche de verd de montagne mêlé avec un peu de macicot fort clair, & s'ombre de ce mélange, en y ajoûtant du verd d'iris, & dans les fortes ombres du verd d'iris pur.

Pour faire une étoffe tabisée il faut faire des ondes dessus les jours avec une couleur plus claire, & sur les ombres avec une couleur plus brune.

Pour peindre des perles, il faut les ébaucher de blanc & d'outremer mêlez ensemble, les ombrer & les arondir du même

même mélange; du côté du jour, donner un coup de blanc, & ſous les perles, faire une petite ombre de la couleur du fond ſur quoi elles ſont poſées.

Les diamans s'ébauchent d'encre de la Chine, & ſe rehauſſent de blanc par petits traits du côté du jour.

Pour faire d'autres pierreries, il n'y a qu'à changer de couleur.

Les Rocailles ſont ou griſâtres, & ſe peignent d'encre de la Chine & de blanc mêlez enſemble, ou tachetées de rouge, & les taches ſe font de carmin, ou tachetées de noir, & les taches ſe font d'encre de la Chine pure.

Pour faire le linge, pour le blanc il faut obſerver la blancheur de votre vélin; pour ébaucher, il faut prendre une eau d'encre de la Chine & d'inde mêlez enſemble, & pour ombrer du même mélange.

Le linge jaune s'ébauche d'une eau de gomme-gutte, de terre d'ombre & de pierre de fiel mêlez enſemble, & pour ombrer, il faut ſe ſervir de ce mélange plus fort en obſervant les jours & les clairs.

Les linges de Vierges & les écharpes qui ſe trouvent autour des gorges, ſe barrent d'eſpace en eſpace de petites rayes bleuës & rouges qui ſe font d'outremer

&

& de carmin, une rouge entre deux bleuës fort claires sur les jours, & plus fortes dans les ombres.

Si on ne veut point observer la blancheur du vélin pour le linge, on le peut faire de blanc d'outremer & d'encre de la Chine mêlez ensemble, se servir du même mélange pour ombrer, & pour les rehauts de blanc pur.

Pour les dentelles, l'on se sert du coloris ci-dessus, & les fleurons qui s'y trouvent se relevent de blanc pur, & s'ombrent de blanc, d'outremer & d'encre de la Chine mêlez ensemble; on les finit de même quand elles sont sur la carnation, & autre chose que l'on veut faire paroître au travers, pourquoi faire il faut finir ce qui est dessous, comme si on n'y vouloit rien mettre, & par dessus vous ferez vos dentelles avec du blanc pur & les ombrerez avec le mélange ci-dessus.

### *Les Linges transparens.*

Pour faire des linges transparens, comme toile de soye ou mousseline, il faut finir ce qui doit être dessous, comme si on ne vouloit rien ajoûter, après il faut marquer les plis qui sont clairs avec du blanc & les ombrer d'encre de la Chine, de blanc & d'outremer mêlez ensemble.

Pour

Pour faire du crêpe, il faut, votre ouvrage fini, marquer les plis des ombres & des jours, & les bords par de petits filets de noir pur, qui est de l'encre de la Chine.

*Animaux qui peuvent entrer dans les Païsages, où sont representées des Histoires saintes.*

Dans la Créche, le bœuf & l'âne.
S. Jean l'Evangeliste, un aigle.
S. Marc, un lion.
S. Mathieu, un Ange.
S. Luc, un Bœuf.
S. Jean-Baptiste, un agneau.
S. Jerôme, un lion.
S. Georges, un cheval.
S. Roch, un chien.
S. Giles, une biche.
S. Antoine, un cochon.
S. Eustache, un cerf.
Sainte Genevieve, des moutons.

Les bœufs & les vaches sont pour l'ordinaire de couleur roussâtre, s'ébauchent de pierre de fiel & s'ombrent de pierre de fiel & de carmin, mêlez ensemble, en observant les jours & les ombres.

Les cerfs & les biches sont de même coloris, & se peignent de la même maniere.

Il

Il y a aussi des bœuf & des vaches tachetez, ou de blanc ou de noir, le blanc se fait d'une eau d'encre de la Chine fort claire, tant pour l'ébauche que pour l'ombre : le noir se fait d'encre de la Chine pure.

L'âne est couleur grisâtre, s'ébauche & se finit de blanc, & d'encre de la Chine mêlez ensemble.

La maniere de peindre un aigle, est expliquée dans la premiere feüille du Livre d'oiseaux, page 95.

Le lion est aussi couleur roussâtre, & se peint de même coloris que le bœuf.

L'agneau est blanc, s'ébauche d'une eau d'encre de la Chine, & se finit de la même couleur, un peu plus forte; pour éteindre la blancheur de votre vélin, il faut coucher une eau de gomme-gutte fort claire, avant que travailler avec l'encre de la Chine.

Les chevaux sont, ou blancs, ou gris-blancs, ou roux, ou muscs, noirs, ou tachetez de noir, ou blancs & noirs, que l'on appelle pies ; les blancs se peignent du même coloris que l'agneau ; les gris-blancs s'ébauchent & se finissent de blanc & d'encre de la Chine, mêlez ensemble; les roux s'ébauchent de pierre de fiel & s'ombrent de pierre de fiel & de carmin mêlez ensemble ; les couleursde musc s'ébauchent

bauchent de terre d'ombre avec un peu de brun rouge & un peu de blanc mêlez ensemble, & s'ombrent de la même couleur; les noirs s'ébauchent & se finissent d'encre de la Chine pure ; les taches se font des coloris & teintes ci-dessus, selon les couleurs, dont on les voudra.

Les mulets sont roux ou noirs, & se peignent des coloris ci-dessus marquez.

Les renards sont aussi roux.

Les moutons & cochons sont blancs ou noirs, les blancs s'ébauchent d'une eau d'encre de la Chine fort claire, & s'ombrent de la même couleur plus forte, & avant l'ébauche se couchent d'une eau de gomme-gutte fort claire.

Les noirs, se font d'une encre de la Chine pure, en observant les jours & les ombres, & votre vélin pour les clairs pour les faire sans blanc.

Les chiens bichons sont blancs & à longs poils, s'ébauchent & s'ombrent comme les moutons.

Les levrettes sont de poil fort court & couleur gris de souris, s'ébauchent de blanc, avec un peu de mine de terre d'ombre & d'encre de la Chine, & se finissent de la même couleur.

Les épagneuls sont chiens à grandes soyes, se peuvent peindre de couleurs differentes, ou blancs, & s'ébauchent & se ſe finiſſent comme les moutons, ou blancs & noirs, & s'ébauchent & ſe finiſſent d'encre de la Chine & de blanc mêlez enſemble; & pour le noir, de l'encre de la Chine pure, roux, & s'ébauchent de pierre de fiel & de blanc, avec un peu de mine mêlez enſemble, & s'ombrent du même mélange, en y ajoûtant un peu de carmin muſc, & s'ébauchent de terre d'ombre, avec un peu de brun rouge & de blanc mêlez enſemble, & s'ombrent du même mélange ou iſabelle, & s'ébauchent de mine & de blanc mêlez enſemble, & s'ombrent d'une eau de carmin, pierre de fiel & mine mêlées enſemble.

Les mâtins & les barbets, ſont, ou roux, ou muſcs, ou blancs, & ſe peignent comme il eſt marqué ci-deſſus; il y en a auſſi couleur de gris de ſouris, & s'ébauchent de blanc, d'encre de la Chine, de mine & de terre d'ombre, mêlez enſemble, & s'ombrent de la même teinte.

Les ſouris ſe peignent du même mélange: ſi l'on veut peindre un bout de chandelle auprès d'une ſouris, prendre une eau d'encre de la Chine, & pour le luminon éteint, prendre d'une eau d'inde & faire par-deſſus des filets avec une eau de mine & de gomme-gutte.

Les chats, ou ſont couleur griſâtre, & s'ébauchent & ſe finiſſent de blanc & d'encre de la Chine mêlez enſemble, ou blancs, & ſe peignent comme les moutons, pag. 92. ou noirs s'ébauchent & ſe finiſſent d'une encre de la Chine, ou gris de ſouris, & ſe peignent comme il eſt marqué ci-devant, ou roux & s'ébauchent de pierre de fiel, de mine & de blanc mêlez enſemble, & s'ombrent du même mélange, en y ajoûtant un peu de carmin.

Les ſinges ſont couleur de muſc verdâtre, s'ébauchent de terre d'ombre, avec un peu de verd de veſſie mêlez enſemble, & ſe finiſſent avec le même coloris.

Les liévres ſont gris-roux, s'ébauchent d'encre de la Chine de blanc de mine & de pierre de fiel mêlez enſemble, & ſe finiſſent de même mélange.

Les lapins ſont blancs ou gris de ſouris, les blancs ſe couchent d'une eau de gomme-gutte fort claire, après quoi on les ébauche d'une eau d'encre de la Chine auſſi fort claire, & s'ombrent de la même couleur un peu plus forte; le gris de ſouris s'ébauche de blanc, de mine de terre d'ombre & d'encre de la Chine mêlez enſemble, & s'ombrent de la même teinte.

Les loups ſont couleur griſâtres mêlez d'un peu de roux, s'ébauchent de blanc & d'encre de la Chine mêlez enſemble, & s'ombrent de la même teinte plus forte, te; & par-dessus, il faut donner des coups d'un mélange fait de blanc de mine, de pierre de fiel & de carmin pour faire des poils roux.

Ces explications serviront à ceux qui ne pourront pas avoir aisément des tableaux, & qui travailleront après des estempes, pour pouvoir, avec les instructions qu'elles renferment & celles qui sont marquées dans les Livres de fleurs & d'oiseaux, de ce present Livre, peindre toutes sortes de sujets.

Dans la premiere feüille du Livre d'oiseaux est l'aigle Royal, de couleur musc & noir, tout le corps s'ébauche d'une eau de terre d'ombre; il faut observer votre vélin pour les jours, & rembrunir d'encre de la Chine, mêlée avec de la terre d'ombre.

L'œil s'ébauche de brun rouge & de terre d'ombre mêlez ensemble, & se finit d'un peu d'encre de la Chine, le point de l'œil se fait avec de l'argent en coquille, le bec est jaune, & s'ébauche de gomme-gutte, & dans les ombres se finit de gomme-gutte, mêlée avec un peu de terre d'ombre.

Les pieds sont jaunes & se peignent comme le bec, les griffes sont noires, & s'ébauchent & se finissent d'encre de la Chine. Vous observerez que les Fleurs & les

les Oiſeaux ſe peignent d'une maniere differente, & que pour bien peindre les Oiſeaux, il faut, avec le pinceau par petits traits du ſens qui ſont marquez dans l'eſtempe que vous copiez, imiter le naturel de votre oiſeau, & par votre ſoin & l'imitation de votre deſſein, le rendre conforme à l'original, en quoi vous réüſſirez, ſi après votre ébauche faite de votre premiere couleur qui doit être fort tendre en rembruniſſant & formant les ombres de l'oiſeau que vous copiez, vous obſervez tous les traits de la maniere qu'ils ſont formez; pour repreſenter au naturel votre oiſeau, c'eſt-à-dire, qu'il paroiſſe plumé & colorié, de la maniere qu'il eſt naturellement; cette obſervation doit ſervir d'inſtruction pour la maniere de peindre les autres oiſeaux.

Le tronc d'arbre ſur lequel cet oiſeau eſt poſé, s'ébauche de gomme-gutte, mêlée avec un peu de verd de montagne, & ſe finit avec de la terre d'ombre, mêlée avec du verd d'Iris.

Le verd des petites branches qui ſont ſur ce tronc, s'ébauche avec de verd de montagne & ſe finit avec du verd d'Iris.

La ſeconde feüille contient un Vautour poſé ſur le tronc d'un chêne; cet oiſeau eſt muſc, s'ébauche de terre d'ombre, mêlée avec un peu de ſtil de grain, & ſe finit de terre d'ombre pur, le bec eſt de même couleur, l'œil & les pieds ſont couleur de chair, ils s'ébauchent de carmin & de terre d'ombre mêlez enſemble, & ſe finiſſent du même mélange ; les ongles ſont noirs, ils s'ébauchent d'eau d'encre de la Chine, & ſe finiſſent d'encre de la Chine pure.

Pour peindre le tronc du chêne, ſur lequel cet oiſeau eſt poſé, il faut prendre du macicot pâle, mêlé avec un peu de terre d'ombre & de mine, pour ébaucher ; & pour finir, il faut prendre de ces trois couleurs mélangées plus fortes que l'ébauche.

L'écorce ſe fait d'encre de la Chine, mêlée avec du ſtil de grain & de verd de montagne, & un peu de pierre de fiel, tant pour ébaucher que pour rembrunir, en obſervant de faire toûjours votre ébauche fort claire, & de vous ſervir de votre mélange plus fort pour rembrunir ou ombrer.

Le verd de feüillages s'ébauche de verd de montagne, & ſe finit de verd d'iris.

Le gland eſt couleur de noiſette, il s'ébauche de macicot pâle, mêlé avec un peu de brun rouge, & ſe finit de la même couleur.

La troiſiéme contient le Pelican ; cet oiſeau eſt blanc : il faut conſerver la blancheur de votre vélin : pour faire l'ébauche de cet oiſcau, vous prendrez une eau d'encre de la Chine, mêlée de très-peu d'inde fort claire; & pour ombrer, vous vous ſervirez de cette même eau un peu plus forte.

L'extremité des aîles, le bec, le tour de la tête & les pieds ſont bruns, s'ébauchent d'une eau de terre d'ombre, & ſe finiſſent de la même couleur plus forte.

Le tour de l'œil eſt de couleur de chair, ſe fait d'une eau de carmin fort claire, & ſe rembrunit de la même eau, le fond de la prunelle eſt noir: le point vif ſe fait d'argent en coquille.

La quatriéme renferme deux Pigrièches; ces oiſeaux ſont noirs & blancs: pour le blanc, vous obſerverez votre vélin; le ventre eſt blanc; trois plumes de l'aîle les plus claires ſont blanches; tout le reſte depuis la tête juſqu'à la queuë eſt noir; la pointe qui tient à l'œil, le chaperon de deſſus la tête, le bec & les pieds ſont noirs: le blanc ſe fait comme au Pelican, feüille troiſiéme, page 97. le noir ſe fait & ſe finit d'encre de la Chine; ſçavoir, d'une eau fort claire pour l'ébauche, & de la même eau plus forte pour rembrunir.

Le tour de l'œil eſt jaune, il s'ébauche d'eau de gomme-gutte mêlée avec un peu de de pierre de fiel; la prunelle eſt noire, & s'ébauche & ſe finit d'encre de la Chine, comme il eſt ci-devant expliqué, & le point vif ſe fait d'argent en coquille.

La cinquiéme contient le Hibou & pluſieurs autres oyſeaux expliquez dans la ſuite de ce preſent Livre. Cet oyſeau eſt de couleur brune, il s'ébauche de macicot pâle mêlé avec un peu de brun rouge de terre d'ombre & d'encre de la Chine: dans ce mélange, il faut mettre plus de macicot que d'autre couleur; pour ombrer vous vous ſervirez du brun rouge, de terre d'ombre & d'encre de la Chine mêlez enſemble.

Le bec & les pieds ſont noirs, ils s'ébauchent & ſe finiſſent d'encre de la Chine.

Le tour des yeux s'ébauche de brun rouge fort clair, & ſe finit de la même couleur; les prunelles ſe font d'encre de la Chine, & les points vifs des deux yeux d'argent en coquille.

Pour faire les points vifs des yeux des oyſeaux, vous pouvez vous ſervir auſſi de blanc; mais il ne fait pas un ſi bel effet que l'argent.

La ſixiéme contient quatre Cignes; les deux petits ſont gris-blancs & les deux gros blancs.

Pour peindre les deux gros qui ſont

blancs, vous obſerverez la blancheur de votre vélin; vous prendrez pour les ébaubaucher d'une eau d'encre de la Chine fort claire, & pour ombrer d'une eau de la même encre de la Chine plus forte que la premiere. La premiere eau ſe couche uniment dans les endroits les plus forts de votre eſtempe; & pour les clairs ou jours, vous reſervez la blancheur de votre vélin; & pour finir, vous peignez avec votre eau plus forte par-deſſus votre ébauche, l'oiſeau que vous repreſentez par traits, comme ils ſont marquez dans votre eſtempe, en diſtinguant ſoigneuſement vos jours d'avec les bruns.

Le bec & les pieds ſont jaunâtres.

L'ébauche ſe fait de carmin mêlé avec de la pierre de fiel & un peu de terre d'ombre, & ſe rembrunit de la même couleur.

Le tour de l'œil eſt auſſi jaunâtre, le fond où la prunelle ſe fait d'encre de la Chine & d'Inde mêlez enſemble, plus d'inde que d'encre de la Chine, & le point de l'œil avec de l'argent.

Les deux petits qui ſont gris, s'ébauchent de Macicot pâle, de terre d'ombre & d'encre de la Chine mêlez enſemble, & ſe finiſſent par traits de même mélange.

Le bec, les pieds & l'œil ſe font comme aux gros Cignes qui ſont blancs.

Dans

Dans la ſeptiéme, ſont les Oyes ; il y en a de blancs, de gris & gris-blancs.

Les blancs ſe peignent comme les Cignes, feüille ſixiéme, page 99.

Ceux de cette feüille ont la tête, le corps & la moitié de l'aîle blancs, les grandes plumes, tant des aîles que de la queuë, griſes : pour faire le gris, il faut prendre de l'encre de la Chine, de la terre d'ombre mêlée avec un peu de ſtil de grain : pour l'ébauche vous vous ſervirez d'une eau de ces trois couleurs mêlangées fort claire, & pour ombrer d'une eau de ce même mélange un peu plus forte.

Le bec & les pieds ſont de couleur orangé ; ils s'ébauchent d'une eau de mine, de terre d'ombre & de gomme-gutte melées enſemble fort claire, & ſe finiſſent d'une eau de ce mélange un peu plus forte.

L'œil eſt bordé de même couleur que le bec : la prunelle ſe peint de terre d'ombre mêlée avec un peu d'encre de la Chine, & le point vif ſe fait avec de l'argent.

La huitiéme contient les pinguins.

Ces oyſeaux ont le bec & les pieds couleur de chair ; depuis l'œil juſqu'au col ils ſont blancs, ont le ventre blanc, le chaperon, la moitié du col, l'aîle & le dos de verd doré, & le tour de l'œil noir.

Pour l'ébauche du bec & des pieds, il faut mêler un peu de carmin & de vermillon ensemble, & prendre une eau de ce mélange fort claire; & pour ombrer, vous vous servirez d'une eau du même mélange plus forte: le blanc de ces oyseaux se fait comme aux Cignes, feüille six[e]. p. 99.

Pour l'ébauche du verd doré, vous prendrez de l'or en coquille, & pour finir & rembrunir, du verd d'iris, avec lequel vous peindrez pardessus, votre or que vous coucherez uniment par traits, comme ils sont marquez dans votre estempe.

Le tour de l'œil se fait d'encre de la Chine, & le point vif se fait d'argent en coquille.

Pour vous servir de votre or & argent en coquille, vous prendrez une goutte de votre eau gommée au bout de votre pinceau avec quoi vous délayez l'or ou l'argent, qui est dans votre coquille; pour peindre avec votre or & argent, après qu'il est délayé, comme il est expliqué cy-dessus, vous le couchez uniment dans les places où vous en avez besoin; & pour faire seulement votre point vif d'un œil, il faut prendre au bout de votre pinceau un peu de votre argent dissou avec de l'eau gommée, & marquer votre point vif avec le bout de votre pinceau.

Dans la neuviéme sont des Canards.

Ces oyseaux sont verd-dorez, couleur de perdrix & noirs.

Le

La tête, la huppe, la moitié de l'aîle qui touche au ventre, le col & tout le ventre sont de verd doré; l'ébauche se fait d'or en coquille, & se rembrunit de verd d'Iris par traits: le reste de l'aîle & la queüe de couleur de perdrix & noir.

Pour l'ébauche de la couleur de perdrix, il faut prendre une eau de terre d'ombre, & pour ombrer de la terre d'ombre pure: les trois petites plumes qui sont vers le haut de l'aîle, sont blanches, se peignent comme les Cignes, feüille sixiéme page 99.

Le noir s'ébauche d'une eau d'encre de la Chine, & se finit d'encre de la Chine pure.

Le bec & les pieds se font comme aux Oyes un peu plus jaunes, c'est-à-dire, que dans le mélange il y doit entrer plus de gomme-gutte que de mine & de terre d'ombre, feüille septiéme page 101.

La dixiéme contient les Biévres.

Ces oyseaux sont de couleur mêlée.

Le col & le ventre jusqu'au bout de la queuë sont blancs, le chaperon est couleur de musc & l'aîle, à l'exception d'un petit quarré qui est aussi blanc.

Le bec, le tour de l'œil & les pieds sont jaunes, la prunelle noire; pour le blanc, il se peint comme les Cignes, feüille sixiéme page 99.

Le musc s'ébauche d'eau de terre d'ombre mêlée avec un peu d'encre de la Chine, & se finit du même mélange un peu plus fort.

Le bec & les pieds s'ébauchent de gomme-gutte, & se finissent de gomme-gutte & de terre d'ombre mêlées ensemble.

Dans la onziéme sont Movettes rares.

Ces oyseaux sont de couleur jaune sale. Tout le corps & les aîles s'ébauchent d'une eau de stil de grain, s'ombrent d'eau de terre d'ombre & d'encre de la Chine mêlées ensemble : dans les plus bruns, il faut vous servir de ce même mélange un peu plus fort.

Le bec & les pieds sont couleur de musc rougeâtre : pour les ébaucher, vous vous servirez d'une eau de carmin & de terre d'ombre mêlées ensemble, & pour rembrunir, vous prendrez d'une eau de ce mélange un peu plus forte.

L'œil est comme le corps ; la prunelle noire, le point de l'œil, autrement le point vif, se fait d'argent.

La douziéme renferme les Gruës ; ces oyseaux sont couleur de gris-sale; le bec & les pieds couleur de chair.

De ces oyseaux, le corps & les aîles s'ébauchent d'une eau de terre d'ombre mêlée avec un peu d'encre de la Chine, & un peu de brun rouge fort clair, & s'ombrent

&

& se finissent de ce même mélange un peu plus fort.

Le bec & les pieds qui sont couleur de chair, s'ébauchent d'une eau de carmin & de terre d'ombre mêlées ensemble fort claires, & se finissent de même mélange plus fort; l'œil est couleur de chair comme le bec; la prunelle est noire, elle s'ébauche d'une eau d'encre de la Chine fort claire, & se rembrunit de la même couleur.

Le point de l'œil, autrement le point vif, se fait d'argent.

Dans la treiziéme sont les Butors.

Ces oyseaux sont couleur de perdrix, c'est-à-dire, grivelez d'un gris par petits quarreaux, musc, isabele & gris-blanc.

L'ébauche de tout le corps & des aîles se fait d'une eau de mine & de macicot pâle mêlez ensemble; & pour rembrunir, il faut vous servir de terre d'ombre mêlée avec de l'encre de la chine, & de la mine pour faire les quarreaux bruns & les traits.

Le bec & les pieds qui sont gris, s'ébauchent d'une eau de terre d'ombre, & se finissent de la même couleur pure.

Le tour de l'œil & la prunelle sont noirs, & le point vif de l'œil se fait d'argent.

La quatorziéme renferme les Poches-calier, qui ont le bec fait comme le Pelican.

La tête, le col, & le dessous du ventre sont blancs, & se peignent comme les Cignes, feüille sixiéme, page 99.

Les aîles sont de couleur changeante elles s'ébauchent d'une eau d'inde mêlée avec de la gomme-gutte, & se finissent de terre d'ombre.

Le bec & les pieds sont couleur jaune verdâtre, ils s'ébauchent, & le tour de l'œil qui est de même couleur, de gomme-gutte mêlée avec un peu de verd d'Iris, & se finissent de terre d'ombre.

La prunelle qui est noire s'ébauche & se finit d'encre de la Chine, & le point de l'œil se fait d'argent.

La quinziéme contient le Bihoreau.

La tête, le col & la moitié de l'aîle en long & le ventre sont blancs: le dessus de l'aîle qui est le plus noir ou ombré & la crête, sont bleuës; le bec & les pieds de couleur de chair pâle: le tour de l'œil est comme le bec.

Pour le blanc il se peint comme les Cignes, feüille sixiéme, page 99.

Le bleu s'ébauche d'une eau d'outremer, & se finit de la même couleur pure.

La couleur de chair pâle s'ébauche d'une eau de terre d'ombre mêlée avec un peu de brun rouge, se finit de ce mélange.

Dans la seiziéme sont les Cigognes; elles sont de couleur gris-blanc; elles s'ébauchent

bauchent d'une eau d'encre de la Chine fort claire, & se finissent de la même couleur un peu plus forte, mêlées avec un peu de terre d'ombre.

Le bec, le tour de l'œil & l'œil se peignent comme au Bihorreau, feüille precedente.

La dix-septième renferme les Carlieux & les Vanneaux.

Les Carlieux sont comme les Perdrix, & se peignent comme les Butors, feüille treiziéme page 105.

Les Vanneaux ont la tête & le ventre gris-blanc, la huppe & le col de verd doré, les aîles, le bec, les pieds & le tour de l'œil couleur de musc.

La tête & le ventre se peignent comme les Cicognes, feüille seiziéme page 106.

Le verd-doré pour l'ébauche, vous prendrez de l'or en coquille, & pour finir du ver d'Iris, en observant que l'on voye autant de traits d'or que de verd.

Pour l'ébauche des aîles, du bec, des pieds & du tour de l'œil, vous vous servirez d'une eau de terre d'ombre mêlée avec un peu d'encre de la Chine, & pour finir, de ce mélange pur.

La dix-huitiéme contient les Martins-pêcheurs.

Ces oyseaux sont de couleur musc entierement : l'ébauche se fait d'une eau de terre d'ombre mêlée avec de l'encre de la Chine, & se finit de la même couleur un peu plus forte; le point vif ou de l'œil, se fait d'argent en coquille.

La dix-neuviéme contient l'Autruche; elle est blanche; le bec & les pieds couleur de chair pâle, & se peint comme le Bihoreau feüille quinziéme page 106.

Le Palmier, ses branches & son tronc sont couleur de verd jaune; il s'ébauchent de verd de montagne, avec un peu de stil de grain mêlez ensemble, & se rembrunissent de verd d'Iris.

La vingtiéme contient les Coqs, poules & poulets.

Les cocqs ont leurs huppes, & le plumage, les aîles & les queuës de couleurs changeantes.

Leurs corps sont aurore, noir & blanc grivelez; leurs becs sont de couleur de chair, leurs crêtes & le tour de leurs yeux rouges, leurs pieds de gris-sale ou noir.

Plusieurs cocqs ont les queuës feüilles-mortes, noires & verd doré.

Les huppes, les aîles & les queuës s'ébauchent de gomme-gutte mêlée avec de la pierre de fiel, & se finissent de la pierre de fiel pur pour l'aurore; pour le verd doré l'ébauche se fait d'or en coquille, & se rembrunit de verd d'Iris; & pour le noir, l'ébauche se fait d'une eau d'encre de la Chine,

Chine, & se finit d'encre de la Chine pure.

Les crêtes & les tours des yeux s'ébauchent d'une eau de carmin mêlée avec du vermillon, & se rembrunissent de carmin pur.

Les cocqs qui sont aurore, s'ébauchent de gomme-gutte mêlée avec de la pierre de fiel, & se finissent de pierre de fiel, mêlée avec un peu de carmin.

Pour le noir & le blanc, vous vous servirez de l'encre de la Chine, sçavoir dans les jours d'une eau fort claire, & dans les bruns d'une eau plus forte.

Et pour le grivelé, faire d'espace en espace les plumes de ces couleurs differentes, c'est-à-dire une aurore, une noire & blanc & une autre de verd doré.

Les poules se peuvent peindre de plusieurs manieres, les unes gris-blanc comme les Cicognes, feüille seize, page 106.

Les autres aurore, noir & blanc, ou noir & blanc seulement & couleur de gorges de pigeon.

Les coloris des aurores, noir & blanc, & blanc & noir sont expliquez ci-devant page 108.

La couleur de gorge de pigeon se fait de laque, d'encre de la Chine, & de carmin mêlez ensemble: pour l'ébauche, il faut prendre une eau de ce mélange, & pour finir, de ce mélange pur.

Les

Les poulets ſont gris-blancs, ils s'ébauchent de terre d'ombre mêlée avec un peu de blanc & d'encre de la Chine, & ſe finiſſent de terre d'ombre & d'encre de la Chine mêlez enſemble.

Le Baquet eſt couleur de bois : l'ébauche ſe fait d'une eau de terre d'ombre & d'encre de la Chine melez enſemble, & ſe finit du même mélange un peu plus fort.

Pour faire l'eau du baquet, vous prendrez un peu d'inde & du blanc de plomb très-fin mêlez enſemble; & dans ce mélange, vous y mettrez un peu de verd d'Iris.

La cage d'oſier s'ébauche de macicot pâle, & s'ombre de gomme-gutte & de terre d'ombre mêlez enſemble.

Dans la vingt-uniéme, ſont les poulets-d'Inde, ils ſont gris & noires, & ont la crête & le deſſous de la gorge rouge.

Pour l'ébauche du gris & du noir, il faut mêler un peu de blanc avec de l'encre de la Chine, & pour finir dans les bruns de l'encre de la chine ſeul.

L'ébauche du rouge ſe fait d'eau de carmin & ſe finit dans les bruns de carmin pur.

La cage ſe peint comme celle des poules & poulets, feüille vingtiéme, page 110.

Le Baſſin eſt couleur de cuivre rouge.

L'ébauche ſe fait de brun rouge mêlé avec un peu de blanc de plomb, & ſe finit de brun rouge pur.

L'ont

L'on peut auſſi ſe ſervir de bronze couleur de cuivre rouge, la rembrunir avec du brun rouge mêle avec de la terre d'ombre.

Les points vifs des yeux ſe font d'argent en coquille, comme à tous les oyſeaux precedens & ſuivans.

La vingt-deuxiéme renferme le Corbeau: cet oyſeau eſt noir entierement : il s'ébauche d'une eau d'encre de la Chine, & ſe rembrunit d'encre de la Chine pure.

Les pieds, le bec & le tour de l'œil, ſont auſſi noirs, & ſe peignent comme le corps de cet oyſeau : le point de l'œil ſe fait d'argent.

La vingt-troiſiéme contient les Corneilles, elles ſont noires & blanches, ſçavoir elles ont le bec, la tête juſqu'au deſſous du ventre, l'aîle, la queuë & les pieds noirs, & tout le dos & le ventre blanc.

Le blanc de ces oyſeaux ſe fait d'une eau d'encre de la Chine fort claire pour l'ébauche; & pour ombrer d'une eau de cette même couleur, un peu plus forte; & pour l'ébauche du noir de ces mêmes oyſeaux, vous prendrez un eau d'encre de la Chine auſſi forte que celle dont vous aurez rembruni le blanc de vos oyſeaux: & pour finir, de l'encre de la Chine pure. Vous vous ſouviendrez qu'il faut que tous vos traits ſoient fort tendres, & que l'eau

de

de votre couleur pour faire votre blanc doit être si claire, qu'elle ne serve qu'à éteindre fort peu la blancheur de votre vélin, & votre seconde eau doit être un peu plus forte, & neanmoins peu chargée, afin que votre coloris soit fort tendre : vous observerez la même chose dans l'emploi de toutes vos couleurs; c'est-à-dire, vous ferez vos ébauches fort claires, & rembrunirez par dessus fort legerement & par traits fort tendres, afin de faire aussi tendre que votre estampe, dont les traits sont fort fins, & que vous devez imiter en ombrant & finissant.

Dans la vingt-quatriéme sont deux pies & deux Geais.

Les pies se peignent comme les corneilles, en observant le noir & le blanc feüille vingt-troisiéme, page 111.

Les Geais sont gris-bruns, ils s'ébauchent d'une eau de terre d'ombre mêlée avec du stil de grain, un peu de blanc de plomb & d'encre de la Chine mêlez ensemble, & pour finir, il ne faut point mettre de blanc dans le mélange des trois autres couleurs.

Leurs becs, leurs pieds & leurs yeux, se peignent de même maniere que le corps : les points des yeux se font d'argent.

La vingt-cinquiéme contient le Loriot, il est couleur de verd jaune, à la reserve

du

du bec, de l'œil, l'aîle, la queuë & les pieds sont de couleur brune.

L'ébauche du verd jaune se fait de stil de grain & un peu de verd d'iris mêlez ensemble; & pour finir, il faut prendre de la terre d'ombre & du stil de grain, qui mêlez ensemble font un jaune plus brun.

Le bec, l'œil, l'aîle, la queuë & les pieds, s'ébauchent de terre d'ombre & de blanc mêlez ensemble, & se finissent de terre d'ombre mêlée avec l'encre de la Chine.

La vingt-sixiéme renferme le Perroquet à longue queuë; il a le chaperon & le tour de l'œil couleur de feu, le corps de verd jaune, la queuë couleur de feu & bleu, le bec & les pieds couleur de chair sale.

Le chaperon & le tour de l'œil s'ébauchent d'une eau de carmin & de vermillon mêlez ensemble, & se finissent de carmin pur.

Le corps s'ébauche de gomme-gutte & de verd de Montagne mêlez ensemble, & se finit de verd d'iris.

Le dessus de la queuë est couleur de feu, & se peint comme le chaperon.

Le dessous qui est bleu, s'ébauche d'outremer pâle, & se rembrunit d'outremer brun.

Le bec & les pieds s'ébauchent d'une eau de terre d'ombre mêlée avec un peu de de carmin, & se finissent du même mélange.

La prunelle de l'œil est noire, & se fait d'encre de la Chine.

Les deux autres perroquets se peuvent peindre de la même maniere, ou de celle expliquée en la feüille suivante.

Dans la vingt-septiéme sont quatre perroquets.

Le hupé à sa hupe couleur de feu & bleu, toute la tête & le ventre couleur de feüille-morte, & toute l'aîle & la queuë de verd jaune, ombré par dessus d'espace en espace, de carmin mêlé avec du vermillon.

La hupe se peint comme la queuë du perroquet de la feüille précedente : la tête & le ventre s'ébauchent de gomme-gutte & de macicot mêlez ensemble, & se finissent de pierre de fiel seule, l'aîle & la queuë se peignent comme le Loriot, feüille vingt-cinq, page 112.

Le bec & les pieds se peignent aussi comme ceux du perroquet à longue queuë, page 113.

Les trois autres perroquets se font à fantaisie ; sçavoir ou tout verd, ou verd & bleu, & le petit hupé couleur de feu & verd, c'est-à-dire, la hupe & le ventre rouge, & les aîles vertes, le bec & les pieds comme aux autres.

Il

Il y en a aussi de gris-blancs : ils s'ébauchent d'une eau d'encre de la Chine, mêlée avec un peu de blanc fort clair, & se finissent du même mélange plus fort ; dans les ombres, d'encre de la Chine seule : le bec est noir : il s'ébauche d'une eau d'encre de la Chine un peu forte, & se rembrunit d'encre de la Chine pure : les pieds se peignent de même.

La ving-thuitiéme renferme le Pic-verd & le Pic-mourant.

Le Pic-verd s'ébauche de stil de grain pur, & s'ombre de terre d'ombre, de stil de grain & de verd d'iris mêlez ensemble, à l'exception du chaperon qui est de couleur de feu : le haut du bec & les dernieres plumes des aîles qui sont noires, & de la gorge, du ventre & des pieds qui sont gris, ils s'ébauchent d'une eau de terre d'ombre & d'encre de la Chine mêlées ensemble, & se finissent du même mélange plus fort.

Les pieds sont d'un gris plus sale, ils se peignent comme le bec & les plumes, en ajoûtant plus d'encre de la Chine.

Le Pic-morant s'ébauche comme le Picverd, & se finit de même, en mettant dans le mélange un peu d'encre de la Chine pour faire plus brun.

La vingt-neuviéme contient les Tourterelles ; elles sont d'un gris rouge ; elles s'ébaus'ébauchent de terre d'ombre, d'encre de la Chine, de blanc & d'un peu de brun rouge mêlez ensemble; & pour finir, il faut ôter le blanc de ce mélange.

Le bec & les pieds s'ébauchent & se finissent d'une eau de la même couleur.

Dans la trentiéme sont les Pigeons: on en peut faire de plusieurs couleurs: les blancs se peignent comme les Cignes, feüilles sixiéme, page 99.

Les plus beaux qui sont de couleur changeante & ont la tête & la moitié de la gorge de couleur changeante, & le reste de la gorge & le ventre blanc, l'aîle & la queuë couleur de musc, s'ébauchent premierement, la tête & la moitié de la gorge, d'une eau de laque mêlée avec du blanc de plomb & de l'inde, & se finissent du même mélange: le reste de la gorge & le corps s'ébauchent d'une eau d'encre de la Chine fort claire, & se finissent d'une eau un peu plus forte, & l'aîle & la queuë s'ébauchent d'une eau de terre d'ombre mêlée avec un peu de brun rouge, & se finissent du même mélange.

Le bec, les pieds & l'œil sont couleur de chair, ils s'ébauchent d'une eau de carmin & de vermillon mêlez ensemble & se finissent du même mélange.

Le Pot est couleur de terre rouge; il s'ébauche de macicot pâle mêlé avec un peu

peu de brun rouge, & se finit de ces deux couleurs mêlées ensemble.

Les Paniers s'ébauchent & se finissent comme les Cages des poules feüille vingtiéme, page 110.

La trente-uniéme & derniere contient le Merle noir : cet oiseau a le bec, la tête, le corps tout entier, la queuë & les pieds noirs ; il s'ébauche d'une eau d'encre de la Chine un peu forte, & se finit d'encre de la Chine pure.

Les jeunes ou petits qui sont d'un noir moins foncé, s'ébauchent d'une eau d'encre de la Chine très-claire, & se finissent de la même couleur un peu plus forte.

Le point vif des yeux de ces oiseaux se fait d'argent en coquille qui s'employe, comme il est marqué, feüille huitiéme, page 102.

*Fin du Livre d'Oiseaux.*

# TABLE DES MATIERES.

Oye

*Fin de la Table.*

www.ingramcontent.com/pod-product-compliance
Lightning Source LLC
LaVergne TN
LVHW010531100826
845148LV00001B/155
*9782012660151*